中央民族大学史学经典系列

疆域·权力·人群

隋唐史诸题专论

◎李鸿宾 著

人民出版社

中央民族大学史学经典系列
丛书编委会

编委会成员

（以姓氏笔画为序）

达力扎布　刘翠兰　苍　铭　李鸿宾

陈　鹏　尚衍斌　赵令志　徐永志

章毅君　彭　勇　蒙　曼　雷虹霁

执行主编

彭　勇

中央民族大学史学经典系列丛书
出版说明

　　本丛书由中央民族大学历史文化学院策划出版。作为"双一流"(世界一流大学和一流学科)建设高校,中央民族大学的历史学科是学校办学历史最悠久、底蕴最深厚、学术声誉度最好的学科之一。历史文化学院(原历史系)始建于1956年,首任系主任是著名的蒙古史和元史专家翁独健先生,一批国内知名、世界一流的历史学家、民族学家、社会学家,如吴文藻、潘光旦、林耀华、费孝通、傅乐焕、张锡彤、王锺翰和贾敬颜等先生在此任教。学院于1981年获得专门史(民族史)的硕士点,1986年获得专门史(民族史)的博士点,2010年获得历史学一级博士授权单位。目前中国史是中央民族大学五个一级学科博士学位授权点和博士后流动站之一,历史学本科专业为"国家文科基础学科人才培养和科学研究基地"(1996年),本科人才培养模式的研究成果获得北京市优秀高等教育成果一等奖(2013年)。六十年来,历史文化学院逐渐形成了传统史学底蕴深厚、民族史科研教学优势突出的鲜明特点。

　　自21世纪初,历史文化学院依托国家"211"和"985"工程重点建设项目,分别策划出版了"民族历史文化研究书系"和"中国边疆民族地区历史与地理研究丛书"等,经过十多年的建设和沉淀,出版的数十种论著已经在学术界产生了积极的反响。近年来,随着教育部学科评估的持续进行,以及国家"双一流"高校建设的加速推进,学术评价体系(指标)发生了重大的变化。如何积极推进"双一流"学科的内涵式发展,巩固中央民族大学历史学研究的学术根基,提升学科发展水平,构建具有中国特色的学术话语体系,成为摆在我们面前的重要议题。2018年初,经过慎重的思考,学院决定与人民出版社合作出版这套"史学经典系列丛书"。

　　所谓"经典",是指在不同学科领域内具有的原创性、奠基性的重要作品,一是经过时间的检验,证明它是领域内的优秀代表之作,二是相信它能经得起时间的检验,必将成为领域内的典范。在中央民族大学历史学科六十余年的光辉历程当中,诞生了一大批优秀论著,既是那个时代的标志成果,也成为后世学习的典范,在海内外学术界产生了很大的影响。本次丛书的出版整理,我们既梳理了前辈学者的代表作,也统计了在职教师曾获过省部级以上科研奖励的专著或已经完稿的论著,但限于权版或内容等原因,最终列入丛书第一批出版的共有6种。其中,王锺翰先生的《治史清源:王锺翰先生学术论著自选集》是他本人生前选定的"民族史研究"、"清史研究"的得意之作,这21篇是当之无愧的史学经典;达力扎布教授的《明代漠南蒙古历史研究》曾入选2000年全国高等学校优秀博士学位论文,更是海内外学术界公推的传世精品;蒙曼教授的《唐代前期北衙禁军制度研究》和彭勇教授的《明代班军制度研究——以京操班军为中心》两部专著,分别获得北京市第九届和第十届哲学社会科学优秀成果奖。这四种书出版的时间均在10年以上,早已售罄,难觅踪迹,也有修订再版的必要。尚衍斌教授的《喀什史话》和李鸿宾教授的《疆域·权力·人群——隋唐史诸题专论》是两部新作,作为历史文化学院的两位二级教授,他们潜心问学,堪称学界楷模。

新时代,新担当。习近平总书记指出,历史研究是一切社会科学的基础,承担着"究天人之际,通古今之变"的使命。在"双一流"建设大背景下,作为培养各民族,尤其是少数民族人才的最高学府,中央民族大学的历史文化学院既要守好传统主流史学的阵地,又必须突出民族史、边疆史研究的特色优势,愿本丛书的出版,为维护我国多民族国家的团结统一和繁荣稳定,服务国家发展战略,弘扬中华传统文化,推进史学研究与创新,发挥我们应有的作用。

中央民族大学历史文化学院

2019 年 1 月

前　言

　　《疆域·权力·人群》是笔者隋唐史研究的专题论集,由"专题论述"和"学术评论"两个部分组成。前者包括了笔者的有关隋唐史诸问题的论文,后者是我撰写这一领域相关的书评和读书报告。这些文章均是我近年有关隋唐史研究心得和体会的总括。考虑到中外学界同道收编散杂文论于一集的习惯,我如此仿照,其明显的好处就是将自己的作品集中呈现以作交流。本书之被纳入"中央民族大学史学经典系列",就我而言乃名实不埒,只算作将这些收编供同道批评指正的一个机会而已,这是我要特别说明的。考虑到我此前曾出版《隋唐五代诸问题研究》《隋唐对河北地区的经营与双方的互动》《史论杂稿》和《唐朝的北方边地与民族》等集,这次收编之主旨与其相似,可为前后序列之构合,亦为此集之编纂的动机。

　　专题论述包含 13 篇论文,其中《从隋李裕个案说"关陇集团"问题》意在通过《李裕墓志》阐明关陇集团在隋朝的表现与活动情况,这算是对陈寅恪先生提出的概念作细节性的填充和解释,也体现了我对这一概念的认同。

　　《唐初御敌弃修长城之检讨》一文,重在解释唐朝建国后面临以突厥为首的外界压力,它采取诸多措施给予回应,却放弃了隋朝乃至秦汉那种修筑长城的惯常方法,为什么如此? 这成为论文讨论的核心。

　　《中华正朔与内亚边疆:兼论唐朝北部长城地带的意涵》,此文的写作意图虽然与前者无涉,但它却在某种程度上回应了这个问题,那就是唐朝统治集团秉持"普天之下,莫非王土;率土之滨,莫非王臣"的一统化观念,又沿承了其北方胡汉文化"杂糅"的传统,进而构筑了兼跨农耕与草原的异质性复合王朝的局面。这篇体现了笔者所理解的唐朝放弃修筑长城工程的深层次原因。

　　《唐朝前期的南北兼跨及其限域》一文,其逻辑接续上文,重点考察唐朝兼跨型王朝建立的有效性与限制性,意在阐明唐朝有建立南北一统化大型王朝的实力,但却不具备长久维系的能力。

《有关唐朝疆域问题的若干思考》则在前几文讨论的基础上,就唐朝疆域中的几个关键问题阐释我的理解。

《疆域·空间:唐朝权力博弈的场所》,重在指明作为空间的"疆域"在唐朝具有的意义:它为王朝提供了存在的物质空间。然而这一空间之有意义(或价值),也正因被王朝所采用;如果没有王朝主动的政治行为的介入,疆域就如同一般性的土地那样。

《北方边地在唐朝的战略地位及其变化》一文,意在阐明疆域或土地在唐朝经营的范围中并非均衡,而是具有不同的等位。何以如此呢?这主要由唐朝统治的基本特质所决定,即以都城为核心的关中系王朝建构之要害,由此向四方推衍形成了内外有别的圈层布局。在这一结构中,北方边地因面临草原势力的"威胁",成为朝廷稳定和运作良顺与否的关键,它具有的地位就超出了自身所载进而上升为国家整体结构能否维系的锁钥,其变化也就反映出国家整体经营的特质。

《唐朝的地缘政治与族群关系》一文,意在阐明唐朝运行中,其政治与族群之间存在着密切的对应性联动,但二者之能生发关联,还要借助于地理或地缘这条道路的沟通才能实现。考虑到唐朝统辖之下的人群多样、文化多元等诸方面之差异,"华夷"格局之下映照的是中原农耕地区、周边游牧或半农耕区域的多样化结构,亦构成了朝廷对各人群采取不同方式和手段统治的多形式化的样态。这种因地缘环境不一而形成的族群政治性的差异,是该文论述的中心。

《交叉区民众心态之研讨——以唐朝河北诸州为例》一文,重点讨论中原核心区之边缘地带民众群体与朝廷的对应关系,即他们属于朝廷正州正县行政控制的对象,然而他们处在中原朝廷与北方草原势力、东北边族势力的交叉地带,受多方势力的牵引和拉动,他们的认同与态度也会发生不同方向的转变。这是理解边区民众心态的一个地域环境的视角。全文围绕两条史料与朝廷官员的不同处置方法,较详细地解读官员的态度及其背后隐藏的国家行为,并对记载此事的文本叙述及其背后隐藏的官方书写的动机和意识形态等问题作了探索。

《姚崇夫人刘氏墓志反映的若干问题》通过刘氏墓志几处涉及唐玄宗时

期名相姚崇的记载,就刘、姚的家庭及姚崇的政治活动,与传世文献进行对比,进行了有针对性的解释,这对进一步了解姚崇与玄宗一朝的政治运作有一定的作用。

《唐幽州雄武军(城)位置再考》在前人和时贤研究的基础上,结合新出墓志资料,进一步证实唐幽州雄武军所处的具体位置,并对文献记载歧义之处给出了新的说法。

《唐后期军镇员属"地著化"问题探索——以河北宣化纪年墓志为中心》一文,依据今河北宣化一地出土的墓志资料,对唐后期节镇军队成员与驻地(社会)之间发生的密切关系进行了比较细致的探索,认为他们常驻的结果就是与当地社会的结合,从而变成了当地人,其兴衰荣辱皆与当地拎合一起,遂有同生死共患难之感,这对认清那一时代特定地区的形势与变迁有一定程度的揭示。

《唐史研究新范式出现的可能性——全球史语境下的唐朝视角》着重从方法论的角度探讨唐史研究的新路径,预示着新范式能否成立以及如何走向。此文与前述诸文有所不同,旨在表明我对唐史研究之理路、思考范式等方面有自己的想法和考虑,这些考虑多系平日阅读国内外同行之相关的论述而萌发。

以上共计 13 篇论文,我在撰写之时并没有一个系统的想法贯穿其中,但又隐藏着我平素追寻的主要兴趣,这集中表现在疆域、族群、朝廷(国家)政治这三位一体,即三者之间存在着何种关系、我如何理解和解释这种关系。我希望通过具体的研究给出一个比较有说服力的说法。作为案例的唐朝,从前期的南北兼跨草原内地到后期的疆域萎缩乃至多元文化形态的变迁,这前后如此鲜明的对照,为其他朝代所少见。为什么会有如此迥然的变化? 耐人寻味。如果对此能够有一个比较通透的了解,不仅能够深化对唐朝国家特质的认识,而且对"大一统王朝"意义上所关联的同时代或易时代其他王朝国家的对比,都有相当的助益。

组成本集另一内容的学术评论,是笔者阅读同道学术作品后产生的某种想法和感觉。譬如《全球视野中的唐朝崛起——S.A.M.艾兹赫德〈唐朝中国:世界历史中的东方崛起〉伸议》一文,是我阅读 S.A.M.Adshead(艾兹赫德,又译阿谢德)*T'ang China:The Rise of the East in the World History* 一书之后的体会。他将唐朝与印度世界、阿拉伯世界、拜占庭帝国和拉丁基督教世界作对比,讨论唐朝的政治、经济、思想和文化在当时世界具有的作用和它引领东亚的角色。这种横向比较,比以往中国历史的纵向对比更能凸显唐朝在当时那种世界场景中的意义。这是我读该书后的最大收获。

《汉学研究的硕果——〈撒马尔罕的金桃:唐代舶来品研究〉书介》,是对吴玉贵教授翻译美国学者 Edward Hetzel Schafer(薛爱华)所著的 *The Golden Peaches of Samarkand: A Study of T'ang Exotics* 一书所作的介绍。限于发表的规定,该文只是对该书汉译本的一般性介绍,没有展开。

《〈隋唐政治、制度与对外关系〉书后》是就中国台湾中正大学朱振宏教授专著中的一些文论展开的评议,涉及的内容亦属我的学术兴趣范围。

《断裂中的延续:中古王朝嬗替之间的"文"道——陆扬〈清流文化与唐帝国〉书后》一文,是对陆扬教授的论文合集所作的评论。该书讨论的一个核心,是作者有关唐朝后期"武"道盛行中潜存的"文"道之痕迹且至为要害,成为一个亮点,并从具体问题的考证和辩驳中给予揭示,新意迭现且有启发。另外,贯通该书的政治文化这一分析思路,也与我平日读书的兴趣发生交接,读后颇有所感。

《民族关系思想认识的一种思路——读〈隋唐民族关系思想史〉有感》是阅读崔明德教授大著之后的感受。"民族关系"或曰当时语境中的"胡汉关系",亦是我关注的主要领域,对同仁的研究自有留心。

目　录

一、专题论述

二、学术评论

一、专题论述

从隋李裕个案说"关陇集团"问题[*]

一

自从陈寅恪先生提出"关陇集团"这一概念之后①,它就成为学术界经常议论的话题,多数学者在谈及这一问题时程度不同地接受此说,用以解释 6 世纪中叶至 8 世纪中叶 200 余年间中国北方政治与社会运作的一个基本概念。换句话说,"关中本位政策"和"关陇集团"的概念已成为学术研究解释那个阶段历史的一个范畴而广被应用了。② 从历史学角度讲,陈先生提出的概念和分析的史实,无疑增加了北周、隋唐时期历史的真实面相,使我们对那个阶段朝廷政治和社会阶层的细节有新的认识;然而若从人类学角度出发,陈先生揭橥的史实只是文本记载的一部分,这个部分因残缺而失忆,他所恢复的,应当就是人们对过去的某种记忆。对记忆的恢复,本质上是一种构拟行为。不论

---

* 本文曾以《从李裕个案说"关陇集团"问题》为名,载于朱凤玉、汪娟编辑:《张广达先生八十华诞祝寿论文集》,台北新文丰出版股份有限公司 2010 年版,第 111—130 页。此次除题目稍作调整外,又对文中个别词句作了修订,并以规范简体字发表。

① 参见陈寅恪:《唐代政治史述论稿》,上海古籍出版社 1982 年版,第 48 页;陈寅恪:《隋唐制度渊源略论稿》,中华书局 1963 年版,第 17 页。另参见万绳楠整理:《陈寅恪魏晋南北朝史讲演录》,黄山书社 1987 年版,第 308—320 页。

② 参见[日]谷川道雄:《武川镇军阀の形成》,《名古屋大學東洋史研究報告》(八),1982 年;宋德熹:《"关陇集团"中的代北外戚家族研究——以独孤氏及窦氏为例》,台湾大学史学研究所博士学位论文,1991 年;张伟国:《关陇武将与周隋政权》,中山大学出版社 1993 年版;宋德熹:《陈寅恪"关陇集团"学说的新诠释》,载廖伯源编:《严耕望先生纪念论文集》,台北稻乡出版社 1998 年版,第 239—260 页;毛汉光:《中古核心区核心集团之转移——陈寅恪先生"关陇"理论之拓展》,载《中国中古政治史论》,上海书店出版社 2002 年版,第 1—28 页;吕春盛:《关陇集团的权力结构演变——西魏北周政治史研究》,台北稻乡出版社 2002 年版;黄永年:《关陇集团始末》,载《六至九世纪中国政治史》,上海书店出版社 2004 年版,第 40—76 页。另参见胡戟:《关陇集团》,载胡戟、张弓、李斌城、葛承雍主编:《二十世纪唐研究》,中国社会科学出版社 2002 年版,第 25—27 页。

是历史史实的复原，还是记忆的构建，关陇集团反映的那个历史阶段统治阶层的政治活动和社会角色的诸多层面，至少成为今人对西魏至隋唐历史进行研究和阐释不可或缺的一个手段，这个概念也成为我们研讨当时历史的一个绕不过去的话题。本文的目的，正是在这一概念及其观念的支配下分析史实，本文所依据的李裕墓志也再次呼应了陈先生提出的概念。本文研究的具体方法，即对墓志相关内容进行考释，结合陈说，将陈先生"关陇集团"内容予以具体化和细致化，同时对这一概念的实用程度及其限制等试图表达自己的想法。①

二

先列出李裕墓志的全文如下（原录文未加标点，此系笔者句读）②：

大业猗氏公李君之墓志

公讳裕，字石生，陇西狄道人也。若夫宣尼应运，柱史启将圣之原；光武握符，司马佐兴王之业。元礼经纶，雅俗室号，龙门宣伯，孝友敦深，车凭累轼，自斯已降，风献继踵。祖柱国、太傅、赵武公，资逸群之材，矫垂天之翼，权舆周室，功格皇天。父曜，使持节、骠骑大将军、开府仪同三司、大都督、延州诸军事、延州刺史。德嗣家声，勋书王府，故以远同邓骘，服拟台仪；近方荀羡，任居连率。公幼标令问，见称纨绮，令君之子，还符孟德之言；王公之孙，无假伯喈之誉。加以器识韶敏，风神颖脱，孝为德本，材实世资，以周建德元年（572 年），起家为浍城郡守、领浍城防主。陆抗之胤，唯领屯兵；杜周之子，方为郡守；军民兼抚，振古未傅。公乃威惠并施，韦弦得衷，黎庶归怀，远近胥悦。皇隋革运，深思治本，以三辅百城之冠，

---

① 田余庆先生曾说："学术流传，往往是前辈心得，滋养后人；后人增修，光大前辈。这是学术发展源远而流长，承前而启后的常轨。"田余庆："序"，见张伟国：《关陇武将与周隋政权》，中山大学出版社 1993 年版，第 7 页。

② 李裕墓志出土于 2006 年底，其墓志原文与录文均载陕西省考古研究院：《西安南郊隋李裕墓发掘简报》（以下省称《发掘简报》），《文物》2009 年第 7 期。此志铭不见于气贺泽保规所编《新版唐代墓志所在总合目录》（增订版）（东京汲古书院 2009 年版），说明尚未收入到其他文献之内。

京兆列郡所瞻。开皇元年(581年),诏擢君为京兆尹,公乃导德齐礼,刑清俗富,政同豹产,名出赵张。高祖以公名臣之胄,治有勋迹,爰降玺书,用建茅社。开皇三年,封猗氏县公。昔汉思乐毅,竟微土宇;晋宠道明,财隆班秩,侔今望古,绝后光前。而性爱文酒,流联赏会,一从吏职,心厌钩距,乃谢病告归,追欢里巷,深重闲居之赋,托□漳滨之诗,室奏丝桐,堂罗宾客。若夫春滋兰畹,寒雕桂蕊,鸟弄高枝,鸿归海岸,莫不命驾同游,招贤并作,志轻轩冕,心狎林泉,而阅水不追,高春遽落,春秋六十三,仁寿四年(604年)六月十七日,薨于雍州长安县之务仁里,粤以大业元年(605年)岁次乙丑正月壬辰朔十一日壬寅,卜葬于雍州长安县布政乡高阳之原。

惧陵谷迁改,松槚销亡;式铭玄石,永播遗芳;周史遥原,汉飞华族;将相继踵,公侯必复;乃祖乃父,台司岳牧,勋迈阿衡,功参博陆;惟公嗣美,声芳载起;蕴德标奇,渊渟岳峙;艺术必该,政绩可纪;□□不惊,乱绳斯理;倦兹薄领,谢病闲居;敬爱宾友,耽玩琴书;谓仁者寿,天道凭虚;德音犹在,神逝焉如;逦迤荒原,参差陇树;挽断松风,歌凄薤露;马鬣一封,鱼灯永暮。

本文打算就上述志文中以下四个问题进行讨论:

第一,公讳裕,字石生,陇西狄道人也。

按隋唐之时以陇西狄道为郡望者已成通例,如李唐皇族即是典型①,其家世按陈寅恪先生考证系出河北赵郡(治平棘,今河北赵县)李氏之破落户或假冒牌,亦为人所熟知。② 从墓志的内容考察,李裕的祖曾任柱国、太傅、赵武公等职,其父李曜则任使持节、骠骑大将军、开府仪同三司、大都督、延州诸军事、延州刺史等,按照《发掘简报》的分析,其祖父就是史籍中赫赫有名的李弼(具体讨论详下)。按照《周书》卷15《李弼传》,他是"辽东襄平(治今辽宁辽阳西南)人"③。《新唐书》卷72上《宰相世系表二上》记云:"辽东李氏:玑少子齐,赵相,初居中山,十三世孙宝,字君长,后汉玄菟都尉,徙襄平。"李弼就属于这一支。④ 李弼之曾孙隋末唐初的李密、弼之六代孙李泌的籍贯亦采用

① 参见《旧唐书》卷1《高祖纪》,中华书局1975年版,第1页;《册府元龟》卷1《帝王部·帝系门》,中华书局1960年版,第13页。《新唐书》卷1《高祖纪》则称"陇西成纪人",中华书局1975年版,第1页。

② 参见陈寅恪:《唐代政治史述论稿》,上海古籍出版社1982年版,第10—11页。

③ 《周书》卷15《李弼传》,中华书局1975年版,第239页。

④ 《新唐书》卷72上《宰相世系表二上》,中华书局1975年版,第2593页。

襄平的记载①;到了《北史》就成了"陇西成纪人"②;李密的墓志同样采用这个说法。③

为什么会有狄道、成纪之别?陈寅恪先生对宇文泰所创立的关陇集团的人物籍贯和郡望有一个基本的猜测,即北魏末年动乱导致东西分裂之后,占据关中的宇文泰为与东魏和江左抗衡,在精神文化上采取融合胡汉为一体的政策,他为凝结形成自身的统治集团先后颁行了两步措施,第一步是将跟随他入关的贺拔岳等汉姓山东郡望改为关内郡望,另撰谱牒,纪其所承,以断绝其乡土之思。第二步则是将功臣诸将之姓氏改为鲜卑姓氏。至北周末期隋文帝杨坚旋将胡姓改回汉姓,但只是完成了宇文泰的第二步,第一步的措施即沿用关陇郡望的习惯却沿承下来,这就是北朝后期至隋唐初期官员及其后人多以陇西为郡望之缘故。④

李弼的籍贯自襄平改迁陇西,应当就是这种形势的产物,至于是陇西的成纪还是狄道,各种文献出现不同的记述,即使在其后人的墓志里也有差异,则更可证明其迁徙的迹象,这是李裕墓志发现之后给我们提供的思考。

第二,祖柱国、太傅、赵武公。

《发掘简报》认为李裕的祖父就是大名鼎鼎的李弼。按《周书》卷15《李弼传》、《北史》卷60《李弼传》,李弼自北魏末年跟随尔朱天光、侯莫陈悦,曾经分别受任别将、征虏将军、石门县伯、大都督、通直散骑常侍、清水郡守、恒州大中正、南秦州刺史。后转投宇文泰,受任秦州刺史、大都督、仪同三司、雍州刺史、骠骑大将军、开府仪同三司、特进、赵郡公、司空、太尉、太保、柱国大将军。宇文泰建六官,拜太傅、大司徒,后除太师,进爵赵国公。北周孝闵帝元年(557年)卒(明帝举哀),年64岁,追封魏国公。这里的任职,与墓志之差,只有李弼生前的封爵名称不同,文献先是"赵郡公",后升为"赵国公",墓志则是

---

① 参见《旧唐书》卷53《李密传》、卷130《李泌传》,中华书局1975年版,第2207、3620页;《新唐书》卷83《李密传》,中华书局1975年版,第3677页。

② 《北史》卷60《李弼传》,中华书局1974年版,第2129页。

③ 参见《文苑英华》卷948魏徵撰《唐故邢国公李密墓志铭》,中华书局1966年版,第4988页。

④ 参见陈寅恪:《唐代政治史述论稿》,上海古籍出版社1982年版,第14—17页。

"赵武公",按照制度规定,国公、郡公是正式名称①,"赵武公"显然不属正式称号。

按李弼卒年64岁推测(这里的64岁属虚岁,足岁应是63岁),他应生于北魏孝文帝太和十八年(494年)。李裕于隋文帝仁寿四年(604年)卒,终年63岁,按惯例,同是虚岁。以此计算,他出生应在542年,即西魏文帝大统八年。李裕祖孙之间相距48年,其间有李裕父亲李曜一代,三辈之间相隔24年,与25年左右为一代的推测相符。

按李弼所任柱国一职,据《隋书》卷28《百官志下》记云:"(隋)高祖又采后周之制,置上柱国、柱国、上大将军、大将军、上开府仪同三司、开府仪同三司、上仪同三司、仪同三司、大都督、帅都督、都督,总十一等,以酬勤劳。"②查《周书》卷24《卢辩传》,卢辩随宇文泰入关之后,宇文泰欲打算按照《周官》规则整饰西魏职官制度,以强化与东魏抗衡的实力。他原本任用苏绰负责此事,但苏旋后去世,转由卢辩制定,"于是依《周礼》建六官……太祖(宇文泰)以魏恭帝三年始命行之"③。接着列举各职位名号,其中有"柱国、大将军,建德四年增置上柱国、上大将军也,正九命"④,属最高一等。⑤ 按照《周书》卷15《李弼传》记载,李弼加柱国大将军一职在大统十四年(548年)。整体看《周书》

① 北魏封爵制有王、开国郡公、开国县公、散公、开国县侯、散侯、开国县伯、散伯、开国县子、散子、开国县男、散男等,见《魏书》卷113《官氏志》,中华书局1974年版,第2993—2998页。北周爵位有王、郡王、县王、国公、郡公、县公、县侯等,参见王仲荦《北周六典》卷19《封爵》,中华书局1979年版,第537—561页。唐爵位分别是王、郡王、国公、郡公、县公等,见《唐六典》卷2《尚书吏部·司封郎中》,陈仲夫点校,中华书局1992年版,第37页。

② 《隋书》卷28《百官志下》,中华书局1973年版,第781页。按《旧唐书》卷42《职官志一》有谓:"勋官者,出于周、齐交战之际。本以酬战士,其后渐及朝流。阶爵之外,更为节级。周置上开府仪同三司、开府仪同三司、上仪同三司、仪同三司等十一号。"(中华书局1975年版,第1807页)根据《周书》卷24《卢辩传》(中华书局1975年版)等记载,实际上这些制度始于宇文泰掌政之时卢辩的创置。

③ 《周书》卷24《卢辩传》,中华书局1975年版,第404页。

④ (宋)郑樵:《通志》卷157《卢辩传》,中华书局1987年版,第2538页上栏。所谓"命",按《隋书》卷27《百官志中》记载:"内命,谓王朝之臣。""外命,谓诸侯及其臣。"中华书局1973年版,第771页。

⑤ 参见《北史》卷30《卢同传附卢辩传》,中华书局1974年版,第1102页。《周书·卢辩传》只说"柱国大将军,大将军"(中华书局1975年版,第404页),揆诸《北史》与《隋志》,知《周书》所载有误。对柱国的考察,可参见张伟国:《关陇武将与周隋政权》,中山大学出版社1993年版,第50—62页。

的记载没有《隋志》详细,可能是脱落的缘故。① 又李弼太傅一职,与文献所载相符,系三师之一,为北魏孝文帝太和时期颁定。② 赵武公之爵号,按《魏书·官氏志》有开国郡公,第一品;开国县公、散公,从一品。③ 李弼生前曾受封赵国公,死后追封魏国公,此赵武公之名号,与文献记载有差异。

志文说李弼"资逸群之材,矫垂天之翼,权舆周室,功格皇天",除有墓志通常撰写的溢美虚饰之外,这里的"周室"可有两解,一是广义的周室,泛指皇室;二则具体的北周皇室。考虑到李弼之卒年正是北周立国后不久,所以墓志关于李弼有功于周室的记载,与他的实际活动是相符的,此处"周室"应当是实指。

第三,父曜,使持节、骠骑大将军、开府仪同三司、大都督、延州诸军事、延州刺史。

李裕之父李曜,按照《发掘简报》的说法,李曜是李弼的长子,由于弟李晖尚宇文泰女义安公主,曜不得嗣其父爵位,受封邢国公,位开府。按《周书》卷15《李弼传》附载李弼二子辉、耀,《北史》卷60《李弼传》附载二子则为曜、晖,《周书·校勘记》辨证《李弼传》记载舛误,举《旧唐书》卷53《李密传》、《新唐书》卷84《李密传》、《文苑英华》卷948魏徵撰《唐故邢国公李密墓志铭》等文献为例,证明李弼的前两个儿子分别是李曜和李晖。④ 现在李裕的墓志记载其父的名字为曜,进一步证实了校勘记的推测。

李曜的生卒年,文献无具体记载。按李弼与李裕祖孙之生卒年推测,李曜之生应当在北魏孝明帝神龟元年(518年)前后。按其弟李晖的活动事迹先后在宇文泰至北周武帝建德元年(572年)之间,我们据此推知,李曜主要的活动时间,同样是西魏至北周建国这段时期。若以神龟元年为准,在西魏建国(535年)宇文泰纠集势力崛起的年月,李曜正值青壮年龄。但李曜事迹除文献记载没有继承李弼之业而获封邢国公之外,再无更多的描述,此墓志的发

---

① 《周书·卢辩传》接着就说"今略举其名号及命数,附之于左。其纪传内更有余官而于此不载者,亦史阙文也"(中华书局1975年版,第404页),显然这里的记载并不完备。

② 《魏书》卷113《官氏志》云:"太和中高祖诏群僚议定百官,著于令。……(太和)二十三年(499年),高祖复次职令,及帝崩,世宗初班行之,以为永制。"见该书(中华书局1974年版)第2976、2993页。

③ 《魏书》卷113《官氏志》,中华书局1974年版,第2994页。

④ 参见《周书》卷15《李弼传》校勘记(11),中华书局1975年版,第254页。

现,对李曜的事迹,应当是一补充。

按墓志记载,他所受任的骠骑大将军、开府仪同三司,根据《北史》卷30《卢同附卢辩传》记载,属九命,同系卢辩协助宇文泰所创立的周官体制。该书接着说:"建德四年(575年)改为开府仪同大将军,仍增上开府仪同大将军。"①可知李曜职任所授,应当是在建德四年以前,考虑到他的出生推测,这两个职任应当系于宇文泰控制政权的时代。

延州诸军事、延州刺史,按《隋书》卷29《地理志上》:"延安郡,后魏置东夏州。西魏改为延州,置总管府。开皇中府废。统县十一,户五万三千九百三十九。"②《元和郡县图志》记云:"后魏灭赫连昌,以属统万镇。孝文帝置金明郡,宣武帝置东夏州,废帝改为延州,以界内延水为名,置总管,管丹、延、绥三州。隋开皇八年(588年)废总管,但为延州,炀帝以为延安郡。"③据此可知,延州是西魏时期的名称,李曜之任职延州,除刺史外,还有大都督、延州诸军事,说明他身兼军政与民政二职。按《读史方舆纪要》谓此地"东带黄河,北控灵、夏,为形胜之地。……晋失其驭,并、雍之间遂成戎薮,历数百年而患未息"④。对以长安为都城的西魏、北周的北部防护,起着重要的作用;而当地多异族的形势,使这种地理上的战略地位又与外族势力结合起来,形胜更趋重要。根据文献记载,此时延州一带势力当属稽胡为胜。⑤ 按《周书·李檦传》,李弼之弟李檦亦曾"出为总管延绥丹三州诸军事、延州刺史",他是李曜之叔父,先后同在延州仕同样之职,而李檦"从弼讨稽胡,檦功居多"⑥,以此推测,

---

① 《北史》卷30《卢同附卢辩传》,中华书局1974年版,第1103页。《周书》卷24《卢辩传》则记云"骠骑、车骑等大将军,开府、仪同三司"(中华书局1975年版,第404页),将不同职号混一,易致淆乱。

② 《隋书》卷29《地理志上》"延安郡"条,中华书局1973年版,第811页。

③ 《元和郡县图志》卷3《关内道三·延州》,贺次君点校,中华书局1983年版,第76页。

④ (清)顾祖禹:《读史方舆纪要》卷57《陕西六·延安府》,贺次君、施和金点校,中华书局2005年版,第2719—2720页。

⑤ 《隋书》卷29《地理志上》记云:"雕阴、延安、弘化,连接山胡,性多木强。"(中华书局1973年版,第817页)此山胡即稽胡之另一称呼。有关稽胡之分布与活动记载,王仲荦先生多有收集,可参见《北周地理志》卷1"关中·延州"条,中华书局1980年版,第102—104页。按到唐朝时吐蕃征服吐谷浑之后,部分吐谷浑人又流居到延州。《新唐书》卷43下《地理七下》(中华书局1975年版,第1125页)关内道专门辟列延州都督府属下的两个吐谷浑羁縻州即为其证。

⑥ 《周书》卷15《李檦传》,中华书局1975年版,第243页。

李曜之出掌延州,应当也同其叔父一样,担负着抗衡稽胡之重任。①

第四,公以周建德元年(572 年),起家为浣城郡守、领浣城防主;开皇元年(581 年),诏擢为京兆尹;开皇三年,封猗氏县公。

李裕本人的事迹,墓志里分成虚实两个部分阐述。其中"公幼标令问,见称纨绮,令君之子,还符孟德之言;王公之孙,无假伯喈之誉"的记载,称誉他出身高尚,具有世家之风范,有王孙之懿德,这与其先世李弼的地位是相符的。"陆抗之胤,唯领屯兵;杜周之子,方为郡守;军民兼抚,振古未俦。公乃威惠并施,韦弦得衷,黎庶归怀,远近胥悦"一句,说的也是李裕"名臣之胄"文治武功的才干。这些描写,剔除墓志夸张不实之词的成分外,可以透露出李裕出身北朝世家及其本人文武兼仕的基本情况。这里的世家,就是北魏败亡之际跟随宇文泰起家的北朝勋贵,他们以军功为业,成为支配新朝立国的新兴力量。李裕的祖、父均系西魏、北周的干将,李裕受此影响,同样成为二朝的骨干之一。

所谓指实,是李裕本人在北周充担的浣城郡守、领浣城防主和隋朝的京兆尹、猗氏县公等职。根据墓志记载,李裕于北周建德元年(572 年)"起家任浣城郡守、领浣城防主"。按上文计算,李裕出生于西魏文帝大统八年(542 年),至此正好 30 岁,他出仕的时间已属而立之年。

《发掘简报》称李裕史籍无传,可能系次子。《周书》与《北史》均记载李曜之子为李宽,《北史》说李宽"干略过人,自周及隋,数经将领,位柱国、蒲山郡公,号为名将"②。《发掘简报》之推测李裕排行,应当据此而来。又李裕起家充任的浣城郡守一职,《发掘简报》征引《隋书》卷 29《地理志上》汉川郡"旧置傥城郡,开皇初郡废"条目,推测系西魏所置,北周沿用,地望当在今陕西省洋县北,即"傥骆道"之南口。我以为《发掘简报》将浣城郡推测为傥城郡是合适的。今按王仲荦《北周地理志》收集各家记述,将傥城郡沿革作系统整理③,

① 稽胡之分布,包括延州在内。详见严耕望:《佛藏所见之稽胡地理分布区》,台北《大陆杂志》第 72 卷第 4 期,1986 年 4 月。参见唐长孺:《魏晋杂胡考》之"稽胡",载氏著:《魏晋南北朝史论丛》,生活·读书·新知三联书店 1955 年版,第 439—444 页。

② 《北史》卷 60《李弼附李宽传》,中华书局 1974 年版,第 2131 页。

③ 参见王仲荦:《北周地理志》卷 4《山南上·傥城郡》,中华书局 1980 年版,第 326—328 页。

大体上是这样的线索:西魏以前称作晋昌郡,西魏废帝三年(554年)改为傥城郡,隋开皇三年(583年)罢郡。李裕初仕担任的傥城郡守,已是该郡名称改为傥城之后的十八年了。

又"领浇城防主",《北周地理志》记载属县龙亭(今陕西洋县东18里)有傥城防。王仲荦先生说:"龙亭为入子午谷之口,傥城防当置于此。西魏北周梁州都督梁州总管往往兼督傥城防军。"他举《周书·崔猷传》为例,说明崔猷都督梁利等十二州、白马傥城二防诸军事、梁州刺史①,显然,李裕任浇城郡守并领浇城防主的意思与崔猷的任职相似,只是地点不同而已。

李裕在隋朝充任的职务是开皇元年(581年)的京兆尹,《发掘简报》引《隋书》卷40《虞庆则传》"开皇元年,进位大将军,迁内史监、吏部尚书、京兆尹",推测李裕的任职不会很长,亦不会掌权。按此说法,李裕任职京兆尹是在虞庆则之前,所以才能任职不久。查《隋书》和《资治通鉴》,开皇元年二月,杨坚即位之时就封授官员,虞庆则为内史监兼吏部尚书。② 这两处都没有记载京兆尹之职,但《隋书·虞庆则传》在上述任职之后接着说"二年冬,突厥入寇,庆则为元帅讨之"云云,则表明他担任的京兆尹与吏部尚书等应该都是开皇元年授任的。如此,究竟是李裕任京兆尹在虞庆则之前,还是反过来,似乎都能讲得通。按照《隋书·虞庆则传》的记载,他任职京兆尹是在开皇元年,但杨坚即位授予官衔之时,京兆尹又没有显现出来,是省略还是即位授予官衔之后、本年底之前? 都有可能。所以目前尚难断定二人任职的前后。③ 不过,《发掘简报》说李裕在京兆尹任职的时间不长以及权力不大则是合理的推测。志文所记"性爱文酒,流联赏会,一从吏职,心厌钩距,乃谢病告归,追欢里巷,深重闲居之赋"一段,似有较明显的展露。

---

① 参见王仲荦:《北周地理志》卷4《山南上·梁州·傥城郡》,中华书局1980年版,第326—327页。

② 参见《隋书》卷1《高祖纪上》,中华书局1973年版,第13页;《资治通鉴》卷175"陈宣帝太建十三年(581年)二月"条,中华书局1956年版,第5432—5435页。

③ 如果就李裕墓志"开皇元年,诏擢君为京兆尹……开皇三年,封猗氏县公。……而性爱文酒,流联赏会,一从吏职,心厌钩距,乃谢病告归"的记述看,说他任职京兆尹至开皇三年也能讲得通。

三

陈寅恪先生对"关陇集团"概念的表述为:"宇文泰率领少数西迁之胡人及胡化汉族割据关陇一隅之地,欲与财富兵强之山东高氏及神州正朔所在之江左萧氏共成一鼎峙之局,而其物质及精神二者力量之凭藉,俱远不如其东南二敌,故必别觅一途径,融合其所割据关陇区域内之鲜卑六镇民族,及其他胡汉土著之人为一不可分离之集团,匪独物质上应处同一利害之环境,即精神上亦必具同出一渊源之信仰,同受一文化之熏习,始能内安反侧,外御强邻。而精神文化方面尤为融合复杂民族之要道。"①

很明显,关陇集团这个概念是陈寅恪先生揭示出来的,历史上并没有这样的称呼,而陈先生也没有具体阐述关陇集团的内涵与外延,他用这个概念的目的是分析和阐述西魏宇文泰的政策。因此,后人就根据自己的研究对这个概念不断充实。如甘怀真将关陇集团比定为由两个集团组成,一是地域集团,二是社会集团。关陇集团即由北镇军团和华北西部(河南、关陇)豪族乡帅及其乡兵两股势力组成,以府兵军事体系为媒介,凝结成一个以武人门阀为主的政治集团。② 张伟国认为关陇集团是以宇文泰为首的北镇集团联合当地豪族而形成的军功集团③,等等。

另外,学者们也注意到了关陇集团成立之后不断的变化。陈寅恪先生从"关中本位政策"转变的角度曾说:"有唐一代三百年间其统治阶级之变迁升降,即是宇文泰'关中本位政策'所鸠合集团之兴衰及其分化。"具体的嬗变一是武则天上台,该政策分崩没落,二是玄宗时终至完结。④ 毛汉光先生将陈先生的观点推演为核心区与核心集团的转移⑤,这也意味着关陇集团自身处在

---

① 陈寅恪:《唐代政治史述论稿》,上海古籍出版社 1982 年版,第 15 页。关于关陇集团更通俗的解释,参见万绳楠整理:《陈寅恪魏晋南北朝史讲演录》,黄山书社 1987 年版,第 308—316 页。

② 参见甘怀真:《隋文帝时代军权与"关陇集团"之关系——以总管为例》,唐代学会编辑委员会编:《唐代文化研讨会论文集》,台北文史哲出版社 1991 年版,第 478—519 页。

③ 参见张伟国:《关陇武将与周隋政权》,中山大学出版社 1993 年版,第 71—72 页。

④ 参见陈寅恪:《唐代政治史述论稿》,上海古籍出版社 1982 年版,第 48—49 页。

⑤ 参见毛汉光:《中古核心区核心集团之转移——陈寅恪先生关陇理论之拓展》,载《中国中古政治史论》,上海书店出版社 2002 年版,第 1—28 页。

不断变化之中。林静薇在《关陇集团的初次质变》中,将这个集团历经西魏、北周和隋朝的历史划分为基本型、延续型和转变型三个阶段。① 不论学者们讨论的演化有多少分析,论点诸多差异,他们关注的这个集团的前后变化,则是有目共睹的。这是否意味着,关陇集团这个后人设定的概念所揭橥的事实,确实存在着先后的变化? 而变化应当就是当时的政治形势与社会形势引发的。

李裕墓志所揭示的现象,似乎与以往的研究颇能呼应。这正是本文着意的地方。

按照上文的思路,具体说是本文根据《发掘简报》的线索对李裕家族三代前后任职演变情况的考察,似乎能够看出:就这个家族的变迁而言,走的是一条仕任递减的道路。由李弼的柱国大将军、太傅、大司徒、太师、赵国公到李曜的骠骑大将军、开府仪同三司、大都督、延州诸军事、延州刺史,再到李裕的浍城郡守、领浍城防主和短暂的京兆尹,我们看到的现象,是祖孙三代在西魏、北周和隋朝前后任职逐渐下降的趋向。这是否具有普遍性还是个别现象? 目前还无法作出一般性判断,但根据学者们的研究,随着北方王朝统辖的扩大,关陇集团的限域随着其他地区成员的进入而呈扩大或破坏的现象,是当时政治发展的突出事实。就此家族而论,李弼后来加入宇文泰麾下,成为宇文泰加强自身掌控西魏政权、进而与东魏抗衡的重要辅佐人员,他以军功受到宇文泰的倾心信任与重用,正是那个以军事能力和角逐为胜的时代的鲜明特征。对年轻的西魏而言,自身安危的维系,首要的就是在抗争中获得军事胜利。武功,或武功的承载者武将,就成为王朝命运所系的人物,李弼之受重用、获得高官厚禄,正是这种形势的体现。

到李曜一代,西魏—北周同样处在与东魏—北齐争衡的状态。李曜一生的仕任多为武职,似乎是其父辈精神的再现。与此对照,李裕的任职,则明显出现变化,倘若在北周所任的浍城郡守与浍城防主,尤其后者,尚有守卫、防护的军事职能,但即使如此,从东西两个政权的对峙、角逐的形势看,李裕所任的郡址,决非是双方战略的焦点,他所防护的是都城长安的南部,其地理位置的

---

① 参见林静薇:《关陇集团的初次质变》,《中国中古史研究》第 8 期,嘉义中正大学历史研究所 2008 年版,第 107—133 页。

重要性与李曜所处的延州相比,似乎还略逊一等,更不能与西魏—北周东部诸地相比。① 另一值得注意的现象是,李裕后来虽然担任重要的京兆尹一职,但时间短促,他的作用似乎并没有充分发挥,墓志说他"性爱文酒,流联赏会,一从吏职,心厌钩距,乃谢病告归,追欢里巷,深重闲居之赋",但这只是撰主一厢情愿的描述,应该有不得已的隐情在内。至于是不是李裕本人真的厌倦官场仕途,还是因周旋官府的能力被限制,乃至有政治党派的纠葛而使其丧失政治前途? 这些都不是一时半会儿搞清楚的内情,我们姑且一说而已。②

有一点值得我们注意的,就是李弼一族,随着王朝的转替兴代,关陇集团内部也不断有新兴势力的介入或遭受外部势力的冲击,其自身的变迁嬗替,看来也是正常的过程。其整体的变化早已成为学者们关注的焦点,本文的意图,则是透过焦点考察具体家族的变化,李裕墓志正好提供了一个范例。这个家族祖孙三代,从纯粹的武职到文武兼仕,与此并行的则是职务级别的下滑,到李裕一代逐渐淡出权力的核心,似乎是那个时代政权嬗变、关陇集团不能跟随形势变化而遭淘汰出局的某种情状的反映。这个家族成员职务的变迁,可能正如学者们议论的那样,随着北周代替西魏,又统一北方,到隋朝确立的全国局面的形成,关陇一隅之地的统治集团与全国性局势的悬隔,迫使朝廷自觉不自觉地进行调整,关陇以外的山东、江南政治势力的介入,最终形成了新型的统治格局。李裕家族三代职务的变化,特别是李裕疏离出统治的核心,应当就是这种政治形势加诸这个家庭(某些)成员的写照。说到这里,我们似乎有理由对陈寅恪"关陇集团"概念进行再次诠释:这个集团是现代学者借助现代学科的方法对过去史实进行的一种概括,这个概括具有不确定性、伸缩性,留下了很大的发挥、讨论和争议的空间,后世学者针对此而展开诸多争议,从而得出自己的结论。本文的个案性论证,附会了陈先生创设的这一概念,在论述的过程中又感觉这个概念的模糊特征,因而我认为:我们似乎无法精准地断限"关陇集团"这一概念,无法将其数量化、精确化乃至时间化,只能是大略化或

---

① 关于西魏—北周与东魏—北齐之间的战略地位,可参阅宋杰:《两魏周齐战争中的河东》,中国社会科学出版社 2006 年版。

② 从甘怀真的讨论看,隋文帝任用关陇武人到隋炀帝罢废总管,具有明显削弱关陇武人地位的意图和趋势,这是否为本文提供一个时代的背景,值得参考。见甘怀真:《隋文帝时代军权与"关陇集团"之关系——以总管为例》,唐代学会编辑委员会编:《唐代文化研讨会论文集》,台北文史哲出版社 1991 年版,第 478—519 页。

概要化。这就是本文的结论。

另一个现象值得我们注意的,关陇集团是北朝后起的军功贵族集团,其特质与早期汉地传统的世家大族有明显的差别。传统士族虽然起家少不了政治权力和政治地位的博弈①,但继其后则"实以家学礼法等标异于其他诸姓"②,成为有文化血脉的高尚门第了。关陇集团则浸透着比较原初的武功气质,充满着拼打厮杀的战场风貌,有着鲜明的北方胡人风格,与中原世家形成了强烈的对照。③ 但在政权建设正规化的过程中,特别是随着政治局势的稳定,统治秩序进入正轨之后,其军功地位日益降低,文气逐渐上升并呈取代武功的趋势。对一个家族而言,这样的发展趋势也同样体现在家族成员前后嬗替的文化变迁过程中。李裕家族是否也同样沿着此路走下去? 还需要讨论。即使如此,这个家族的变迁似乎较其他家族为速,至少就李裕这一辈而言,有这样的倾向;然而,我们也不能不考虑李裕个人的能力、角色的展现对家族命运产生的影响。倘若如此理解,个人的行为表现对其家族整体转变的快慢,就具有关键的作用。我对李裕祖孙三代职任与风气变迁背后因素的考虑,就是建立在个人、家庭与社会整体风气转移并互动的认知上面。

---

① 参见唐长孺:《士族的形成和升降》,载《魏晋南北朝史论拾遗》,中华书局 1983 年版,第 53—63 页。

② 陈寅恪:《唐代政治史述论稿》,上海古籍出版社 1982 年版,第 71 页。

③ 参见唐长孺:《论北魏孝文帝定姓族》,载《魏晋南北朝史论拾遗》,中华书局 1983 年版,第 79—91 页;朱大渭:《代北豪强酋帅崛起述论》,原载《文史》第 31 辑,载《六朝史论》,中华书局 1998 年版,第 216—245 页。

唐初御敌弃修长城之检讨*

　　长城史研究领域在讨论长城的问题时经常会提出这样的疑问:为什么唐朝不修筑长城(作为防御手段)? 人们给出的答案通常是:唐朝控制的地域幅度超出了长城,深入北部草原,形成南北统合的局面,长城就丧失了修筑的必要性。① 形成疑问的人们经常求诸文献作为论证的依托,典型的理据是唐太宗如下的一番话:

> 隋炀帝不能精选贤良,安抚边境,惟解筑长城以备突厥,情识之惑,一至于此。朕今委任李世勣于并州,遂使突厥畏威遁走,塞垣安静,岂不胜远筑长城耶?②

我在《唐朝三受降城与北部防务问题》一文里也曾经说过:

> 有唐一朝边防的重心更多地依靠人自身的力量,依靠军队的建设,而对于城堡边墙这类物质工程的构建似乎并不十分看重,因而唐朝很少修筑长城或类似的工程固边防守,这一特点是非常明显的。至于唐朝为什么重视人防而忽略工程,这应当与那个时代中原王朝的政治、社会、统治集团及整个环境有关,更与唐朝及周边民族诸文明诸文化的交

---

　　* 本文曾以《唐初弃修长城之检讨》为名,发表于《民族研究》2015 年第 3 期;又转载于《人大复印报刊资料·地理》2015 年第 5 期。此次保留最初的题目,并对全文做了校订。
　　① 穆渭生给出的答案更综合,参见氏著:《唐代关内道军事地理研究》,陕西人民出版社2008 年版,第 120—125 页。
　　② 《旧唐书》卷 67《李勣传》,中华书局 1975 年版,第 2486 页。按文中"惟解筑长城以备突厥"之"解筑",《贞观政要》作"远筑",意甚切确。参见(唐)吴兢撰,谢保成集校:《贞观政要集校》卷 2《任贤》,中华书局 2003 年版,第 78 页。

融互通有关。①

太宗说的那番话是在贞观十一年（637年）授予李勣英国公的爵位时，就是在剪除东突厥之后胜败已成定局的情况下讲的，当然有其坚厚的依凭；我的上文也是在唐朝优胜于对手的情况下作的总结。但总结的话语不能替代过程本身，尤其是胜败未定谁也不好说的情况下就将长城的修筑视为无关紧要的结论，恐怕是不能成立的。易言之，上述弃置长城的话语只有在结论中或唐朝稳操胜券的情况下才有效，现在我们所关注的是这个话语展示的过程及其背后隐藏的双方的较量，是什么使得这样的话语出现？本文的写作就是出自这个动机，也是对我十八年前提出的问题进行的一个回应。

一

首先我们要明确"长城"的概念。我这里引列两条今人的定义作依据，其一是《长城百科全书》侯旭东撰写的词条："中国古代巨型军事工程体系。由绵延伸展的一道或多道城墙，一重或多重关堡，以及各种战斗设施、生活设施、报警烽堠、道路网络等组成。是一条以城墙为线，以关隘为支撑点，纵深梯次相贯，点线结合的巨型军事工程体系。"②其二是景爱《中国长城史》的说法："长城是以土、石、砖垒筑的连续性高城墙，系古代边境御敌的军事工程。"③这两个解释虽然词句多少不等，但均由"形状"与"功能"两个部分组合。尤其是它的功能，这是长城修建的主要动机。如此看，长城主要的作用是军事攻防，如果没有这个功能，长城就没有修建的必要。④ 这是我们了解长城的基础。

---

① 中国长城学会编：《长城国际学术研讨会论文集》，吉林人民出版社1995年版，第150—151页；又收入李鸿宾：《隋唐五代诸问题研究》，中央民族大学出版社2006年版，第128—129页。

② 中国长城学会编：《长城百科全书》，吉林人民出版社1994年版，第3页。

③ 景爱：《中国长城史》，上海人民出版社2006年版，第25页。

④ 这是就长城作为防御物体的逻辑推测。实际的情况很复杂，不是一两句话就能解释清楚的。事实上，针对长城的出现，西方学术界多将其置于中原与草原两大势力对峙的状态下看待。譬如战国至秦汉长城的前后出现就是典型的案例，关于此点，狄宇宙（Nicola Di Cosmo）在《古代中国与其强邻：东亚历史上游牧力量的兴起》（贺严、高书文译，中国社会科学出版社2010年版，第157—192页）一书中有详细的讨论。在他的研究中，长城远不止是中原各国保护农业的战略手段。

然而在通行的话语中,我们也常常看到将长城与民族、自然环境等联系在一起,将它们的关系作某种程度的必然性论述。这就涉及长城到底与谁存在着直接、对应的逻辑关系。

如上所述,长城之修建是出自防御的需要,而防御之出现则是特定的群体为了保护自身的安全所采取的措施。当不同群体之间发生军事冲突的时候,防护就出现了。只不过长城的修筑需要强权支配、技术发展到一定程度时才能出现。这里,长城是与需求产生直接关系的。至于技术条件,则是为需求服务,与长城的关系处于第二位。当长城出现的时候,我们还发现正是国家政权建构以后的事,或者说这些群体是依托在政治体之上,才有长城的修筑。与此相反,国家政治体出现之前,则没有长城的修筑。以往的事例促使我们断言:长城的修建,是政治体出自防御的需求而产生的,它们之间具有直接的逻辑联系。民族群体、生产技术、自然环境等,与长城的关联都是依托于政治体而处于次要地位的。考虑到这一点,我们就可以讨论唐朝为什么弃修长城的问题了。

二

长城的本质是防护。那么唐初是否需要长城的修筑呢?

首先我们必须明确:唐朝是需要防御工程的。这与唐朝政权的性质有关。唐朝建立的基础是农耕经济,以土地种植业为生,土地的固着性使王朝必须作出一切努力或付出一切代价地保护,防卫就出现了。与此对应,农耕王朝的对手假若是游牧政权,其特性表现在以骑兵为核心,以流动作战为主要方式,土地固守的观念相对淡漠,它们采取的战略通常是进攻而不是防守。[①] 面对这样的攻击,农耕王朝自我保护采取的措施,就往往诉诸坚固的堡垒和城墙。但这还有一个前提,那就是游牧政权拥有足够大的势力能够

---

① 参见[美]丹尼斯·塞诺(Denis Sinor):《内亚史上的马与草场》(文欣译,罗新校)、《内亚的战士》(邬文玲译,罗新校),《丹尼斯·塞诺内亚研究文选》,北京大学历史系民族史教研室译,中华书局2006年版,第104—119、132—156页。

威胁农耕王朝,只有在这种时候这种自保才能出现。① 如果游牧势力不足以构成威胁,农耕王朝就没有必要修建城堡防御,反过来可能要采取行动兼并分散的游牧势力,尽管采用的可能是松散的赎买政策(羁縻政策即为显例)。

立国之后的唐朝面临的对手既有形成凝聚力的游牧帝国,也有分散的游牧势力,唐朝在应对这种局势的时候就有所谓的攻防战略。② 对唐而言,引起它关注的首要势力就是东突厥。《旧唐书》记云:"颉利初嗣立,承父兄之资,兵马强盛,有凭陵中国之志。高祖以中原初定,不遑外略,每优容之,赐与不可胜计。"③对待如此强盛的势力,唐朝需要采取措施进行防护。然而倘若从突厥的角度讲,唐朝的建立则构成了对它自身的威胁。因为突厥形成政权的时候,长城南部还处在分散的状态中,当初北周、北齐争相向突厥献媚,突厥主宰南部政局④,这样的局面被隋朝的建立所抵消,引起突厥的强烈不满;隋末中

---

① 游牧势力与农耕王朝之间的关系是国外学术界关注的一个焦点,他们多将这种关系置于欧亚大陆整体的视角进行观察。如 Sechin Jagchid 和 Van Jay Symons 撰写的 *Peace*, *War*, *and Trade along the Great Wall*:*Nomadic-Chinese Interaction through Two Millennia*(Bloomington and Indianapolis:Indiana University Press,1989);Reuven Amitai 和 Michal Biran 主编的 *Mongols*, *Turks*, *and Others*:*Eurasian Nomads and the Sedentary World*(Leiden, Boston:Brill, 2005);巴菲尔德(Thomas Barfield)的《危险的边疆:游牧帝国与中国》(此书英文本最早出版于 1989 年,此处以汉译版排列,袁剑译,江苏人民出版社 2011 年版)以及 Jonathan Karam Skaff 的新作 *Sui-Tang China and Its Turko-Mongol Neighbors*:*Culture*, *Power*, *and Connections*, *580 – 800*(New York:Oxford University Press,2012)等著作即其例。游牧与农耕双方对峙的同时,其交往与互动的频繁,促使人们常常将这种关系解释为游牧势力本身的需求无法获得自援性支撑,从而使它向外界索取,将发展的旨向对准南部的中原。关于游牧南下因缘的系统性整理,可参见萧启庆:《北亚游牧民族南侵各种原因的检讨》,《食货月刊》复刊第 1 卷第 12 期,1972 年 3 月;又收入氏著:《元代史新探》,台北新文丰出版公司 1983 年版,第 303—322 页。

② 像吐谷浑、契丹这类比较弱势的游牧势力在唐边缘地带与朝廷周旋,唐廷采用的策略以安抚为主,辅之以征讨,征讨的目的还是促使这些势力归附朝廷。有关攻防战略的研究可参见唐长孺:《唐代军事制度之演变》,初刊《武汉大学社会科学季刊》,1948 年 12 月,收入氏著:《山居存稿续编》,中华书局 2011 年版,第 329—352 页;康乐:《唐代前期的边防》,台湾大学历史研究所硕士学位论文,1976 年;Pan Yihong, *Son of Heaven and Heavenly Qaghan*:*Sui-Tang China and its Neighbors*,Bellingham,Washington:Western Washington University,1997,pp.133–167。

③ 《旧唐书》卷 194 上《突厥传上》,中华书局 1975 年版,第 5155 页。

④ 突厥他钵可汗曾说:"但使我在南两个儿孝顺,何忧无物邪。"见《周书》卷 50《异域下·突厥传》,中华书局 1971 年版,第 911 页。

原再度混乱,突厥又恢复往日之局面,南部各个势力包括李渊在内①,争先恐后地献媚和依附突厥,希望得到它的支持②,现在唐朝强盛,反过来与自己颉颃,这怎能令突厥忍纳? 这表明:当长城南北出现两个或多个强权政治体,双方或多方势均力敌、谁也征服不了谁的时候,对峙就出现了。对峙成立的缘由就是各自具备政权建构的基础,以及由此基础形成的中心本位。③ 就欧亚东部而言,长城南北自然环境与经济条件差异所形成的王朝,也非常鲜明地构筑成为农业王朝和游牧帝国,它们分别以中原和草原为核心,形成了政治主宰的核心区—外围区的体系。④

正因为有中心区的出现,才有中心区的观念和围绕此观念形成的话语。中原核心区的话语就是人们熟悉的"华夷五方格局"的套路⑤,譬如李大亮在与唐太宗的对话中描述唐朝与突厥的关系时就这样说:

> 中国百姓,天下根本;四夷之人,犹于枝叶。扰其根本以厚枝附,而求久安,未之有也。自古明王,化中国以信,驭夷狄以权。故《春秋》云:"戎狄豺狼,不可厌也;诸夏亲昵,不可弃也。"自陛下(太宗)君临区宇,深根

---

① 陈寅恪:《论唐高祖称臣于突厥事》,初刊《岭南学报》第 11 卷第 2 期,1951 年,收入氏著:《寒柳堂集》,上海古籍出版社 1980 年版,第 97—108 页;新近的研究可参见朱振宏:《隋唐政治、制度与对外关系》,台北文津出版社有限公司 2010 年版,第 45—96 页。

② 《通典》记云:"薛举、窦建德、王充、刘武周、梁师都、李轨、高开道之徒,虽僭尊号,北面称臣,受其可汗之号。……大唐起义太原,刘文静聘其国,引为之援。"见《通典》卷 197《边防十三》,王文锦等点校,中华书局 1988 年版,第 5470 页。

③ 自我为中心的政治体建构具有普适性,参见[美]马丁·W. 刘易士(Martin W.Lewis)、卡伦·E. 魏根(Kären E.Wigen):《大陆的神话:元地理学批判》,杨瑾等译,上海人民出版社 2011 年版,第 55—56 页。

④ 中原核心区的建构,参见李鸿宾:《"二元制构造"下的唐朝华夷观及其变化》,载陈尚胜主编:《儒家文明与中国传统对外关系》,山东大学出版社 2008 年版,第 118—128 页;李鸿宾:《王朝国家体系的构建与变更——以隋唐为例》,载孙家洲、刘后滨主编:《汉唐盛世的历史解读——汉唐盛世学术研讨会论文集》,中国人民大学出版社 2009 年版,第 165—175 页。与此对应的游牧世界(譬如突厥人)的核心区,亦成为学术界讨论的话题。此处可参见 Larry W. Moses, "T'ang Tribute Relations with the Inner Asian Barbarian", in *Essays on T'ang Society:The Interplay of Social, Political and Economic Forces*, John Curtis Perry and Bardwell L. Smith(eds.), Leiden:E. J. Brill, 1976,p.64;[美]马丁·W. 刘易士、卡伦·E. 魏根:《大陆的神话:元地理学批判》,杨瑾等译,上海人民出版社 2011 年版,第 55—59 页。

⑤ 陈连开:《华夷五方格局与东夷、南蛮、西戎、北狄》,载《中华民族研究初探》,知识出版社 1994 年版,第 190—237 页。

固本,人逸兵强,九州殷盛,四夷自服。①
所谓中国根本、四夷枝叶的观念是唐朝统治集团的共有意识,太宗同样有如此表述。② 中心区话语将中原视为文明渊薮而将四夷看作被教化的对象,"朕受天命,子育黔首,岂使凶徒,虐我黎庶"③的描述,将中原皇帝与自然的天象结合起来,将自身地位合法化。④ 由此承担的重任,就是驱除外敌,拯救生灵:"朕君临八表,于今四载,夙兴夜寐,无忘晷刻,履薄驭朽,思济黔黎,惟此至诚,庶几王道。上荷苍旻之眷,下藉股肱之力,宇内修平,遐迩宁泰,率此区域,致之仁寿。……朕韬戈销戟,务其存养,自去岁迄今,降款相继,不劳卫、霍之将,无待贾、晁之略。单于稽首,交臂藁街;名王面缚,归身夷邸;襁负而至,前后不绝。"⑤这是因应游牧势力的唐朝自我中心观念的明确表述。尽管唐朝将自身置于合法性地位,但它尚不具备震慑或制服突厥的道义和实力基础,7 世纪初叶的实际情况则是双方势均力敌的对峙,唐朝这边甚至还处于弱势。

如上所述,李渊初起之时,他与北方其他势力一样,曾经向突厥称臣以求得支持,然而唐朝在征服其他势力并开始向外(周边)开拓的时候,它的行为就引起了突厥的警惕,相互联系的双方遂转向敌视的对手,突厥立即恢复了游牧人诉诸武力威胁的传统:以骑兵为主展开战略和战术进攻,"致遗中国生民涂炭于寇手"⑥。从汉文史籍记载看,唐朝这边为应付突厥的军事行动,曾经采取一系列措施,我这里举出几条材料证明如下:

一、(唐高祖武德)二年(619 年)二月癸酉,(高祖)令州县修治堡固以备胡。⑦

---

① (唐)吴兢撰,谢保成集校:《贞观政要集校》卷 9《议安边》,中华书局 2003 年版,第 503 页。参见《旧唐书》卷 62《李大亮传》,中华书局 1975 年版,第 2388 页。

② (唐)吴兢撰,谢保成集校:《贞观政要集校》卷 9《议安边》,中华书局 2003 年版,第 500 页。

③ 《宋本册府元龟》卷 991《外臣部·备御第四》,中华书局 1989 年版,第 3990 页。

④ 有关五行学说与皇权的链接论述,可参见王爱和:《中国古代宇宙观与政治文化》,[美]金蕾、徐峰译,上海古籍出版社 2011 年版。

⑤ (宋)宋敏求编:《唐大诏令集》卷 83《政事·恩宥一·贞观四年二月大赦》,商务印书馆 1959 年版,第 477 页。

⑥ 《旧唐书》卷 2《太宗纪上》,中华书局 1975 年版,第 31 页。参见吴玉贵:《突厥汗国与隋唐关系史研究》,中国社会科学出版社 1998 年版,第 190—202 页;朱振宏:《隋唐与东突厥互动关系之研究(581—630)》,台湾中正大学历史研究所博士学位论文,2005 年,第 165—224 页。

⑦ 《宋本册府元龟》卷 990《外臣部·备御第三》,中华书局 1989 年版,第 3988 页。

二、(唐高祖武德)七年六月,遣边州修堡城、警烽候以备胡。①

三、(武德八年)会突厥入寇,(刘)弘基率步骑一万,自豳州北界东拒子午岭,西接临泾,修营障塞,副淮安王(李)神通备胡寇于北鄙。②

四、(武德八年)六月丙子,遣燕郡王李艺屯兵于华亭县及弹筝硖,水部郎中姜行本筑断石岭之道以备胡。③

五、(武德)九年正月辛亥,突厥声言入寇,敕州县修城隍、谨烽候。④

六、(武德)九年春正月丙寅,命州县修城隍,备突厥。⑤

七、(武德九年九月)壬辰,修缘边障塞,以备胡寇。(太宗)下诏曰:"城彼朔方,周朝盛典,缮治河上,汉室宏规,所以作固京畿,设险边塞,式遏寇虐,隔碍华戎。自隋氏季年,中夏丧乱,黔黎凋尽,州城空虚,突厥因之,侵犯疆场,乘间幸衅,深入长驱,寇暴滋甚,莫能御制……分命师旅,挫其锋锐,频获名王,每夷渠帅,然而凶狡不息,驱侵未已,御以长算,利在修边。其北道诸州所置城寨,粗已周遍,未能备悉,今约以和通,虽云疲寇,然蕃情难测,更事修葺……其城寨镇戍须有修补,审量远近,计度功力,所在军民,且共营办,所司具为条式,务使成功,宣示闾里,明知此意。"⑥

这七条材料说明的中心问题就是修筑堡障防备突厥的进攻。特别是第七条材料,是唐太宗下发的诏文,明确鼓励与突厥相近的州县构筑城寨镇戍,保护自身。如同上文所说,固守土地的农业王朝在与以游牧移动为主的政权对峙的时候,特别是后者力量强盛并产生攻击力以后,农耕王朝的防御就成为维持其地位稳固的重要手段,除了军事布防和军队建设之外,修造稳固的、有一定长度的城墙即所谓长城工程,亦为这个重要手段的组成部分。唐高祖下令缘边州县修筑的城防设施,就是面对攻击方势力过大而采取的对应措置。就此而言,高祖当政时为防备突厥进攻具备了修建长城的形势和条件。而且此前的

① 《宋本册府元龟》卷990《外臣部·备御第三》,中华书局1989年版,第3989页。
② 《旧唐书》卷58《刘弘基传》,中华书局1975年版,第2310页。
③ 《宋本册府元龟》卷990《外臣部·备御第三》,中华书局1989年版,第3989页。
④ 《宋本册府元龟》卷990《外臣部·备御第三》,中华书局1989年版,第3989页。
⑤ 《旧唐书》卷1《高祖纪》,中华书局1975年版,第16页。
⑥ 《宋本册府元龟》卷991《外臣部·备御第四》,中华书局1989年版,第3990页。

隋朝和再往前的北朝也都曾经修筑过长短不等的城墙①,唐朝此时面临的形势与其似乎相差不大,修筑长城的条件是具备的。但为什么没有修建呢?

三

上述七条材料的前六条都是高祖在位时下发的,这些敕令的宗旨就是修缮城堡防御突厥骑兵。修筑城堡和建长城不一样,后者因有长度而工程浩大,持续时间久,且财力、物力和人力的消耗都非仓促成立的政府所能应付,而采取修固城堡的方式则比较灵活,也简易便行。突厥人进攻的目标变化无常,并非固定,防守这一方也只能随其攻击地点而有针对性地防护,在"运动中"选择。最好的选择方式应当与军队的机动灵活和精准的配置结合在一起,如同后来的狄仁杰所称"当今所要者,莫若令边城警守备,远斥候,聚军实,蓄威武"②那样,重在建立以点带面的防御布局,多发挥人员即军队的作用,唐太宗曾有"朕今委任李勣于并州,遂得突厥畏威远遁,塞垣安静,岂不胜数千里长城"③的比附,说明唐初重视将领的选拔,这与隋朝北部防务的重点选择似乎一脉相承。④ 将领的选择就意味着军队的布防,《新唐书·兵志》所描述的军、守捉、城、镇这一套边兵屯防⑤,从制度的层面上发展到后来就演化成为节度

---

① 关于北朝修筑长城事,可参见朱大渭:《北朝历代建置长城及其军事战略地位》,《中国史研究》2006年第2期;艾冲:《北朝诸国长城新考》,载中国长城学会编:《长城国际学术研讨会论文集》,吉林人民出版社1995年版,第134—142页;艾冲:《北朝诸国长城再探索——兼与朱大渭先生商榷》,《烟台大学学报(哲学社会科学版)》2007年第4期。关于隋朝修建长城,参阅李鸿宾:《隋朝的北部防务与长城问题》,《中国边疆史地研究》2006年第4期。

② 《文苑英华》卷694狄仁杰《言疏勒等凋敝疏》,中华书局1966年版,第3580页。

③ (唐)吴兢撰,谢保成集校:《贞观政要集校》卷2《任贤》,中华书局2003年版,第78页。

④ 参见李鸿宾:《隋初王朝统辖之下的河北》,载李鸿宾编:《史事探微——陈连开教授从教五十周年纪念文集》,中国财政经济出版社2003年版,第107—136页。唐朝的军事制度沿承于隋,陈寅恪的《隋唐制度渊源略论稿》(中华书局1963年版)已有清晰的揭示。另参见Denis C. Twitchett, "The Sui(589-618) and T'ang(618-907) Dynasties: An Introduction", in *Essays on T'ang Society: The Interplay of Social, Political and Economic Forces*, John Curtis Perry and Bardwell L.Smith (eds.), Leiden: E.J.Brill, 1976, p.8.

⑤ 《新唐书》卷50《兵志》,中华书局1975年版,第1328页;参见唐长孺:《唐书兵志笺正》,中华书局1962年版,第33页。

使军区体系①,其设置应当就是唐朝应对突厥这类具有攻击性政治力量而采取的部署。不过就唐朝初始阶段而言,它对突厥进攻采取的回应,诚如学者指出的那样,从制度层面上讲主要依托于总管府系统,再结合河东、关中等地聚合重军而构成的防御布局。② 随后改变了总管府和驻守军队的配置,从而逐渐发展成一整套防御的制度性建设。不过这已超出本文的范围,不再申论。

另一个因素同样值得考虑:唐朝是在与诸多势力的抗争中发展起来的,它面对的敌手众多,且分布在内地和边地。长城沿线地区的各种势力于隋末趁乱崛起之时,受到东突厥的若明若暗的支持③,李唐面临的主要任务就是解决这些势力,所谓"攘外必先安内",先将本土的对抗势力抚平(通过武力兼并或收买等手段),然后才能腾出手来处置突厥问题。在内外矛盾错综交织的情况下,修建长城不但没有条件,也没有明确的防御目标。等到内部问题解决之后,唐朝面对的突厥,其内部却又陷入纷争而实力被削弱,此时双方的势力对抗,唐朝并非孱弱不堪一击,相反,游牧政权的不稳定性亦使唐得以建构有效的对策。唐太宗当政不久,就采取措施对东突厥展开进攻,并于贞观四年(630年)将其征服④,在此前后遂形成了王朝整体的战略攻势。在这种战略下,长城的修筑就被放弃了。

上述事例都能说明唐初面对突厥强大的进攻是有可能采取延续前朝修筑长城的方法防御的。修筑城堡的措施从高祖开始到太宗掌权仍旧持续,甚至与唐朝相始终。但唐朝在初期遭受突厥挤压的关键时刻,并没有修建长城,除了上面列举的诸种因素之外,还有一个非常重要的甚至是决定性的因素,即唐朝决策集团对长城南北关系的基本想法:是维系南北的对峙,还是统合南北?

---

① 唐长孺:《魏晋南北朝隋唐史三论》,中华书局2011年版,第390—422页;孟彦弘:《唐前期的兵制与边防》,载荣新江主编:《唐研究》第1卷,北京大学出版社1995年版,第245—276页。

② 康乐:《唐代前期的边防》,台湾大学历史研究所硕士学位论文,1979年,第14—19页。

③ 雷家骥:《从战略发展看唐朝节度体制的创建》,初刊《简牍学报》第8期,1979年11月,此据唐代学会编:《唐代研究论集》第4辑,台北新文丰出版股份有限公司1992年版,第253—318页。

④ 唐朝征服东突厥并非仅是军事攻击的结果,而是利用了其内部矛盾、联合其他部族,以及天灾等因素,实为"乘人之危"所系。参见陈寅恪:《唐代政治史述论稿》,上海古籍出版社1982年版,第131页。

　　南北对峙的格局至少从秦汉王朝建立与匈奴统一草原的那一天就开始了。[①] 汉文帝向匈奴老上单于稽粥发出的信函中明确将双方的关系界定为："长城以北,引弓之国,受命单于;长城以内,冠带之室,朕亦制之。使万民耕织射猎衣食,父子无离,臣主相安,俱无暴逆。"[②]这种对峙的局面被冠以"先帝制",说明是从刘邦时代传下来的,应当是白登之围以后汉与匈奴关系的写照。到了汉武帝当政,他一改对峙之政策,转而武力进攻,越过长城,打破了双方的平衡。这意味着,两个势均力敌的政治对手,其对峙局面的维持是多么脆弱! 一旦任何一方的军事能量增加或自认为能力超越的时候,它就要改变维持平衡的想法,进而压制或制服对手而成为对方的主宰者。匈奴的解体意味着汉朝压制政策的成功,但匈奴解体之后草原力量重新集结在鲜卑、突厥等势力的身上,尤其是后者的崛升,使它在重新形成的南北对峙中曾一度占据优势。当长城以南分散的势力再度回复到一统王朝的时候,它要作出的选择就是试图阻止草原势力的进一步膨胀,隋朝通过选拔和任用军队将领等方式作出北方防务布局的调动,加上长城修筑的固体配合,特别是战略中的"远交近攻""离强合弱"的谋划,终于将双方的形势优劣逆转[③],但隋末内部社会的动荡使得突厥重获喘息之机,唐朝初起之际面临突厥的挤压,再次陷入被动,朝廷这边甚至有迁都躲避突厥军力锋芒的议论:

　　　　(武德)七年(624 年)秋,突厥颉利、突利二可汗自原州入寇,侵扰关中。有说高祖云:"只为府藏子女在京师,故突厥来,若烧却长安而不都,则胡寇自止。"高祖乃遣中书侍郎宇文士及行山南可居之地,即欲移都。萧瑀等皆以为非,然终不敢犯颜正谏。太宗独曰:"霍去病,汉廷之将帅耳,犹且志灭匈奴。臣忝备藩维,尚使胡臣不息,遂令陛下议欲迁都,此臣之责也。"还日,固奏必不可移都,高祖遂止。[④]

按照这个记载,唐朝紧张形势的缓解,似乎只有迁都的方法能够奏效,在李世

---

　　① 参见[美]狄宇宙(Nicola Di Cosmo):《古代中国与其强邻:东亚历史上游牧力量的兴起》,贺严、高书文译,中国社会科学出版社 2010 年版,第 195—246 页。

　　② 《史记》卷 110《匈奴列传》,中华书局 1959 年版,第 2902 页。

　　③ 参见吴玉贵:《突厥汗国与隋唐关系史研究》,中国社会科学出版社 1998 年版,第 81—113 页;朱振宏:《隋唐与东突厥互动关系之研究(581—630)》,台湾中正大学历史研究所博士学位论文,2005 年,第 65—150 页。

　　④ 《旧唐书》卷 2《太宗纪上》,中华书局 1975 年版,第 29 页。

民的阻止下才避免了这个窘境,是否有为胜者张本撰述的目的在?① 不过迁都表征的意义可能具有真实性,联系上文所谓唐廷修缮城堡防御的举动,突厥军事强于唐朝的事实无可否认。此前的武德五年(622年)突厥大军进攻并州(治晋阳,今山西太原南),唐廷抗击不过,任命正值服丧的郑元璹前去招慰,郑对颉利说:"汉与突厥,风俗各异,汉得突厥,既不能臣,突厥得汉,复何所用? 且抄掠资财,皆入将士,在于可汗,一无所得。不如早收兵马,遣使和好,国家必有重赍,币帛皆入可汗,免为勃劳,坐受利益。大唐初有天下,即与可汗结为兄弟,行人往来,音问不绝。今乃舍善取怨,违多就少,何也?"②这番讨好的话语隐藏的就是汉文帝与匈奴长城南北各主自立的状态。郑的话适足反映了朝廷的想法,他之所以如此表述,还是处在攻防战略中防守一方势力不足以改变整体战略所致。这种情形几乎贯穿了唐高祖的大部分时代。③

四

然而,在防御突厥的同时,唐朝这边对双方的对峙也绝非视为不变的固守之策。上文太宗阻谏高祖迁都之时,就包含了他对突厥局势变化的预测。《资治通鉴》接着《旧唐书》上述记载引述李建成的话说:"昔樊哙欲以十万众横行匈奴中,秦王之言得无似之!"李世民回答说:"形势各异,用兵不同,樊哙小竖,何足道乎! 不出十年,必定漠北,非虚言也!"按照《资治通鉴》的记载,因为有了李世民的这番话,唐高祖才踏实下来,决定不再迁都④,意思就是不再躲避了。事实上,高祖本人对突厥虽有防御的多次指令,但其最终目的则是

---

① 《资治通鉴》卷191"唐高祖武德七年(624年)七月"条(中华书局1956年版,第5989页)和《册府元龟》卷19《帝王部·功业一》武德七年(中华书局1960年版,第209—210页。《宋本册府元龟》无此内容)记载的内容与《旧唐书》上文几乎相同,但将太子李建成和齐王李元吉视作主张迁都一派,与太宗拒绝迁都形成了对照。这说明,围绕迁都一事文献出现不同版本的解说,是否反映出唐人记者对此事有不同的想法? 我们虽然不能找到确切的原因,但说法分歧背后隐藏的太宗成为内争胜利者主宰历史记述的痕迹,还是十分清晰的。

② 《旧唐书》卷62《郑元璹传》,中华书局1975年版,第2380页。

③ 《唐俭碑》记有"公仗节出使,届于房庭,具陈华夷□殊,中外斯□。……何必裹粮□甲,背约违盟"的描述,看来唐与突厥鼎立对峙,似是时人的共识。参见张沛编著:《昭陵碑石》,三秦出版社1993年版,第221页。

④ 《资治通鉴》卷191"唐高祖武德七年(624年)七月"条,中华书局1956年版,第5989页。

结束对峙。《册府元龟》记载说："（隋炀帝）以天下大定，将偃武事，遂罢十二军，大敷文德。至是，突厥频为寇掠，帝（李渊）志在灭之，复置十二军……简练士马，将图大举焉。"①"志在灭之"就是高祖的目标，在不具备"灭之"的形势下则采取防御，是高祖的基本政策。

另一项举动同样表明唐朝并不甘心将突厥视作南北对等的一方，《唐会要》记载："先是，与突厥书，用敌国礼②，帝（高祖）欲改用诏敕，突厥遂寇灵、相、潞、韩、朔等州。"③这就意味着唐朝从此不再将突厥视为对等之势力，而将其贬属为自己可以征服的对象之列。这表明至少在高祖当政的后期就有打破双方平衡的企图。这个意图在太宗即位之后更加明显，《旧唐书》本纪引述他的话中有这么一段：

> "自古突厥与中国，更有盛衰。若轩辕善用五兵，即能北逐獯鬻；周宣驱驰方、召，亦能制胜太原。至汉、晋之君，逮于隋代，不使兵士素习干戈，突厥来侵，莫能抗御，致遗中国生民涂炭于寇手。我今不使汝等穿池筑苑，造诸淫费，农民恣令逸乐，兵士唯习弓马，庶使汝斗战，亦望汝前无横敌。"于是每日引数百人于殿前教射，帝亲自临试……自是后，士卒皆为精锐。④

在太宗的眼里，长城南北势力的兴衰本是常相，游牧势力强大了就会越过长城南下，所以要加强防护，最好的办法就是强化武备训练，目的是为将来超越长城做准备；如果修建城池固守，那就限制了未来的发展。太宗即位不久之后在与朝臣讨论有关突厥的对策时，他征询群臣的意见：是保持原来的平衡均势还是采取攻略？萧瑀给出了进攻的建议，长孙无忌主张暂缓。即使如此，长孙也不排除一旦条件成熟后再进攻的可能。⑤ 贞观二年（628 年），太宗君臣意识到突厥内部矛盾分化有机可乘，商议对策，兵部尚书杜如晦提出"因其乱而取

---

① 《宋本册府元龟》卷 990《外臣部·备御第三》，中华书局 1989 年版，第 3989 页。

② "敌国"专指与中央王朝没有臣属关系的边疆民族政权。参见李大龙：《汉唐藩属体制研究》，中国社会科学出版社 2006 年版，第 329—333 页。

③ 《唐会要》卷 94《北突厥》，中华书局 1955 年版，第 1688 页。按此条诏文下发于武德九年（626 年）七月，李世民八月即位，故文中之"帝"指高祖李渊。

④ 《旧唐书》卷 2《太宗纪上》，中华书局 1975 年版，第 30—31 页。

⑤ 《旧唐书》卷 65《长孙无忌传》，中华书局 1975 年版，第 2447 页。

之"①的想法,深得太宗的认可。自此以后,唐廷就将剪灭对手视为主导政策而实施。②

导致唐廷政策转变的因素,主要是突厥一方的形势发生了变化,用唐人张公谨的说法就是:

> 颉利纵欲肆情,穷凶极暴,诛害良善,昵近小人,此主昏于上,其可取一也。又其别部同罗、仆骨、回纥、延陁之类,并自立君长,将图反噬,此则众叛于下,其可取二也。突厥被疑,轻骑自免;拓设出讨,匹马不归;欲谷丧师,立足无地;此则兵挫将败,其可取三也。塞北霜早,粮糗乏绝,其可取四也。颉利疏其突厥,亲委诸胡,胡人翻覆,是其常性,大军一临,内必生变,其可取五也。华人入北,其类实多,比闻自相啸聚,保据山险,师出塞垣,自然有应,其可取六也。③

张公谨列举的 6 条缘由,除 1 条系出自自然因素外,其他 5 条都是突厥政权内部出现的问题,而游牧帝国脆弱的经济正是依托于牲畜的牧养,诚如出使突厥的唐人郑元璹所说"突厥兴亡,唯以羊马为准,今六畜疾羸,人皆菜色,又其牙内炊饭化而为血。征祥如此,不出三年,必当覆灭"④。与农业王朝雄厚基础建构的政权不同,游牧帝国经济的单一性和遭受自然灾害损失惨重的折腾,是其经受不起的。⑤ 唐人正是看准了突厥社会自然灾害和统治纷乱引生的内部冲突,才有乘机剪灭战略的出笼。贞观三年(629 年)年底,这样的机会终于出

---

① 《宋本册府元龟》卷 991《外臣部·备御第四》,中华书局 1989 年版,第 3991 页。
② 唐太宗在另一次与大臣的讨论中也说过"朕将御戎,躬亲剪扑,先事灭之,然后施化"之语,可见其攻灭突厥并非臆想。见《宋本册府元龟》卷 991《外臣部·备御第四》,中华书局 1989 年版,第 3990 页。
③ 《旧唐书》卷 68《张公谨传》,中华书局 1975 年版,第 2507 页。
④ 《旧唐书》卷 62《郑元璹传》,中华书局 1975 年版,第 2380 页。
⑤ 《贞观政要集校》卷 2《直言谏争》曾记载:"贞观九年(当为元年之讹,见岑仲勉:《突厥集史》上册,中华书局 1958 年版,第 173 页),北蕃归朝人奏称:'突厥内大雪,人饥,羊马并死。中国人在彼者,皆入山做贼,人情大恶。'太宗谓侍臣曰:'……突厥所信任者,共长公等见之,略无忠正可取者。颉利复不忧百姓,恣情所为,朕以人事观之,亦何可久矣?'魏徵进曰:'……颉利逢隋末中国丧乱,遂恃众内侵,今尚不息,此其必亡之道。'太宗深然之。"(中华书局 2003 年版,第 134 页)关于游牧政权的脆弱性,参见 A.M.Khazanov,"Characteristic Features of Nomadic Communities in the Eurasian Steppes",in *The Nomadic Alternative*,Wolfgang Weissleder(ed.),The Hague:Mouton Publishers,1978,pp.119-125。

现,正是张公谨"上突厥可取六状"①,唐太宗遂下令李勣、李靖等"分道出师,以击突厥"②,次年遂将东突厥征服。

五

从上面的叙述可以看出,长城之修建主要取决于攻防双方的形势。一般而言出自以下两个条件:一是攻防双方势均力敌且在可预见的时段里这种情形能够维持下去;二是攻击一方需要防守一方的各种物资作为维护自身生存的条件(或至少是其生存依赖的一种方式)。维持势均力敌的方法多种多样,长城只不过是选项中的一个,而且耗时、耗材、耗力,除非必要,否则尽可能少选或者不选。一旦采纳修筑长城,就意味着防守这一方遭遇攻击所造成的损失大大超过了修筑长城的费用,或者将长城视作防守方生死存亡的关键、不惜代价之时才有可能被列入选项。长城之修筑在秦始皇以后的朝代里往往与农业王朝、草原势力联系起来,这主要取决于上面的第二个因素。③ 按照长城修筑的逻辑,长城只与攻防的战略有直接关联,至于是农耕王朝还是游牧政权,与长城并不存在着必然的关系。为什么常常是农业王朝选择长城作为防御的工程呢? 这就是作为攻击一方的游牧政权需要农业王朝大量的粮食、布帛和日常消费品,这些都是他们自己生产甚少甚至没有的,他们通过贸易可以获得,但贸易常常被纠缠在政治的纷争中,当农业王朝拒绝贸易时,武力的进攻就成为游牧王朝获得物品的途径。防守一方的农业王朝认为自己的生产足以自我供给,为避免进攻造成的损失,长城的修筑就出现了,但这仍旧以双方长

① 《唐会要》卷94《北突厥》,中华书局1955年版,第1689页。按《唐会要》此处作"张公瑾"。

② 《宋本册府元龟》卷985《外臣部·征讨第四》,中华书局1989年版,第3946页。

③ 有学者认为,供应短缺是游牧人南下农耕社会的主要动机。他们南下的目标在于寻找物资,最佳的方式则是通过和平手段获得,如果此路不通,才诉诸武力。参见 Sechin Jagchid and Van Jay Symons, *Peace, War, and Trade along the Great Wall: Nomadic-Chinese Interaction through Two Millennia*, Bloomington and Indianapolis: Indiana University Press, 1989, pp.24–25; Thomas J.Barfield, "Inner Asia and Cycles of Power in China's Imperial Dynastic History"; Sechin Jagchid, "The Historical Interaction Between the Nomadic People in Mongolia and the Sedentary Chinese", in *Rulers From the Steppe: State Formation on the Eurasian Periphery*, Gary Seaman and Daniel Marks(eds.), Los Angeles: Ethnographics Press, the University of Southern California, pp.21–91。

久的持续对峙为前提。

继承隋朝立国的唐朝,在它初起弱小于突厥之时,它采取了联络突厥的策略,但是唐朝的目标并非停留在这个层面上,它的发展坐大使它不甘于维持平衡而企图打破对峙,最终由自己兼统长城内外。上述两个条件对唐朝而言都不能成立,所以长城的修筑即使在它弱小的时候也没有列入选项。比照而言,唐以前的北朝和隋朝都曾出现过修筑长城用以防守的现象,北朝修筑长城不难理解:它处于分散状态,导致东魏—北齐与西魏—北周那样的相互攻伐[1],它们既需要借助突厥的支持攻击对手,又担心强大的突厥对它们的吞并,固体的长墙连接起来不失为一种安全的考量。[2] 至于隋朝修筑长城防御突厥,虽然它在颉颃的博弈中后来居上,但始终对突厥存有芥蒂,自己总感觉突厥的威胁过于强大,内心不自信,才有修筑的举措。[3] 与它们相比,唐朝明显出现了变化:不是它没有能力修造,而是不想这样做。对唐而言,它弱小于突厥的时候,就采取守势,突厥进攻哪里,就在哪里修筑城堡阻滞进攻。一旦自己坐大,唐朝要做的就是将突厥弱化,直至征服。唐朝的这个想法,是中原王朝强盛以后对外战略的逻辑伸展。如果说高祖在位的时候修筑城堡应付局面是其不得已而为之的话,那么到了太宗的时候,进攻替代防守就成为君臣的一致诉求了。诚如唐长孺先生所说,这个时期正是唐朝攻势战略彰显的时代[4],而这个攻势战略的形成则是依托于军队的建设和军事布防,正如学者们讨论的那样,唐朝从初期就很重视军制建置,从中央禁卫军、府兵到边军的构筑,到后来的

---

[1] 新近的研究成果参见宋杰:《两魏周齐战争中的河东》,中国社会科学出版社 2006 年版。

[2] 参见朱大渭:《北朝历代建置长城及其军事战略地位》,《中国史研究》2006 年第 2 期;艾冲:《北朝诸国长城新考》,载中国城长学会编:《长城国际学术研讨会论文集》,吉林人民出版社 2005 年版,第 134—142 页;艾冲:《北朝诸国长城再探索——兼与朱大渭先生商榷》,《烟台大学学报(哲学社会科学版)》2007 年第 4 期。亦参见[美]阿瑟·沃尔德隆(Arthur Waldon):《长城:从历史到神话》,石云龙、金鑫荣译,江苏教育出版社 2008 年版,第 57—63 页。

[3] 参见李鸿宾:《隋朝的北部防务与长城问题》,《中国边疆史地研究》2006 年第 4 期。李锦绣从军事战阵、布局的角度论述其缺陷,从而导致"自固之道"的防御出场,长城的修建遂成必然趋势。参见氏著:《方阵、精骑与陌刀——隋唐与突厥战术研究》,《晋阳学刊》2013 年第 4 期。

[4] 参见唐长孺:《唐代军事制度之演变》,初刊《武汉大学社会科学季刊》,1948 年 12 月,载《山居存稿续编》,中华书局 2011 年版,第 329—352 页。

调整和转变①;从北防突厥形成的三重战线到行军、驻军、大军区节度使体系的构成②,唐朝在军队设置、驻防建置与军事布局等方面的设计,都旨在说明它的重心放置在军事人员的组织与调配而不是僵死不动的固体建筑上,固体是依存于人并为人服务的,边城的构筑正体现这个特点。③ 处在这种战略下的唐朝,虽然它是个农耕型的王朝,但它不想消极防守,作为防守产物的长城,显然不在朝廷考虑的范围了。《册府元龟》有一段记载能够证明唐朝决策层的心态:

> 贞观二年(628年)九月己未,突厥寇边,朝臣或言宜修古长城发人乘塞者。帝曰:"颉利国中,盛夏降霜,五日并出,三月连明,赤气浦野,鬼哭于路而不修德,暴虐滋甚,此所谓不畏天时也。迁徙无常,六畜多死,所谓不爱地利也。其俗死则焚之,今起坟墓,背其父祖之命,此所谓不敬鬼神也。突利即其兄子,不能辑睦,屡相怀贰,此所谓不和民人也。有此四过,能不亡乎? 以朕察之,殆将不远,当为公等廓定沙场,安用劳民远修亭障也。"④

唐太宗弃置亭障和长城的修筑,目的是要剪平突厥而不是双方对峙,所以亭障的修筑就没有必要。另一段太宗将长城之修筑置于嘲笑的语调是这样描述的:

> 初,上(太宗)谓侍臣曰:"靺鞨远来,盖突厥服之所致也。昔周宣之时,猃狁孔炽,出兵驱逐,比之蚊蚋,议者以为中策。汉武帝北事匈奴,中国虚竭,议者以为下策。秦始皇北筑长城,人神怨愤,议者以为无策。然则自古以来,其无上策乎? 朕承隋之弊,而四夷归伏,无为而治,得非上策

---

① 参见雷家骥:《从战略发展看唐朝节度体制的创建》,初刊《简牍学报》第8期,1979年11月,此据唐代学会编:《唐代研究论集》第4辑,台北新文丰出版股份有限公司1992年版,第253—318页。

② 参见严耕望:《唐代河套地区军事防御系统》,载氏著:《唐代交通图考》第1卷《京都关内区》,台北"中央研究院"历史语言研究所专刊之八十三,1985年,第315—321页;唐长孺:《魏晋南北朝隋唐史三论》,中华书局2011年版,第390—422页。

③ 边城的系统性研究,参见程存洁:《唐代城市史研究初篇》之下篇《唐王朝边城研究》,中华书局2002年版。

④ 《册府元龟》卷125《帝王部·料敌》,中华书局1960年版,第1501页;参见周勋初等校订:《册府元龟》卷125《帝王部·料敌》,凤凰出版社2006年版,第1357页。按《宋本册府元龟》无此内容。

乎?"礼部侍郎李百药进曰:"陛下以武功定四海,以文德绥万物,至道所感,格于天地,斯盖二仪降福,以祚圣人,岂与周、汉失策,较其长短哉!"太宗大悦。①

唐太宗与大臣的这番话语发生在贞观十四年(640年),那是太宗派军深入西域腹地征服高昌建立西州直至控制西域腹地的时代。② 设置西州的措置表明控制长城以北的大漠之后太宗又将触角转向西部,试图主宰西域广阔的腹地,这种超越前朝的扩展,作为渲染传统中华大一统格局的诉求,在唐初实力上升足以支持这种行为的时候,终于化作太宗君臣的具体行动,即使有不同的争议甚至反对③,都没能阻止。这足以表明超越秦汉的战略攻势下的唐廷,对前朝的那种对峙下的防御,采取耗费物力、财力和人力的长城的构筑,怎能纳入太宗君臣的话语里? 说穿了,对修筑长城的嘲讽,是唐初战略攻势下的产物,采用阿瑟·沃尔德隆(Arthur Waldon)的说法,唐朝之所以"蔑视"长城,就是因为其自身逐渐走向强大。④ 处于这种境况下的唐太宗,才能有如此讥讽的话语,一旦条件变了,那就另当别论。⑤

---

① 《唐会要》卷96《鞑靼》,中华书局1955年版,第1724页。

② 参见张广达:《唐灭高昌国后的西州形势》,初刊《东洋文化》第68号,东京大学东洋文化研究所,1988年;载《文书、典籍与西域史地》,广西师范大学出版社2008年版,第114—152页。

③ 参见《资治通鉴》卷195"唐太宗贞观十四年(640年)五月"条,中华书局1956年版,第6154—6156页。

④ 参见[美]阿瑟·沃尔德隆:《长城:从历史到神话》,石云龙、金鑫荣译,江苏教育出版社2008年版,第64页。

⑤ 贞观四年(630年),太宗将降附的突厥人安置在长安和长城沿线,前者多为突厥王室贵族和上层,后者多系下层百姓,他们被置于羁縻府州,这是唐朝为应对降服的外族采取的普遍性措施。唐朝的军事建置也相应形成府兵驻防于内地、边军防边的体系,其上设置都督府、都护府,至中期以后形成为边地节度使体制,并在军队建设支配下构筑边城,形成新的防务系统。在此过程中,长城的修筑一直没有出现,应当是这种防务政策主导的结果。这里附带说明:《通典》卷178《州郡八·妫川郡》记云妫川郡:"北至张说新筑长城九十里。……西北到新长城为界一百八十里。东北到长城界九十八里。"(王文锦等点校,中华书局1988年版,第4712页)这段记载至少反映唐朝亦间或修筑过有一定长度的城墙,称其为"长城"亦无不可。但具体情况不明,似证实长城之构筑在当时基本不在考虑之列。至于"长城"出现在时人的话语和记载中,亦有所见,如《新唐书》卷39《地理志三》檀州密云郡属下密云、燕乐二县之北口,即"长城口"(中华书局1975年版,第1022页);同书卷111《薛讷传》说他与吐蕃在洮水处交战,有一"长城堡"之地(第4144页);同书卷133《王忠嗣传》他的父亲王海宾参于征战吐蕃,也有这个长城堡(第4552页)。同书卷145《吴通玄传》还有"赐死长城驿"的记载(第4732页)。这三处地点,一是关口,一是城堡,一是驿站,均以长城命名,当系沿承以往的叫法。

　　但这只是就唐朝与北方游牧势力的整体形势而言的。① 事实上，在我们看来，促使唐太宗采取进攻战略的背后，与其族属文化应有一定甚至密切的联系。蒲立本（Edwin G.Pulleyblank）在分析中原与草原的关系时曾列举出三种类型，第一种是疆域的划定而形成的对峙；第二种是中原王朝试图将对手消除或至少置于自己的从属地位；第三种是游牧政权同样将中原朝廷征服乃至置于自己的控制下。他认为唐太宗的举措均超越了上述三类，太宗的目标是将中原与游牧双方共处于一个王朝之内相互分享而非对抗。② 这种美好而理想的局面，我想应当是文献中唐太宗那番"自古皆贵中华，贱夷、狄，朕独爱之如一，故其种落皆依朕如父母"③的形象表述给蒲立本留下深刻印象之后，他作出的回应。值得注意的是，此话也同样成为今人赞颂唐太宗民族政策开放和宽厚的依凭。④ 但蒲立本的高明之处在于，他并未停留在宽泛的赞誉之中，他认为唐太宗这种政策的背后隐藏的仍旧是第二种即兼并游牧社会的动机。我觉得这才是问题的实质。从唐太宗征服东突厥、高句丽，以及随后高宗朝廷降服西突厥而出现的拓展行动看，攻势战略映照下的唐朝开拓政策之凸显，足以表明蒲立本前述第二种在此时的践行和兑现。而促使唐朝如此行为的动机，有如唐太宗声称的"黄帝不服之人，唐尧不臣之域，并皆委质奉贡，归风顺轨，崇威启化之道"⑤那般，他的行为就是"秦始皇平六国，隋炀帝富有四海"，达到"四夷降伏，海内乂安"之局面⑥，这是王朝走向全盛的写照。但较诸此前的秦汉，尤其后来的宋明，真正由"纯粹"的汉人势力走向此种局面的似不多见，横跨长城南北、疆土广袤的倒是蒙古族的元和满族的清。唐朝能够走到这一

---

　　① 李锦绣的文章从战争技术的层面讨论了唐朝放弃长城修筑的缘由，参见氏著：《方阵、精骑与陌刀——隋唐与突厥战术研究》，《晋阳学刊》2013 年第 4 期。

　　② Edwin G.Pulleyblank，"The An Lu-shan Rebellion and the Origins of Chronic Milltarism in Late T'ang China"，in *Essays on T'ang Society：The Interplay of Social，Political and Economic Forces*，John Curtis Perry and Bardwell L.Smith（eds.），Leiden：E.J.Brill，1976，p.37.

　　③ 参见《资治通鉴》卷 198"唐太宗贞观二十一年（647 年）五月庚辰"条，中华书局 1956 年版，第 6247 页。

　　④ 参见肖之兴：《隋唐两朝对北方少数民族的政策》，载田继周等：《中国历代民族政策研究》，青海人民出版社 1993 年版，第 152—173 页。

　　⑤ （宋）宋敏求编：《唐大诏令集》卷 130《蕃夷·讨伐·讨高丽诏》，洪丕谟等点校，学林出版社 1992 年版，第 703 页。

　　⑥ （唐）吴兢撰，谢保成集校：《贞观政要集校》卷 10《论灾祥》，中华书局 2003 年版，第 524—525 页。

步,让我们想起了陈寅恪那句"取塞外野蛮精悍之血,注入中原文化颓废之躯"①的表述,他的贡献虽是厘清了李唐宗室假冒西凉李暠的高门而还原了赵郡"破落户"的族籍②,但不可否认的是,通过族属追溯论辩所揭橥的李唐宗室的北方胡系与鲜卑拓跋文化的渊源,至少使我们认识到太宗集团能够走向长城南北兼统的道路,早已突破了传统中原汉人北至长城即戛然而止的窠臼。而突破这个限度的关键,首先表现在超越的意识或观念,而支撑这个观念背后的应当就是这种北系族属和胡汉的混融文化。现在看来,宋人朱熹所谓"唐源流出于夷狄"③这句话隐藏的内涵显然被后人所低估,亦非李唐皇室母系胡族血统之一般性认识所可限量。易言之,学界有关李唐宗室胡系文化或"少数民族"之源说法背后蕴含的内容,仍旧需要进一步揭示。从陈寅恪剖析李唐氏族、隋唐政治、制度及其社会发展诸问题所揭示的种族与文化面相④,到胡汉文化作为日本史学界破解六朝隋唐史的两个关键问题之一⑤,族系与文化对那个时代诸种表象背后隐藏的关联的确能够起到动一发而牵全局的作用。倘若李唐源于汉地而囿于"中原"本土,很难想象他们的举措能够超越传统而达致新盛的局面。事实上,虽然谷川道雄所论唐朝与鲜卑拓跋之关系侧重于政治体系⑥,但李唐与北方胡系的种族、文化渊源隐藏其后则不言自喻。新近有关唐朝宗室至少玄宗以前的君主均有鲜卑拓跋情节的研究再次增进了唐朝与北方草原异族文化的相关性⑦,这更促使我们关注李世民超越长城区

---

① 陈寅恪:《李唐氏族之推测后记》,初刊《中央研究院历史语言研究所集刊》第3本第4分,1933年,此据氏著:《金明馆丛稿二编》,上海古籍出版社1980年版,第303页。

② 参见陈寅恪:《李唐氏族之推测》,初刊《中央研究院历史语言研究所集刊》第3本第1分,1931年8月;《李唐氏族之推测后记》、《三论李唐氏族问题》,初刊《中央研究院历史语言研究所集刊》第5本第2分,1935年12月;载氏著:《金明馆丛稿二编》,上海古籍出版社1980年版,第281—309页。

③ (宋)黎靖德:《朱子语类》卷136《历代类三》,王星贤点校,中华书局1986年版,第3245页。

④ 新近的研究表明,陈寅恪有关北朝隋唐种族、文化论述的观察方法,应与他早年游学欧洲接受包括赫尔德在内的德国学术的影响有关。参见陈怀宇:《在西方发现陈寅恪:中国近代人文学的东方学与西学背景》,北京师范大学出版社2013年版,第381页。

⑤ 〔日〕谷川道雄:《魏晋南北朝隋唐史的基本问题总论》,李凭等译,载同氏主编:《魏晋南北朝隋唐史学的基本问题》,中华书局2010年版,第5页。

⑥ 〔日〕谷川道雄:《隋唐帝国形成史论》,李济沧译,上海古籍出版社2004年版。

⑦ Chen Sanping, "The Legacy of the Tuoba Xianbei: The Tang Dynasty", in *Multicultural China in the Early Middle Ages*, Philadelphia: University of Pennsylvania Press, 2012, pp.1-38.

域囊括塞北草原的壮举所蕴示的其宗室的胡系文化昭示的作用。也许正因为存在着这种联系,才有兼纳长城南北的意图,也才有长城工程的弃置。就此而言,唐太宗的政权的确不同于此前的秦汉和后来的宋明这类"纯粹"的汉人王朝。①

---

① 此种观念对唐朝弃修长城关系至巨。而唐朝攀附陇西李氏高门、抑制胡系文化,盖出于王朝正统地位的考量,通过官修典籍加以隐匿,从而彰显突出中原的法统,致使后人对其胡系文化渊源的忽视乃至漠视,等等,这些问题虽由陈寅恪等人的辩证得以澄清,但尚有诸多问题待解。因此问题超出本文论限,拟另文讨论。

中华正朔与内亚边疆:兼论唐朝北部长城地带的意涵[*]

唐帝国在传统的视域里一直被作为中华王朝的典范而呈现。① 宋以后历朝历代的官府编纂和私家著述,从来都将它看作古典时代的盛世而溢于言表。其中一个典型就是与辽、西夏分庭抗礼而自视为正统的宋朝文人在涉及唐朝合法性地位的话语时,经常采用诸如曾公亮所谓"商、周以来,为国长久,惟汉与唐,而不幸接乎五代"的表述,②这非常典型地表达了唐朝在重视正统地位的宋人心目中的恰切位置。与此对应的另一个经典性的描写,则集中在以激辩著称的清人王夫之的那部《读通鉴论》之中,他将唐朝的"三百载之祚"看作"汤、武革命,应乎天而顺乎人"的当下壮举,③同样将唐朝置于中华血脉的主干系属予以彰显。这种话语也支配了 19 世纪后期以来诞生的新史学乃至当下的主流同道。④ 其中最值得指出的就是陈寅恪先生,他从制度的角度论证了隋唐王朝合法地位存在的确切基础,⑤此论一出,立刻演变为中国学者有关这一问题的经典性表述而持续至今,内存的争议尚不足以瓦解其论点。然而在正统、合法性的框架内,欧美日的学者们(包括华裔学者)于最近的数十年中亦着眼于北方草原即游牧社会"外在性"要素对唐朝的促进作用。在他们

---

　　* 本文原载《学术月刊》2017 年第 2 期,又摘录于《高等学校文科学术文摘》2017 年第 2 期,此次刊载对其中若干文字进行了校订。

　　① 本文中出现的"唐帝国"与"唐朝"的概念相同,只是出于表述的需要而有所区别,特此说明。有关这方面的论述众多,西文中有代表性的可参见 S. A. M. Adshead, *T'ang China : The Rise of the East in World History*, New York : Palgrave Macmillan, 2004;另参见李鸿宾:《全球视野中的唐朝崛起——S.A.M.艾兹赫德〈唐朝中国:世界历史中的东方崛起〉伸议》,载余太山、李锦绣主编:《欧亚学刊》新七辑,商务印书馆 2018 年版,第 236—246 页。

　　② (宋)曾公亮:《进唐书表》,《新唐书》卷后,中华书局 1975 年版,第 6471 页。

　　③ (清)王夫之:《读通鉴论》卷 20《唐高祖》,中华书局 1975 年版,第 571—572 页。

　　④ 这样的叙述多到无法计数的程度,但其话语的核心即建立在中原王朝本位的视角之上。

　　⑤ 这是陈寅恪《隋唐制度渊源略论稿》(中华书局 1963 年版)中讨论的中心议题。

看来,倘若忽视了北方因素,唐朝的整体性和盛世的到来则无从谈起。① 这是否如同"新清史"描写满洲贵族统治清朝的成功乃在于他们的"汉化"的解释有失偏颇而刻意强调其满洲的"特性"功能? 本文虽不置论,但我的写作受激辩双方多层含义的启发则无须赘言。此文之撰述乃在于回应上述有关唐朝叙说话语的合理性存在及其内含的要素,并以此述及我对唐朝帝国"特性"的理解。

一

诚如我在以往论文中所讨论的那样,唐朝的特征区别于秦、汉、宋、明这类传统所谓以汉人为主体建构的王朝,就在于它统辖的地域和人群都超出了中原、汉人这类被视为中华正统的界限。贞观四年(630年)唐廷征服东突厥及随后的西突厥之臣属,标明唐朝帝国兼具中原的华夏与北方草原的游牧两个迥然有别的系统。从秦始皇统一六国建立秦朝之后就有此意图而被汉武帝北上攻击匈奴所继承,但他们都不具备将长城南北汇聚到一个王朝之内的能力;北宋以后的汉人王朝之边鄙更局促在长城地带或河西走廊的范围。虽然唐廷羁控草原东西腹地的时段不超出半个世纪,但它统合长城南北形成的农耕与游牧多种生计形态的复合型帝国的特征却由此形成。这是我们据以论述唐朝的特性所在。姚大力先生曾将中国王朝划分成秦汉确立的外儒内法的"专制君主官僚制"和"内亚边疆帝国"两种类型,②虽没有具体翔实地论证其理据所在,但中原、草原构建的异质性地域及活动其上的农耕与游牧的群体这两种要素,无疑是据以判断王朝性质的重要因素。

事实上,这两种要素中,地域的差别决定了人群的差异。农耕人、游牧人之所以有差异,根本的原因是他们生活在不同的地区从事具有自身特点的生计活动。从那些依凭土地耕作的汉人角度看草原的游牧人,他们"随畜牧而转移","逐水草迁徙,毋城郭常处耕田之业……因射猎禽兽为生业,急则人习

---

① Chen Sanping,"The Legacy of the Tuoba Xianbei:The Tang Dynasty",in *Multicultural China in the Early Middle Ages*,Philadelphia:University of Pennsylvania Press,2012,pp.1-38.

② 参见姚大力:《不再说"汉化"的旧故事——可以从"新清史"学习什么》,《东方早报·上海书评》2015年4月5日。

战攻以侵伐"养成的生活习俗,被视作他们的"天性"而载于史册。① 这种天性、习俗在崇尚道德礼仪的汉人看来,不啻作为他们观念的对照物而被赋予了"野蛮"的属性,如此的书写至少充溢着二十四史所代表的官私史书,唐朝对游牧人的书写同样秉承了这个传统。如果剔除掉以自我为中心的道德性评价的成分,唐人对草原人的书写反映的正是他们的真实存在。② 农耕人、游牧人的生活方式,是构成欧亚大陆南北两种生计形态的具体组成,又分别代表了这两种形态的特质。因为即使从欧亚大陆宏阔的角度立论,欧亚东部不论是农耕的南方还是草原的北部,都以各自广阔的地域和庞大的人口(尤指农耕地区)构筑了幅员广阔的帝国和王朝而著称,这在中亚、南俄和东欧则实属罕见。

但至少对唐朝而言,导致它出兵征服东西突厥乃至周边其他势力的动机,则是针对那些地带的由政权组成的群体势力。用唐太宗征讨高昌王麴文泰的诏令说,就是"朕嗣应景命,君临区夏,弘大道于四方,推至诚于万类……莫不革面内款,屈膝请吏,袭冠带于魏阙,均贡赋于华壤"③。征服的目的是"分珪组以授之;择肥饶之地,设州县以处之"④,最终达致"抚临四极,悦近来远,追革前弊,要荒蕃服,宜与和亲"⑤的内外有别而交相错落的强盛格局。这一格局就是以活跃在中原农耕地区汉人群体为王朝依托的核心与活动在周边外围

① 《史记》卷110《匈奴列传》,中华书局1959年版,第2879页。
② 西文世界对草原游牧帝国的研究其来有旧,经典性的成果可参见 A. M. Khazanov, *Nomads and the Outside World*, Cambridge: Cambridge University Press, 1983;系统性的研究可参见 Denis Sinor, *The Cambridge History of Early Inner Asia*, New York: Cambridge University Press, 1990;新近的研究可参见 Nikolai N. Kradin, "Nomadic Empires in Inner Asia", in *Complexity of Interaction along the Eurasian Steppe Zone in the First Millennium CE*, Jan Bemmann, Michael Schmauder(eds.), Bonn: Vor-und Frühgeschichichtliche Archäologie Rheinische Friedrich-Wilhelms-Universität, pp. 11–48。
③ (宋)宋敏求编:《唐大诏令集》卷130《蕃夷·讨伐·讨高昌王麴文泰诏》,洪丕谟、张伯元、沈敖大点校,学林出版社1992年版,第643页。
④ (宋)宋敏求编:《唐大诏令集》卷128《蕃夷·绥抚·突厥李思摩为可汗诏》,洪丕谟等点校,学林出版社1992年版,第635页。
⑤ (宋)宋敏求编:《唐大诏令集》卷128《蕃夷·绥抚·抚镇边陲诏》,洪丕谟等点校,学林出版社1992年版,第632页。

地带的各族群体为附属的内外二重结构而呈现出来的。① 唐朝建国后稳固本土内地的同时向周边开拓,它从东北和西北两翼伸展其军力并辅之以行政建置的举措,最终的目标则是控制北方草原的游牧势力,虽然在时间上进军西域腹地征服高昌国和挺向东北用兵高句丽要晚于征服东突厥,②但这并不妨碍我们理解唐廷经营周边的整体战略。③

贞观四年(630年)征服东突厥之后,唐廷就如何安置他们相继召开会议进行讨论,激烈争议的结果,就是太宗采纳了中书令温彦博的意见,将突厥降户安置在长城沿线的羁縻府州,采取保留其土俗的方式让他们生活在中原的北部边地,其上层则集中到长安享受富贵荣华。④ 唐廷对东北地区的用兵则针对高句丽,最终联合新罗安定其地。贞观十四年(640年)用兵数千里之遥的西域腹地剪灭高昌国,从而将触角伸向中亚内陆,这对唐朝而言既完善了控制草原的战略意图,又将唐廷与西域的联系建构起来。其战略意旨不可谓不鲜明。⑤ 从军事战略的角度讲,唐朝在征服、剪灭与它争衡的薛举、窦建德、王世充、刘武周、梁师都、李轨、高开道等势力稳固中原核心地区之后,⑥便展开了向中原四周地区的进攻,这贯穿了高祖李渊、太宗李世民乃至高宗李治的时代。随着草原、东北、西域等地势力的降附和归顺,内外一体化的政权结构得以确立。唐廷随之构筑了巩固关中、中原为核心腹地的防御体系,这在初期军

---

① 参见李鸿宾:《中原与北部地区的共生关系——从长城谈起》,《民族史研究》第七辑,民族出版社2007年版,第61—79页;李鸿宾:《王朝国家体系的构建与变更——以隋唐为例》,载孙家洲、刘后滨主编:《汉唐盛世的历史解读——汉唐盛世学术研讨会论文集》,中国人民大学出版社2009年版,第165—175页;鲁西奇:《中国历史的空间结构》,广西师范大学出版社2014年版,第180—198页。

② 唐朝征服东突厥是在贞观四年(630年),征服高昌国建立西州则是10年以后的事情;用兵高句丽更迟至太宗当权的后期和高宗时代。

③ 参见雷家骥:《从战略发展看唐朝节度体制的创建》,初刊《简牍学报》第8期,1979年11月,此据唐代学会编:《唐代研究论集》第4辑,台北新文丰出版股份有限公司1992年版,第253—318页。

④ 参见吴玉贵:《突厥汗国与隋唐关系史研究》,中国社会科学出版社1998年版,第227—272页;李鸿宾:《唐朝朔方军研究——兼论唐廷与西北诸族的关系及其演变》,吉林人民出版社2000年版,第14—37页。

⑤ 参见张广达:《唐灭高昌国后的西州形势》,载《西域史地丛稿初编》,上海古籍出版社1995年版,第113—173页。

⑥ 参见(唐)杜佑:《通典》卷197《边防十三》,王文锦、王永兴、刘俊文、徐庭云、谢方点校,中华书局1988年版,第5470页。

事上"内重外轻"的格局中分明地体现出来。① 这个布局的实施,是唐朝攻势到一定程度开始布防稳定既有成果,然后再度展开攻势扩大战果,直至征服草原的纵深之地以达到极限,又通过羁縻府州等行政措施的采纳予以强化,并建立都护府等体制加以保障。其特点可谓进攻当中有防守,防守之后再进攻,如此循环,构成了初期朝廷经营的战略。实际上,军事进攻背后隐藏的是国家政治发展的整体意图,而其意图一旦超越传统的农耕地区之外指向周边那些与它抗衡的政治势力(如突厥、高句丽等)或与它联络交往的势力(如铁勒诸部等)或对它叛服不定的势力(如吐谷浑、党项等)的时候,这种政治意图就包含了唐廷与周边外族的相互关系了。究竟是唐廷将他们裹挟在一起置于王朝的控制之内,还是弃之而独存,这既取决于朝廷自身的意旨,也决定于双方(或多方)的角逐与较量,但无论如何,事情的性质已超越了单纯的军事争衡和政治的纵横捭阖而具有了中原的农耕人政权与周边的"异族"人政治体之间相互关联的意涵了。这便是唐朝攻防战略背后的真实意图。如此看来,唐廷在向四周"异己"地区的开拓当中,它主要面对的是"异己"的群体和他们活动的地区,如上所言,这些群体之区别于汉人,乃决定于其生计方式与中原耕作的差别,但就唐廷四周的开拓而言,它主要的目标是那些被政治体包裹的群体,无论是与它抗衡的桀骜不驯的游牧人,还是主动降服的半农半牧者。这个时候,土地的重要性与其说在于它自身,不如说依托于活跃其上的群体了。

二

这个事例说明,唐廷征服四周或所谓开边拓土的行为,针对的是周围的那些民族群体,尤其是与其抗衡的草原突厥人。那么现在的问题就是,唐朝为什么突破农耕的限度而向周边拓展呢? 这便回到了前文提出的,即唐朝之区别于秦汉宋明这些传统中原王朝的特性所在的问题了。我在另一篇论文里对此的解释主要归咎于两个因素,一是中国王朝传统"普天之下莫非

---

① 参见康乐:《唐代前期的边防》,台湾大学历史研究所硕士学位论文,1976 年,第 11—52 页。

王土,率土之滨莫非王臣"大一统的思想促动使然,另一个则是唐朝统治集团北朝文化血脉(譬如"关陇集团")的感召所致。① 这后一个因素尤值得我们注意。

北朝因素的影响,主要表现在政治体建设的前后沿承与政治集团的胡汉杂糅这两个层面之上。前者重点指明唐朝的政治体建构的渊源所在。从制度层面讲,按照陈寅恪先生的解释,隋唐的制度渊源包括北魏、北齐,南朝的梁陈和西魏、北周三个系统而以前者为要,这是因为北魏孝文帝及其子孙接受并采纳了汉、魏、西晋和东晋至南齐之间所发展变迁了的那套礼乐政刑的典章文物,转而又传承于北齐并汇聚成为一套齐备的制度性建设。除此之外,遭受永嘉之乱的西晋王朝秉承的制度和文化转往凉州之后,随着北魏征服其地,所谓的河西文化又输入并经孝文、宣武两代采择纳入也深刻地影响了北魏。② 陈寅恪先生的解释意在打破此前有关西魏、北周一脉的认识途径,关注隋唐制度渊源的汉魏正统性以强化隋唐自身的合法地位。这样的解释又被史学界的众多阐释所继承,虽然亦有不少的修正和发展。③

不过若以谷川道雄的说法为代表,他所描述的唐朝政治体的渊源则直接与北魏王朝的破败有关。在他看来,隋唐帝国的形成就是一个政治上再统一的过程,具体是通过北周吞并北齐、周隋革命,再到隋的南北统一这样的进程而实现的。促进这一进程的起点,就是北魏末期发生的内乱。形塑唐朝帝国的要素,他从民众与国家两个角度予以分析。在民众这一层面内,又以胡系部落民地位的丧失与重新崛起、汉人贵族势力参与政权的建设所形成的胡汉关系的调整、博弈而展现出来,它们最终与国家政权的建构融为一体。国家的使命"就在于调和军事与生产、胡族与汉族、统治者与被统治者等等相互对立的关系,并建立一个公共的世界"④,唐朝就是融合塞外的胡系与中原传统的汉

---

① 参见李鸿宾:《唐朝前期的南北兼跨及其限域》,《中国边疆史地研究》2016年第2期。

② 参见陈寅恪:《隋唐制度渊源略论稿》,中华书局1963年版,第1—2页。

③ 参见王永兴:《陈寅恪先生史学述略稿》,北京大学出版社1998年版,第142—154页;宋德熹:《陈寅恪中古史学探研——以〈隋唐制度渊源略论稿〉为例》,台北稻乡出版社1999年版,第3—6、20—26页。有关河西一脉的研究,参见金发根:《永嘉乱后北方的豪族》,台北"学术著作奖助委员会"1964年版,第133—146页。

④ [日]谷川道雄:《隋唐帝国形成史论》,李济沧译,上海古籍出版社2004年版,第13页。

系文化要素建构起来,因此它就具有了超越传统中原王朝的世界性帝国的特质。①

与唐朝兼纳南北政治体相伴随的则是胡汉杂糅的政治集团的抟成。传世文献中常以朱熹的那句"唐源流出于夷狄,故闺门失礼之事不以为异"作为刻画唐朝有别于中华正朔的典型写照。② 从唐初皇室婚配的角度考察,其女性鲜卑拓跋胡系身份的特征,常常成为史家断定胡汉融合的理据。正如陈寅恪先生所说,"若以女系母统言之,唐代创业及初期君主,如高祖之母为独孤氏,太宗之母为窦氏,即纥豆陵氏,高宗之母为长孙氏,皆是胡种,而非汉族。故李唐皇室之女系母统杂有胡族血胤,世所共知"③。他以唐人柳芳列举胡汉大族地望为通例,阐释唐初社会婚姻观念与地域及门族渊源之差异,试图揭示唐初宗室之婚姻与关陇集团隐匿的代北之特性,④足以表明太宗内廷的胡汉杂糅展现出的北方胡系文化与血脉之相貌。

另一个典型的案例则是人们熟知的太宗长子李承乾的举动,文献说他"学胡人椎髻,剪彩为舞衣,寻橦跳剑,鼓鼙声通昼夜不绝";"又好突厥言及所服,选貌类胡者,被以羊裘,辫发,五人建一落,张毡舍,造五狼头纛,分戟为阵,系幡旗,设穹庐自居,使诸部敛羊以烹,抽佩刀割肉相啖。承乾身作可汗死,使众号哭剺面,奔马环临之"。这一段记载出自《新唐书》。⑤ 值得指出的是,《旧唐书》对此类活动的记述则轻描淡写,⑥两相对照,这似乎表明宋朝作者之关注李承乾胡系风习的恋向,乃在于强化其行为已构成了与中华传统的疏离并赋予了其道德"乖离"的特性,似属宋人王朝正统观念强化的彰显。⑦ 不过

① 从北魏衍化成为隋唐这一体系被日本学者称为"拓跋国家"并被此领域之外的学术研究所承袭。参见[日]杉山正明:《蒙古颠覆世界史》,周俊宇译,生活·读书·新知三联书店2016年版,第47、49页;[日]森安孝夫:《丝路、游牧民与唐帝国:从中央欧亚出发,骑马游牧民眼中的拓跋国家》,张雅婷译,新北八旗文化/远足文化事业股份有限公司2018年版,第150—160页。
② (宋)黎靖德:《朱子语类》卷136《历代类三》,王星贤点校,中华书局1986年版,第3245页。
③ 陈寅恪:《唐代政治史述论稿》,上海古籍出版社1982年版,第1页。
④ 参见陈寅恪:《记唐代之李武韦杨婚姻集团》,载《金明馆丛稿初编》,上海古籍出版社1980年版,第237—263页。
⑤ 《新唐书》卷80《太宗诸子·李承乾传》,中华书局1975年版,第3564—3565页。
⑥ 《旧唐书》卷76《太宗诸子·李承乾传》,中华书局1975年版,第2648页。
⑦ 有关这方面的讨论,可参见刘浦江:《"五德终始"说之终结——兼论宋代以降传统政治文化的嬗变》,《中国社会科学》2006年第2期。

根据学者的新近研究，李承乾这种突厥习性的表现，在唐太宗身上同样存在，且很鲜明。在他们看来，至少唐玄宗以前的皇帝都不同程度地保有拓跋、突厥文化习性的痕迹或受其影响；而太宗发动宣武门之变导致兄弟残杀，与游牧贵族争权夺利的宫廷内斗则有异曲同工之妙。[①] 唐初宫廷的这种特性，直接承袭于北朝的宫廷政治传统，那就是胡汉各系通过联姻、家族分合等形式主掌宫廷政治，进而演化出北朝特有的胡汉杂糅的王朝国家的运作方式，[②]以至于被学者冠以"后游牧体系"的称谓。[③]

与宫廷宗室胡汉文化血脉交杂相伴随的，则是北朝隋唐政权嬗替过程中传统大族与虏姓大族通过参与政权而影响社会的势力的浮现。这里的传统大族是指以应对北朝胡汉政权的建构并与之打交道的那些旧有势力，多分布在中原北方；虏姓大族则是随着这些王朝在中原建立政权而活跃在朝野内外的非汉系势力，其中的一个重要源溯当与魏孝文帝汉化改革中将鲜卑贵族遴升等次的诏令密切相关。其令中自称："代人诸胄，先无姓族，虽功贤之胤，混然未分。故宦达者位极公卿，其功衰之亲，仍居猥任。比欲制定姓族，事多未就，且宜甄擢，随时渐铨……凡此定姓族者，皆列具由来，直拟姓族以呈闻。"[④]自此以后，鲜卑拓跋的统治势力遂以官职的授予将其上层仿照中原的文化传统渐次形成具有政治和社会威望的大族势力，并与中原旧族构成了北朝至隋唐（初期）王朝政权的支配性力量。大族势力之所以重要，就在于他们是以少数人组成的统治集团建立王朝国家之后维系政治运作和社会秩序的支撑者，倘若缺少了他们的拥护，政权的维系是否有可能，还真是个

① Chen Sanping, "The Legacy of the Tuoba Xianbei: The Tang Dynasty", in *Multicultural China in the Early Middle Ages*, Philadelphia: University of Pennsylvania Press, 2012, pp.1−38.

② Jennifer Holmgren, "The Harem in Northern Wei Politics, 398—498 AD", *Journal of the Economic and Social History of the Orient*, Vol.26, Leiden: E. J. Brill, 1983; "Family, Marriage and Political Power in Sixth-Century China: A Study of the Kao Family of Northern Ch'I, c. 520—550", *Journal of Asian History*, Vol.16, Wiesbaden: Otto Harrassowitz, 1982; *Marriage, Kinship and Power in Northern China*, Great Britain: Variorum, 1995, pp.71−96, 1−50.

③ Joseph Fletcher, "Bloody Tannistry: Authority and Succession in the Ottoman, Indian Muslim and Later Chinese Dynasties", in *Conference Paper to Conference on the Theory of Democracy and Popular Participation*, Italy: Bellagio, 1978, p.66.

④ 《魏书》卷113《官氏志》，中华书局 1974 年版，第 3014—3015 页。

未知数！① 按照毛汉光的解释，北朝政权中的胡汉大族势力，大致呈现出前者由社会性转变为政治性、由地方化遽变为中央化的趋势，后者亦朝向中央化的发展。② 不论是传统士族还是虏姓贵族，在唐初暨以前的时代，他们具有的影响力与参与朝廷政治的活动直接关联，③这与南方大族广具社会的影响力颇有差异。④

三

正是在一体化意识的促动和北方胡系思想意识、血脉关系的支配下，唐朝在稳定中原内地（势力）的同时和随后，又向中原周边和外围地带推进，尤其指向自古以来就成为中原王朝心结的广漠的草原。这是我们据以论述唐朝建构兼跨长城南北农耕游牧两大迥然有别地域的国家的依凭。蒲立本在分析中原王朝与草原帝国的关系时列举出三种类型，其一是双方依凭自身而形成对峙状态，其二是中原王朝试图将对手消除或至少置于自己的从属地位，其三则是游牧政权同样将中原置于自己的控制之下。他认为唐太宗的举措超越了上述范围，从而将中原与游牧双方共处于一个王朝之内相互分享而非对抗。⑤ 这段时期就是贞观四年（630 年）太宗派军征服东突厥及随后高宗平定西突厥至调露元年（679 年）以后突厥重新复国的阶段。其特点是草原处于唐廷的控制之下，唐采取羁縻府州的行政建置、外加都护府的军政机构予以配合进行统辖。先军事拓展并建立行政机构，又以军政设施支撑，向

---

① 参见毛汉光：《中古统治阶层之社会基础》，载《中国中古社会史论》，上海书店出版社 2002 年版，第 3—32 页。

② 参见毛汉光：《中古士族性质之演变》《从士族籍贯迁移看唐代士族之中央化》，载《中国中古社会史论》，上海书店出版社 2002 年版，第 70—105、234—333 页。

③ 参见宋德熹：《试论唐代前期的代北外戚家族——以独孤氏、窦氏及长孙氏为例》，载《唐史识小——社会与文化的探索》，台北稻乡出版社 2009 年版，第 89—133 页；李鸿宾：《唐贺拔亮家族汉化取径之研究——〈唐贺拔亮墓志〉诸问题》，载《唐研究》第十七卷，北京大学出版社 2011 年版，第 455—480 页。

④ 参见陈爽：《世家大族与北朝政治》，中国社会科学出版社 1998 年版，第 189—212 页。

⑤ Edwin G. Pulleyblank, "The An Lu-shan Rebellion and the Origins of Chronic Militarism in Late T'ang China", in *Essays on T'ang Society: The Interplay of Social, Political and Economic Forces*, John Curtis Perry and Bardwell L. Smith(eds.), Leiden: E. J. Brill, 1976, pp.32-60.

来是汉人王朝经营周边地区的老办法,①唐朝一仍其旧,但在地域和人群的统辖程度上则超越了古人而彰显于世。

在这个举措中,作为中原农耕王朝北部,旨在防御游牧势力进攻的长城地带,其边缘特性就随着草原纵深之地被纳入朝廷的统辖之内而失去了意义,进而成为唐廷治理的行政州县。关于这个措置,如上文所述,唐廷于征服东突厥之后,将其降户安置在灵州(治回乐,今宁夏吴忠西)至幽州(治蓟县,今北京城南)之间的长城沿线,其上层多集中于长安并任职于朝廷。② 长城地带边缘特性的丧失,意味着农耕王朝"单一"属性被双向或多向属性的王朝所替代。突破农耕王朝的单一性,是我们赋予唐朝立国宏远或如上文被学者称为"世界帝国"的意涵所在。由于将草原与中原并置在一个王朝的统辖之内,夹处于二者之间的所谓"边缘"的长城地带,就不再具有边缘的特性了,相反,它成为拉铁摩尔(Owen Lattimore)称谓的交往的中心而发挥着"贮存地"的作用,③具备了沟通南部的中原与北部的草原的功能(当然亦包含沟通东西的作用)。然而50年的历程也不能否认这种一体化局面"昙花一现"的局促。文献和碑刻的记载将其视作突厥群起反抗唐廷的统治,以及后者派兵镇压不力导致的复国,④这固然有据,但从内层因素考量,应当与突厥族群的文化特质及其游牧生计的方式和以汉人耕作为主的文化精神及其依托的生计内存矛盾及张力舒缓不畅具有直接关系。不论是所谓的"胡焕庸线"关注的人口分布,还是历史地理学家探索的农耕、游牧的分布,⑤自东北至西南所呈现的东西两个地理部分构成的单元,其各自的农耕、游牧的生计方式,彼此的构成均不能以与对方兼纳为条件,换言之,农业的耕作与草原的游牧不可兼容,如果要兼容,势必以吞没对方为前提。譬如"秦灭六国,而始皇帝使蒙恬将十万之众北击胡,悉

---

① 参见李鸿宾:《唐朝北部疆域的变迁——兼论疆域问题的本质与属性》,《中国边疆史地研究》2014年第2期。

② 参见《资治通鉴》卷193"唐太宗贞观四年(630年)四月、五月"条,中华书局1956年版,第6075—6078页。

③ 参见[美]拉铁摩尔:《中国的亚洲内陆边疆》,唐晓峰译,江苏人民出版社2010年版,第169—172、323—327、347—348页。

④ 参见耿世民:《古代突厥文碑铭研究》,中央民族大学出版社2005年版,第92—176页;吴玉贵:《突厥第二汗国汉文史料编年辑考》,中华书局2009年版,第445—499页。

⑤ 参见史念海:《隋唐时期农牧地区的变迁及其对王朝盛衰的影响》,载《唐代历史地理研究》,中国社会科学出版社1998年版,第250—271页。

收河南地。因河为塞,筑四十四县城临河,徙适戍以充之"①,秦朝向北推进设立的九原(治九原,今内蒙古包头西)、榆中、②云中(治云中,今内蒙古呼和浩特西南)、上谷(治沮阳,今河北怀来东南)、渔阳(治渔阳,今北京密云西南)诸郡,均以军队为开拔、继之以移民并行政建设为手段,将匈奴人或北方其他土地占为己有。③ 伴随秦朝攻占这些地域的就是游牧或半农半牧的生计被农耕垦田的生计所替换。正是农耕、游牧二者的不可兼纳,生活于其上的民族群体各自形成的生活习俗、思想观念乃至自我认同等也颇多差异,相互之间一旦接触、碰撞,其冲突的一面遂由隐而显,张力紧绷。这是我们了解历史上二者之关系的基础背景。

如上所述,长城南北若统辖在一个王朝之内,也就意味着长城地带边缘特性的丧失。唐朝具备了统辖南北的能力并加以实施,但却没有能力长久维持。④ 当突厥帝国重新崛起于草原的时候,长城地带作为农耕王朝的边缘特性又恢复了。⑤ 边缘特性恢复的背后,隐藏的就是上文述及的两种不相兼容的生计方式及其建构于此的族群文化、意识的相互冲撞,单凭行政性的建置诸如被人称道的羁縻府州的包容性对待,⑥并不能长久、持续性地解决问题,军事武力的镇压反而激起了更大规模的对抗。突厥复兴与唐廷镇服等这一系列的举措,均表明唐廷尚未达到将那些外在的草原政治势力长久地控制在自己范围的程度。但这 50 年的成功,它所具有的涵括性意义则突破了秦始皇北上攻入草原、汉武帝征服匈奴而未果的限度,它宣告了农耕地带汉人王朝凭借实力突进草原羁控游牧势力构建多元文化、多族于一体王朝国家的努力进入实

---

① 《史记》卷 110《匈奴列传》,中华书局 1959 年版,第 2886 页。

② 该郡地望存有争议,大致分布于今内蒙古鄂尔多斯市周邻及迤南地带。

③ 这反映了农耕政权向北推进的一般套路。参见[美]狄宇宙:《古代中国与其强邻:东亚历史上游牧力量的兴起》,贺严、高书文译,中国社会科学出版社 2010 年版,第 170—186 页。

④ 参见李鸿宾:《唐朝前期的南北兼跨及其限域》,《中国边疆史地研究》2016 年第 2 期。

⑤ 如果从草原(帝国)的角度观察,长城地带也是它们的南部边缘。参见[美]拉铁摩尔:《中国的亚洲内陆边疆》,唐晓峰译,江苏人民出版社 2010 年版,第 308—311、323—327 页。

⑥ 参见李鸿宾:《唐朝朔方军研究——兼论唐廷与西北诸族的关系及其演变》,吉林人民出版社 2000 年版,第 32—37 页。

质性阶段的成功。① 可惜的是,它后面的汉人王朝,不论是宋太祖、宋太宗率兵进攻契丹的辽,还是明太祖、明成祖北上草原征讨残元势力,都以持续性的失败而告结。这似乎说明,"纯粹"的中原农耕政权并未再度重现唐太宗、唐高宗那般推向农耕周围尤其指向草原游牧势力将他们整合进入自身王朝的局面。北宋和明朝初期的统治集团不是没有做过尝试和努力,但是留给后人的记载是"遗恨终生"的败绩;南宋朝廷建立的本身则是金兵如潮涌般南下而放弃中原的结果,更遑论旨向周边的开拓!

将草原与中原纳入一个王朝并进行长时段有效统辖的任务,后来的事实表明,最终落在了中原以外(若以中原为轴心则称谓"周边地带")的那些势力的肩头之上了:先是由蒙古贵族建立的元,继之由起家于东北的满族贵族建构的清王朝而抟成。② 不过,较之于汉唐宋明而言,这两个王朝的统治集团更多地显示了其汉人以外族群的特质,其王朝建构初始的主体性和认同性,均立基于蒙古贵族或满洲贵族的群体之上,形成的是以蒙古、满洲群体为中心的意识和价值系统。在成吉思汗和他的子嗣征服草原内外直至向周边远域开拓之时,他们要建构的是那个时代的世界性帝国,③直到忽必烈将重心转成以大都北京为统辖的核心,草原的游牧帝国遂与中原的王统合而为一,纳入中原传统的王朝轨则之中。④ 就此而言,蒙古与元帝国的一部发展史,从中原传统政治的角度立论,是一部草原中心本位的主体性王朝向中原中心本位的主体性王朝转变的发展史。在这个过程之中,草原游牧与中原农耕的主体性同时并存,⑤但随着其发展与旨向自北而南的转移,草原主体性的退缩与中原主体性的伸张亦成为趋势。然而终其一朝,前者并未被后者所替代,换言之,双主体性始终与王朝相伴,蒙古贵族统治的主体性问题所蕴藏的南北游牧农耕、蒙汉

---

① 杉山正明将兼跨多地域、多族群形塑的前期唐朝冠以"帝国"的称号,"安史之乱"后的萎缩则将其由帝国蜕变成为"王国"了。参见[日]杉山正明:《蒙古颠覆世界史》,周俊宇译,生活·读书·新知三联书店 2016 年版,第 217 页。

② 参见[日]杉山正明:《蒙古颠覆世界史》,周俊宇译,生活·读书·新知三联书店 2016 年版,第 121、162、164—166 页。

③ 参见[日]杉山正明:《蒙古帝国的兴亡》,孙越译,社会科学文献出版社 2015 年版,第 46—74 页。

④ 参见姚大力:《怎样看待蒙古帝国与元代中国的关系》,载张志强主编:《重新讲述蒙元史》,生活·读书·新知三联书店 2016 年版,第 20—29 页。

⑤ 我将之称为"双主体性"。

族群的张力与矛盾并未化解,所以他们获得中原认同的程度和范围亦未能普及(这似乎可以解释元朝存续不足百年的背后因由),最终的结局就是以王朝的更替强硬处置,但这又将局面推到了南北对峙的老路之上。

与此对照,从关外进入明朝腹地的满洲军队,在占领北京并成功剿灭各地反抗势力之后,清朝的统辖重心随之从关外转入内地;复历康雍乾三朝内外持续的经营,内外蒙古、青藏高原与西域腹地乃至云贵高原等地的传入,涵括中原与周边二重地缘格局及活跃其上的众多民族的王朝框架,被有效地确立起来了。清朝统辖时限的长度及王朝统合凝聚的力度,较诸元帝国与前文涉及的唐朝的 50 年南北一体化之格局,无论从族群、地域、思想意识还是文化建构上考量,均超越前此而臻于鼎盛。如果这个说法能够成立,那么清朝的东西南北合而为一的局面在王朝制下的形成,无疑是中国古典时代功成名就的典范。有关这方面的研究,成果汗牛充栋。我们所关注的还是上文言及的满洲贵族统治集团内含的自我与中华传统遗存的双(多)主体性的并存及其矛盾、张力的化解:在满洲贵族作为统治势力入主中原建构王朝的前后,如何调整或处理他们自存的主体性与统辖包括中原在内的各地区固有的主体性之间的关系,就成为他们自身与所在地区各民族共同面临的问题了。简括而言,充满政治能量的满洲贵族以自我为核心的主体意识,无疑是促成他们挺向中原和周边诸地建构王朝帝国的思想动力;与此对应,包含中原与周边各地的群体及反映其利益的政治势力,无疑亦有各自的主体性认同的意识。满洲贵族主宰的清朝建立、稳固维系和统辖延续面对的核心要务,就是怎么处理和解决各自存在的主体性之间的张力。清史学界长久议论的皇帝口中"满语骑射"传统的保持与儒家文化教化二者并存的矛盾之化解,一直是清朝统治集团的纠结所在。① 虽然这个问题终其一朝未能消泯,但我们并没有看到清末、民国嬗替过程中那种你死我活的族群冲突。这似乎从某种程度上表明,清朝在构筑中华王朝帝国 267 年的努力中,使其内存的农耕、游牧多种生计形态衍生的异质性的多族群聚集在一个行政框架内,其成功是前无古人的。

论述至此,我们再回过头来审视前期的唐朝,那南北兼跨 50 年的成功尝

---

① 这也构成了美国"新清史"学者与华裔(尤指何炳棣等)及中国学者学术纷争的中心议题。

试,被源自草原和东北边鄙的汉人以外的群体及其政治势力所接续。唐朝构筑的跨越长城南北多重性王朝帝国的意义就在于,它既继承了秦汉以来的汉人王朝的传统,又超越了这个畛域。整体而言,虽然它羼入了浓厚的北方异质性要素,但这并没有遮盖其中原的核心体脉。它所构建的跨越性局面持续的时间虽然有限,却为后来的王朝开发奠定了新的基础,这个"新传统"被蒙古、满洲势力所承接,构建出的跨越型王朝最终将中国抟成一个集权而一统化的帝国。联系欧亚大陆东部北方游牧势力与南部农耕王朝自身的嬗替而呈现的两条并行的发展演变的轨迹,[1]我们可以清晰地看到,唐朝首次将这两条线索的内容抟合为一体并持续了半个世纪之久,使它的农耕帝国兼具了草原的内亚特性,[2]这一新传统经元、清的承袭和发展,特别是康雍乾的多次改造和重建,使以往的草原内亚与中原农耕的畛域及其观念遂逐渐消解而不再是王朝内部不可调和的矛盾了。就此而言,正是有"内亚边疆帝国"模式的参与,中国王朝才突破了所谓"专制君主官僚制"的窠臼而得以扩展,形塑了东方巨型的王朝体系。[3]

---

[1] Sechin Jagchid and Van Jay Symons, *Peace, War, and Trade along the Great Wall: Nomadic-Chinese Interaction through Two Millennia*, Bloomington and Indianapolis: Indiana University Press, 1989, pp.1-23; Denis Sinor(ed.), *The Cambridge History of Early Inner Asia*, New York: Cambridge University Press, 1994, pp.12-13.

[2] 参见罗新:《内亚传统的连续性与中国历史的内亚性》,载《黑毡上的北魏皇帝》,海豚出版社2014年版,第66—74页。

[3] 参见姚大力:《推荐序:一段与"唐宋变革"相并行的故事》,载[日]杉山正明:《疾驰的草原征服者:辽·西夏·金·元》,乌兰、乌日娜译,广西师范大学出版社2014年版,第Ⅶ页。

唐朝前期的南北兼跨及其限域[*]

　　唐朝的建立，如果从欧亚大陆整体角度考虑，应当是雅斯贝尔斯(Karl Theodor Jaspers)"轴心时代"[①]映现的强权势力崛起所带动的从古代衍化进入中世纪之诸政权当中的雄踞亚洲大陆东部的一个支轴。这个支轴显示出来的意义是它的控制幅度及其背后映现的观念[②]不仅涵盖了传统的耕作地区，还跨越草原，成为汉人王朝发展中前无古人、后无来者的特例。至少以往历史进程中提供的案例使我们几乎不假思考地就能辨认出：汉人构建的王朝，不论是此前的秦汉，还是后来的宋明，其政治体的规模和控制幅度能力，均未能超越农业这一与汉人耕作构成"天然"关系的界度，虽然秦始皇、汉武帝旨在向周边开拓所作的尝试也曾数度突破了农耕地域。唐朝在这个方面的成功，使它在中国的历史发展进程中作为国家王朝踏上了兼跨南北的帝国行列。本文以此为例，在探讨这种局面如何形成的同时，更关注其存续之后局面的失控及其因由所在。

---

　　* 本文原载《中国边疆史地研究》2016 年第 2 期，又收入《人大复印报刊资料·魏晋南北朝隋唐史》2016 年第 6 期；此次刊载对个别字句作了校订。

　　① 参见［德］卡尔·雅斯贝斯：《历史的起源与目标》，魏楚雄、俞新天译，华夏出版社 1989 年版，第 7—29 页。

　　② 魏徵曾说"人君当神器之重，居域中之大，将崇极天之峻，永保无疆之休"(吴兢撰，谢保成集校：《贞观政要集校》卷 1《君道第一》，中华书局 2003 年版，第 17 页)，这是针对获得王朝法统地位之后如何施展才干治理国家以维持长治久安的君主地位之重要性的描述。作为劝谏皇帝稳固政权、不喜拓展为务的魏徵，上述话语所揭示的君主主宰天下的气度亦颇为彰显，可见王朝强盛扩展的观念是多么深入人心。参见高明士：《天下秩序与文化圈的探索——以东亚古代的政治与教育为中心》，上海古籍出版社 2008 年版，第 18—28 页；Jonathan Karam Skaff, *Sui-Tang China and Its Turko-Mongol Neighbours*: *Culture*, *Power*, *and Connections*, *580—800*, New York: Oxford University Press, Inc., pp.9–11。

一、局面形成的条件

唐朝之所以成为人们关注的对象,系由其在中国历史中大一统王朝构建的突出成就所致。与欧洲分化的政治体即使在帝国的掌控下仍旧遮盖不住其分权导致的"四分五裂"的情形相对应的是,①在这个"统一"超越一切意识形态主宰下的诉求中,唐朝无疑是值得炫耀的辉煌盛世,而这个盛世并非如同元和清那般由周边的非汉族群所建立。那么唐朝是如何构建,其构建为什么要超逾农耕地域而其观念又是如何衍生的呢?

余英时在谈论汉代社会中汉人与胡人的贸易时采用了贸易与扩张的词汇来描述内外关系。在他的分析中,汉代中国起自中原的局面会随其发展而改变,通过向周边辐射的方式而逾出中原。但它发展的结果也促进了中原周围势力的崛起,譬如五胡十六国的出现,有如5世纪中叶哥特人征服西罗马帝国一样,②对中原造成的震荡也十分突出。这个分析对我们的研究不啻是一个有用的参考。

如果说继承秦朝的两汉是中国传统王朝构建中的一个凸显的时代,那么这个时代的主要特征则是以汉人为主体的王朝基本限定在农耕地域,③它向周边非农耕(尤其北方草原)地带的拓进造成的冲击,亦为周边各种势力积聚力量而崛起提供了机会,譬如草原部落聚合衍变成为匈奴帝国就是突出的事例。如此看,农耕地带秦汉王朝的崛起与草原匈奴游牧政权的建构,具有相互

---

① 欧洲的分权历史是其发展的常态,有关中西历史不同路径的最新研究,可参见赵鼎新:《国家、战争与历史发展:前现代中西模式的比较》,浙江大学出版社2015年版;[美]许田波:《战争与国家形成:春秋战国与近代早期欧洲之比较》,徐进译,上海人民出版社2018年版。有关欧洲历史分权发展的前后历程,芬纳(Samuel Edward Finer)的《统治史》是近年出版的比较集中涉及的代表性著作,可参见《统治史:古代的王权和帝国——从苏美尔到罗马》卷一(修订版)第二部分"希腊""罗马",王震、马百亮译;《统治史:中世纪的帝国统治和代议制的兴起——从拜占庭到威尼斯》第三部分"欧洲",王震译,华东师范大学出版社2014年版。

② 参见余英时:《汉代贸易与扩张》,邬文玲等译,上海古籍出版社2005年版,第168页。

③ 有关这一问题的新近研究,可参见胡鸿:《秦汉帝国扩张的制约因素及突破口》,《中国社会科学》2014年第11期。

促进的制约关联。① 与大陆中西部稍有差别的是,东部地带南北建构的帝国规模巨大,这与农耕平原的广阔和草原无垠的地理特征密切相关。② 不过,我们要指出的是,这两个南北帝国一旦形成,就宣告了对峙时代的开始,而南北王朝的建构不啻其内部关系的协调,也彼此渗透和影响。就此而言,汉末以来北方非汉人诸朝代的兴起即那些部落酋邦的政治体走向国家政权的建设,无疑受到汉人王朝的强烈刺激。③ 唐朝的建国及其观念意识的形成,应当是这种氛围影响的结果。④

五胡十六国及随后北朝形成的过程,是东汉解体后重新出现的政治集团旨在建立国家而相互博弈链条中诸多环节的呈现。这些部族建构国家的过程,也是南北对峙和博弈造成的结果,只不过这些建设者已经转成了匈奴、鲜卑、羯、氐、羌诸族势力。⑤ 他们开启的建国道路,是将自身原有的游牧、半农半牧的元素与中原的传统文化进行整合,⑥以胡汉双轨或分制的方式打造王朝,⑦从而形成了融合南北机制的新型模式。这也是他们因应汉地并保持北方传统所作的尝试。⑧ 但这些国家因族群人口少,力量薄弱,建构的政权涵盖

---

① 参见[美]狄宇宙:《古代中国与其强邻:东亚历史上游牧力量的崛起》,贺严、高书文译,中国社会科学出版社 2010 年版,第 195—246 页;[美]巴菲尔德:《危险的边疆:游牧帝国与中国》,袁剑译,江苏人民出版社 2011 年版,第 41—52 页;王明珂:《游牧者的抉择:面对汉帝国的北亚游牧部族》,广西师范大学出版社 2008 年版,第 147—156 页。

② 有关这两个帝国规模的论述,可参见王明珂:《游牧者的抉择:面对汉帝国的北亚游牧部族》,广西师范大学出版社 2008 年版,第 103—156 页;吴稼祥:《公天下:多中心治理与双主体法权》,广西师范大学出版社 2013 年版,第 39—57 页;Denis Sinor(ed.) , *The Cambridge History of Early Inner Asia* ,New York:Cambridge University Press,1990,pp.1—18。

③ 参见[日]堀敏一:《隋唐帝国与东亚》,韩昇、刘建英译,云南人民出版社 2002 年版,第 1—11 页。

④ 有关汉帝国瓦解之后权力与文化的重新整合以至于对隋唐产生的影响,裴士凯(Scott Pearce)等在《〈文化与权力:魏晋南北朝时期华夏世界的瓦解与重建〉序》中做了清晰的交代,载单国钺主编:《当代西方汉学研究集萃·中古史卷》,上海古籍出版社 2012 年版,第 117—151 页。

⑤ 有关"五胡",参见刘学铫:《五胡史论》,台北南天书局 2001 年版。

⑥ 参见[日]川本芳昭:《中华的崩溃与扩大:魏晋南北朝》,余晓潮译,广西师范大学出版社 2014 年版,第 17—21、77—106 页。

⑦ 参见万绳楠整理:《陈寅恪魏晋南北朝史讲演录》,黄山书社 1987 年版,第 108—113 页;刘学铫:《北亚游牧民族双轨政制》,台北南天书局 1999 年版;雷家骥:《从汉匈关系的演变略论刘渊屠各集团复国的问题——兼论其一国两制的构想》,《东吴文史学报》第 8 号,1990 年 3 月。

⑧ 参见王安泰:《皇帝的天下与单于的天下——十六国时期天下体系的构筑》,载童岭主编:《皇帝·单于·士人——中古中国与周边世界》,中西书局 2014 年版,第 82—98 页。

幅度有限,最终形成了鲜卑拓跋部雄踞中国北方的北魏局面。① 但这已经耗尽了拓跋人的精力,以至于在魏孝文帝迎合中原传统进行汉化的全面改制后出现了南北脱节,其政权以六镇起兵造反而瓦解。随后的东西二魏、周齐之间的抗衡兼并,虽激荡于北方内部,但它却为隋朝建构幅员广阔的王朝奠定了基础。② 而继承统合长江南北的唐朝,正是借助了北方胡汉整合的天下观与政权的建设,并与中原传统一体化王朝的理念融合,才不仅实现了黄河、长江流域的农耕帝国一统的局面,而且突破长城地带,直入草原。这后者局面的开拓,正是北方游牧文化观念对唐朝统治集团形塑的结果。③ 具体说,就是陈寅恪先生总结的宇文泰强化西魏抗衡东魏而打造的融胡汉为一家的关陇集团发展壮大并走向全国政权建设的呈现。谷川道雄曾说:

> 隋唐帝国的形成过程其实就是一个政治上的统一的过程,它具体体现在北周吞并北齐→周隋革命→隋的南北统一这样一个历史进程中,而直接成为这一政治统一进程起点的,则是北魏的内乱。内乱既是北魏式统一政治出现破绽,产生分裂的结果,同时也是历史归结于隋唐这样一个大统一时期的出发点。④

作者将隋唐政治之本源归结为北魏的内乱所形塑的北方政治,这的确道出了6—7世纪初叶中国兼跨南北王朝发展脉络的特点。这个脉络如同学者们称谓的隋唐国家的"拓跋化"那样,⑤旨在阐明唐朝北方文化血脉的遗存。看来,

---

① 对这一时期展现的南北胡汉两个角度及其关系的转化,一直是自内藤湖南以来日本史学界关注的焦点之一。新近汉译的川本芳昭所著的《中华的崩溃与扩大:魏晋南北朝》(余晓潮译,广西师范大学出版社 2014 年版)是对此问题进行的通俗性介绍,参见该书前言、第二章、第三章、第七章、第八章等。

② 这是谷川道雄《隋唐帝国形成史论》(李济沧译,上海古籍出版社 2004 年版)的核心观点。参见[日]川本芳昭:《论胡族国家》,载[日]谷川道雄主编:《魏晋南北朝隋唐史学的基本问题》,李凭等译,中华书局 2010 年版,第 69—87 页。

③ 参见[韩]朴汉济:《为魏晋南北朝隋唐史研究而提出的一个方法》,载武汉大学中国三至九世纪研究所编:《中国前近代史理论国际学术研讨会论文集》,湖北人民出版社 1997 年版,第 155—177 页。

④ [日]谷川道雄:《隋唐帝国形成史论》,李济沧译,上海古籍出版社 2004 年版,第 4 页。

⑤ Chen Sanping, "The Legacy of the Tuoba Xianbei:The Tang Dynasty", *Multicultural China in the Early Middle Ages*, Philadelphia:University of Pennsylvania Press, 2012, pp.1-38;[日]森安孝夫:《丝路、游牧民与唐帝国:从中央欧亚出发,骑马游牧民眼中的拓跋国家》,张雅婷译,新北八旗文化/远足文化事业股份有限公司 2018 年版,第 150—160 页。

这个系统包括统治思想和意识观念,应该是促成李渊、李世民政治集团建构超越纯粹的农耕王朝的重要因素。《资治通鉴》在描述唐太宗与其他帝王对待周边势力的差别时特别强调的太宗的突出之处,即如他所说"自古皆贵中华,贱夷、狄,朕独爱之如一,故其种落皆依朕如父母"①,如果没有这种依托北方脉络产生的意识,很难想象出唐朝立国后即作出超越中原而拓向四周的举措。当唐朝建国未稳又面临东突厥军队频繁威胁之际,不论是高祖李渊还是太宗李世民,他们均拒绝修筑长城而隔绝彼此的建议,②这里包藏的有朝一日突进草原的政治意图,不正是兼跨长城南北统合农耕游牧那种观念和意识的展现吗?③

与此前五胡十六国北朝非汉系政治势力建构的政权之不同,隋尤其唐建构的南北统合的帝国,无论从地域规模还是族群囊括上看,均超越了其前辈的框架。但这也反过来证明了那些前辈们也同样有着隋唐政治家们建构大型王朝的胸怀,譬如后赵的石勒就曾说出"朕遇(东汉)光武(帝),当并驱于中原,未知鹿死谁手。大丈夫行事当磊磊落落,如日月皎然,终不能如曹孟德、司马仲达父子,欺他孤儿寡妇,狐媚以取天下"这样的豪言壮语。④ 在他的心目中,曹操、司马懿这类政治家踯躅于幅员寡小的地域之内,不足以展现他的宏伟志愿,他要与光武帝一比高低争雄天下。这种"霸占"全局的豪言透露出生发北部的羯人石勒一旦遭受大国气度的熏染,亦有问鼎天下雄壮心态的浮萌。只是这些北族政权的寡弱,终未成就大业而中途夭折,魏特夫(Karl August Wittfogel)遂将这类北族南下的政权视作"渗透型"王朝,⑤意在其能量有限。

---

① 《资治通鉴》卷198"唐太宗贞观二十一年(647年)五月庚辰"条,中华书局1956年版,第6247页。参见李鸿宾:《唐朝中央集权与民族关系——以北方区域为线索》,民族出版社2003年版,第41—50页。

② 参见李鸿宾:《唐初弃修长城之检讨》,《民族研究》2015年第3期;亦见于本书。

③ 蒲立本将农耕与游牧之间的关系列为四种类型,提及唐太宗是历史上唯一一位将南北并置在一个王朝之内的君主。参见 Edwin G. Pulleyblank, "The An Lu-shan Rebellion and the Origins of Chronic Militarism in Late T'ang China", in *Essays on T'ang Society*: *The Interplay of Social*, *Political and Economic Forces*, John Curtis Perry and Bardwell L. Smith (eds.), Leiden: E. J. Brill, 1976, pp.33-60。

④ 《晋书》卷105《石勒载记下》,中华书局1974年版,第2749页。

⑤ [美]魏特夫:《中国社会史——辽(907—1125):总论》,唐统天等译,载王承礼主编:《辽金契丹女真史译文集》第1集,吉林文史出版社1990年版,第42—43页。

二、唐朝鼎盛局面的建构

唐朝南北兼跨局面的建构，主要是通过征服草原的东西突厥为要例，辅之以降服东北之高句丽并主控该地局势，西入中亚腹地建立都督府、都护府等军政措置而形塑成以内地汉人主轴支撑、周边四邻非汉人辅佐的"内重外轻"战略格局为特征的内外二元制王朝而实现的。① 奠定唐朝跨越南北局面的观念，无疑是促成这种盛世的思想基础。构成唐朝统治集团的观念，正是中原王朝一统化的"天下观"与北方胡系文化体统的结合。唐太宗在征讨西域高昌王麴文泰和东北高句丽的诏敕中曾分别说过这样的话：

> 朕嗣应景命，君临区夏，弘大道于四方，推至诚于万类，凭宗社之灵，藉股肱之力，亿兆获乂，尉候无虞。建木棘林，山经靡记之域；幽都大夏，王会不书之君，莫不革面内款，屈膝请吏，袭冠带于魏阙，均贡赋于华壤。

> 北殄匈奴种落，有若摧枯；西灭吐谷浑、高昌，易于拾芥。包绝漠而为苑，跨流沙以为池。皇帝不服之人，唐尧不臣之域，并皆委质奉贡，归风顺轨，崇威启化之道，此亦天下所共闻也。②

这两道诏敕分别指责麴文泰和高句丽统治者违背大国心愿而抗旨朝廷，此种行为应当受到惩罚。唐太宗据以发兵征讨的理据就是中原强大而覆盖四方昭示的中华之道，而与此相悖者则理法不容，文中展现的大国君王的天下之道与辐射周邻的气态彰显无遗。这无疑就是周天子"普天之下莫非王土，率土之滨莫非王臣"的当下写照，与汉文帝致书匈奴老上稽粥单于描述的"长城以北，引弓之国，受命单于；长城以内，冠带之室，朕亦制之"的两分鼎峙形成了鲜明的对比。③ 当周人推翻商朝之时，他们拿出的理据是商王不道而失去

---

① 参见雷家骥：《从战略发展看唐朝节度体制的创建》，初刊《简牍学报》第 8 期，1979 年 11 月，此据唐代学会编：《唐代研究论集》第 4 辑，台北新文丰出版股份有限公司 1992 年版，第 253—318 页。

② （宋）宋敏求编：《唐大诏令集》卷 130《蕃夷·讨伐》之《讨高昌王麴文泰诏》《讨高丽诏》，洪丕谟等点校，学林出版社 1992 年版，第 643、644 页。

③ 《史记》卷 110《匈奴列传》，中华书局 1959 年版，第 2902 页。参见 Sechin Jagchid and Van Jay Symons, *Peace, War, and Trade Along the Great Wall: Nomadic-Chinese Interaction through Two Millennia*, Bloomington and Indianapolis: Indiana University Press, 1989, pp.65–66。

了法统,周人要做的就是"替天行道"①。这里丝毫没有触及他们于商人而言"异己"的外来者身份,然而一旦周朝坐大并频频拓展而挺入周围四邻面对那些异己的势力时,周人便通过"五服"划分内外而涌现出了"王土""王臣"的天下观念,意图将其扩展行为上升至意识形态而合法化。如此看来,这种以外来者步入中原拿"失道"作为借口推翻旧朝建构自身而形成的新型王朝,在其强盛后又通过王朝化将周边四邻纳入其体统而形成的发展路径,至少是西周开启端倪而被秦朝形塑并臻至于汉代定型,进而构成了中原盛世王朝拓展的"法理"逻辑。② 唐高祖尤其唐太宗的内守外拓步入游牧草原的一统王朝开进的路线,正是这一逻辑的衍生和再现。

这表明,中原王朝走向一统化的道路,本身就蕴含了中原汉人势力与周边四邻非汉人势力角逐和博弈的成分。这是我们理解唐朝外向拓展的传统因缘,而北朝胡系挺进中原的文化承传——如上所言——亦不容忽视,除了这一要素内含于中原一统化的逻辑之外,更在于它作为欧亚大陆南北对应中的北系游牧要素南下而在与农耕互动中发挥的作用。那么它们在唐朝兴起的 7 世纪初叶之前是如何展现的呢?

就其时局而论,唐朝以前欧亚大陆兴起的游牧的突厥与西部的波斯、拜占庭等帝国早已成为支配各自地区和周边局势的"轴心"势力而并立,③唐朝的建立从内部说是承隋而立,从外部而言则是在诸"轴心"之外又增加了新的"轴心"④。就中原与周边二维的互动而论,如果说中国历史上中原农耕王朝

---

① 参见杜正胜:《古代社会与国家》,台北允晨文化实业股份有限公司 1992 年版,第 319—322 页;李学勤主编:《中国古代文明与国家形成研究》,云南人民出版社 1997 年版,第 517—525 页(本部分由宋镇豪执笔)。

② 王爱和的《中国古代宇宙观与政治文化》([美]金蕾、徐峰译,上海古籍出版社 2011 年版)一书,旨在探讨中国王权从王作为宇宙中心的商朝模式演化为帝王作为宇宙和帝国之枢纽的汉代模式所展现的君权发生的变化。这一讨论与上文中王朝拓展的方式可相互印证,抑或说构成了后者的观念基础。另外,对王朝更迭获取合法性的系统研究,参见[韩]朴炳奭:《中国古代朝代更迭——易姓革命的思想、正当化以及正当性研究》,同济大学出版社 2011 年版。

③ 参见[俄]李特文斯基(B.A.Litvinsky)主编:《中亚文明史·第三卷·文明的交会:公元 250 年至 750 年》,马小鹤译,中国对外翻译出版公司 2003 年版,第 1—14 页。

④ 参见[美]白桂思(Christopher I. Beckwith):《吐蕃在中亚:中古早期吐蕃、突厥、大食、唐朝争夺史》,付建河译,新疆人民出版社 2012 年版;王小甫:《唐、吐蕃、大食政治关系史》,北京大学出版社 1992 年版。

的强大刺激周边(尤其北方)势力崛起的话,①那么,周边势力强盛迈入王朝国家序列对中原自身的刺激,也未尝不是历史的"反证"。如上所述,东汉解体之后兴起的"五胡十六国"与北朝胡系势力,直接导致隋唐帝国的盛局,这是北朝非汉系政治文化施展重要作用的体现。与此伴生的则是突厥的崛起并支配亚洲大陆而兴盛的局面。东突厥他钵可汗曾自鸣得意地述说北魏分裂后东(北齐)西(北周)二魏为争雄而祈求其支持所表现的姿态:"但使我在南两个儿孝顺,何忧无物耶。"②他钵话语体现的突厥支配作用的彰显,似乎亦给予依附于它的后来者以奋发图强的刺激。当隋朝及其唐朝立国之后,李渊从投附突厥的低姿态③转而走向与之争雄并北上进行征服。④ 显然,唐朝覆盖南北王朝的兴起,应当是回应突厥北亚霸权的行为。内外(中原与四周)、南北(农耕与游牧)的互动,在此便充分地展现出来了。⑤

三、盛世局面维系的有限性

从唐高祖起家树立中原王朝的框架,到太宗、高宗前后相继征服东西突厥、高句丽、高昌等形成农耕和游牧兼具的帝国盛局之形成,经过数十年的积累与开拓,以汉人为统治核心的一统化王朝最终确立。上文论述的重点是王朝建构的政治文化之渊源和思想意识之基础。王朝局面形成的具体过程则在众多学者的具体研究中得以呈现。⑥ 我们的问题是,当这个盛局通过记载而被后人称颂的时候,人们对其局面维系50余年之后突厥复国直至安史之乱造

---

① 有关唐后的例子,参见 Lin Hang,"Conquer and Govern:The Rise of the Jurchen and Their Jin Dynasty(1115-1234)", in *Political Strategies of Identity Building in Non-Han Empires in China*, Francesca Fiaschetti and Julia Schneider(eds.),Wiesbaden:Harrassowitz Verlag,pp.37-57。

② 《周书》卷50《异域下·突厥传》,中华书局1971年版,第911页。

③ 参见朱振宏:《"唐高祖称臣于突厥事"的再检讨》,载《隋唐政治、制度与对外关系》,台北文津出版社有限公司2010年版,第45—96页。

④ 参见吴玉贵:《突厥汗国与隋唐关系史研究》,中国社会科学出版社1998年版,第157—226页。

⑤ 参见 Jonathan Karam Skaff, *Sui-Tang China and Its Turko-Mongol Neighbours:Culture, Power, and Connections,580—800*,New York:Oxford University Press,Inc.,pp.105-133。

⑥ 参见胡戟等撰写的《政治事件与政治集团政治人物》,载胡戟等主编:《二十世纪唐研究》,中国社会科学出版社2002年版,第25—35页。

成的衰弱甚至一统化局面的塌陷极其关注,①但对盛世局面瓦解导致王朝四分五裂这一话题,仍旧有不少再理解和讨论的空间。② 本文具体的关注点就是:这种兼跨南北的盛世仅保存了50余年(630—680年)而未能持久,③倘若与元朝,特别是清朝这类南北兼跨的巨型王朝相比,为什么如此短暂呢?

元、清均非汉人(为统治主体)建构的王朝,这已为人所熟知。近百年以来的中国学术界将其视作中国王朝的组成亦为学术之通识。然而仔细考论,这类非汉系王朝的特质实际上兼容了游牧的传统与中原汉系文化的要素,是二者的结合,诚如前文所论五胡十六国时代诸国的双轨体系那般。至于元朝蒙古贵族有选择性地采择汉文化与清朝满洲贵族大幅度吸收,这只是南北混合程度的多少而已。就此而言,这类帝国与中原王朝差异之明显,毋庸置疑。正是如此,才有魏特夫所谓"渗透型"或"征服型"的北族王朝或日本学界"马上国家"的分类,④其着眼点均聚焦于欧亚大陆南北农耕与游牧分化引发的不同王朝帝国类型的差异,作为其中的一种,元、清成为北亚(或内亚)系统而与以农耕为主的中原王朝呈现出迥然有别的特性,亦昭然若揭。⑤ 姚大力发表的文论里将中国王朝划分成秦汉确立的外儒内法的"专制君主官僚制"和"内

---

① 参见毛阳光等撰写的《政治事件与政治集团政治人物》,载胡戟等主编:《二十世纪唐研究》,中国社会科学出版社2002年版,第47—75页。

② 有关唐朝后期社会局面的维系与瓦解,学者们亦多有关注。其中值得注意的是,新近出版李碧妍的《危机与重构:唐帝国及其地方诸侯》(北京师范大学出版社2015年版)和王赓武的《五代时期北方中国的权力结构》(胡耀飞、尹承译,中西书局2014年版。原书英文系马来亚大学出版社1963年版)二书。前者意在强调经过安史之乱冲击之后的唐帝国如何通过整合、创制新兴的藩镇体制而重建其政治权威和统治力的问题,注重于唐朝政治的延续。与之对应,后者则通过朱温这一节度使藩镇意在阐释唐朝政治体从旧有框架如何崛起的个案向新政治体嬗替的过程,将重心放置在断裂与延续的辩证之中。这二书作为对后期唐朝走向的两种观照,不失为典型性的分析。

③ David A. Graff, *Medieval Chinese Warfare*, *300—900*, London and New York: Routledge, 2002, p.188.

④ 参见[美]魏特夫:《中国社会史——辽(907—1125):总论》,唐统天等译;[日]田村实造:《关于中国征服王朝》,袁韶莹译,载王承礼主编:《辽金契丹女真史译文集》第1集,吉林文史出版社1990年版,第42—44、96—109页。[日]江上波夫:《骑马民族国家》,张承志译,光明日报出版社1988年版。

⑤ 参见[美]巴菲尔德:《危险的边疆:游牧帝国与中国》第6《蒙古帝国》、第8《游牧帝国的尾声:清朝统一蒙古与准噶尔》,袁剑译,江苏人民出版社2011年版。

亚边疆帝国"①,应是秉持了国际学术界二元分化的传统。若就这样的背景再来分析唐一统化王朝的特质,我们似乎就能对其帝国维系时间短暂的问题作出另外的解释了。

如上所述,唐朝逾出中原传统地域向周边(尤其北方、东北和西域等地)开拓之所以成功,主要使用了武力在先,继之以羁縻府州、都护府等行政(军政)建置,部分地区则施加以移民屯边,再有汉式文化教育跟进的套路。步入远域之地,除了军政措施之外,其他的手段则较为有限,这虽与印度佛教传播辐射,突厥、回鹘等游牧势力包括大食帝国的武力开拔等同中有异,但后者之开拓,更多地建基于征服者与被征服者经济文化的同质性之上,尤其是游牧政权的扩张,在同质化的地区基本一路畅通。② 而唐朝向周边的开拓,成功的对象多是其南部那些具有农耕特质的地带,这与秦汉拓向长江流域至岭南纵深之地的畅顺如出一辙。③ 然而当唐朝向北进入草原腹地之后,游牧对农耕的排异特性便凸显出来,④这两种生计方式及依托其上的群体之不相兼容所形成的社会特性,⑤促使拉铁摩尔作出将南部的开拓视作内聚边疆而北部则为排外边疆迥然有别的结论。⑥ 这种形势迫使唐太宗朝廷最终只能采取保持其

---

① 参见姚大力:《不再说"汉化"的旧故事——可以从"新清史"学习什么》,《东方早报·上海书评》2015 年 4 月 12 日。

② 关于游牧社会的同质化,可参见[美]拉铁摩尔:《草原游牧世界》,袁剑译,载张世明、王济东、牛㘎㘎主编:《空间、法律与学术话语:西方边疆理论经典文献》,黑龙江教育出版社 2014 年版,第 444—450 页。

③ 有关这方面的内容,参见许倬云:《华夏论述:一个复杂共同体的变化》,台北远见天下文化出版股份有限公司 2015 年版,第 97—134 页。该书在描述中原政权向南部拓展的成功时更多地归因为早期汉人移民的影响,但也强调了双方政治、经济和文化的融合。虽没有明确触及"同质化"这一词汇,其内容是涵括在内的。

④ 汉人与游牧人难以兼容的问题,常以前者自视文化先进而后者颟顸落伍的笔墨见诸公私的记载中,这种情形一直演变到后世。如周锡瑞(Joseph W. Esherick)就清朝汉人进入内蒙古地区之后,曾有这样的描述:"这些新来者(指汉人)并不怎么尊重当地的居民(指蒙古人)。用一位到外蒙古的英国游客的话来说:'汉人的优越感是非常明显的,好像他们希望让所有的人都知道,他们才是主导民族。俄国人和蒙古人几乎亲如兄弟,但是中国游人对待俄国人几乎和对待可怜的蒙古人一样缺乏善意。'"参见[美]周锡瑞:《大清如何变成中国》,贾建飞译,《民族社会学研究通讯》2012 年第 121 期。

⑤ 参见[美]巴菲尔德:《草原游牧世界》,袁剑译,载张世明等主编:《空间、法律与学术话语:西方边疆理论经典文献》,黑龙江教育出版社 2014 年版,第 413 页。

⑥ 参见[美]拉铁摩尔:《历史的疆域》,牛㘎㘎译,载张世明等主编:《空间、法律与学术话语:西方边疆理论经典文献》,黑龙江教育出版社 2014 年版,第 363 页。

原有(游牧)方式的办法即羁縻府州以控制这些陌生的群体,①这便是贞观四年(630年)唐廷安置东突厥降户政策的出台,②自此便将羁縻府州作为控制周边异质类群体的办法加以制度化。③

然而,尽管唐廷找到了当时最佳的办法之后,突厥人仍然以"单于大都护府突厥阿史德温傅、奉职二部俱反,立阿史那泥熟匐为可汗,二十四州酋长皆叛应之"兴起了复国运动,④并构建了后突厥汗国;吐蕃则兴起于青藏高原并从西南向唐朝边地推进,东北的契丹、奚亦依违于唐朝与西部势力之间起伏不断。形势的骤变迫使高宗朝廷放弃了太宗的攻势战略而转为防守,⑤原来那种旨在镇压边地叛乱出征的行军制度遂转为驻扎在固定地区防卫周边势力攻击而保卫内地核心的大军区即节度使体系,这一转轨始于高宗而定型于玄宗当政之时。⑥ 节度使兼纳了所在地区的军事指挥、行政管理和经济财政的支配权即所谓权倾一方,但这也意味着前期"内重外轻"被"外重内轻"的局面所取代。正如我在一篇文章中所说,节度使本身是内廷权力的衍生即源自唐朝中枢的产物,它是唐廷面对周边外族势力强大时赋予军队将领以权宜处置的便利,可以说唐朝用权力结构最核心的力量去应对和解决结构中的外围问题。⑦ 正是唐廷权力布局的调整给予节度使更广泛的权职尤其是拥有军权,为安禄山那种有野心的将领发动叛乱提供了条件,从内部威胁朝廷。安禄山叛乱之屡被人们谈论,它的意义就在于瓦解了朝廷的权力结构而使唐朝无法

---

① 参见李鸿宾:《唐朝朔方军研究——兼论唐廷与西北诸族的关系及其演变》,吉林人民出版社2000年版,第20—37页。

② 参见吴玉贵:《突厥汗国与隋唐关系史研究》,中国社会科学出版社1998年版,第227—272页。

③ 参见刘统:《唐代羁縻府州研究》,西北大学出版社1998年版,第8—30页;高明士:《天下秩序与文化圈的探索——以东亚古代的政治与教育为中心》,上海古籍出版社2008年版,第29—61页。

④ 《资治通鉴》卷202"唐高宗调露元年(679年)十月"条,中华书局1956年版,第6392页。

⑤ 参见唐长孺:《唐代军事制度之演变》,初刊《武汉大学社会科学季刊》,1948年12月,此据氏著:《山居存稿续编》,中华书局2011年版,第329—351页。

⑥ 参见唐长孺:《魏晋南北朝隋唐史三论——中国封建社会的形成和前期的变化》,中华书局2011年版,第412—422页。

⑦ 参见李鸿宾:《内源型变迁的王朝权力结构——王赓武〈五代时期北方中国的权力结构〉书后》,待刊。

维系帝国稳定的局面,8世纪中叶以后的唐朝基本上陷入了节度使分权扩张和唐廷企图保持自身法统地位的争衡与博弈的较量中,直至帝国被朱梁取代。① 这种形势人所皆知,那么它意味着什么呢?

安禄山行动的本质是掌控地方权力的军队将领发动旨在推翻朝廷的政治叛乱,而他的权力则是朝廷为因应并解决周边异族势力对唐朝造成的冲击而赋予的。于是,问题的本质就落在了唐廷与外族之间的关系上,这也就是陈寅恪先生所述及的外患与内政之关联,他曾说:

> 所谓外族盛衰之连环性,即某甲外族不独与唐室统治之中国接触,同时亦与其他之外族有关,其他外族之崛起或强大可致某甲外族之灭亡或衰弱,其间相互之因果虽不易详确分析,而唐室统治之中国遂受其兴亡强弱之影响,及利用其机缘,或坐成其弊害,故观察唐代中国与某甲外族之关系,其范围不可限于某甲外族,必通览诸外族相互之关系,然后三百年间中国与四夷更迭盛衰之故始得明了。②

这段文字的中心意涵就在于它揭示了唐朝的运作与周围外族互动的不可分割性。这就回到了本文开篇的宗旨,即唐朝帝国兴盛的基础,就是建立在中原核心区稳固之后向周边地带的开拓之上,而周边地区非汉人群体的纳入(不管是主动投附还是被征服的),则是王朝扩展所依托的基础。唐高祖、唐太宗与高宗初期的主要任务,就是向四周开拓。然而开拓之后的维系则需要朝廷驾驭能力的提升,尤其是行政架构的搭建、经济生计和文化教养与所拓展地区之间的契合,遂成为关键要素。游牧帝国扩张遭遇阻力最小的地方是同质化的游牧地带,而这里恰恰是唐朝扩展的最大阻力。唐廷若要成功地控制这些与中原迥然有别的游牧、半农半牧地带的群体,就体现在他们是否愿意接受并置于唐廷的管辖之下,③这需要唐廷诸多措施的颁布和各方面的协调。但上文

① 傅乐成将藩镇与外戚、宦官、权臣视为中国历史上促成改朝换代的四个要素。作为军阀的表现,藩镇对唐朝中央权力的侵害,无疑成为解释唐朝灭亡的要素之一。参见傅乐成:《中国通史》,中信出版社2014年版,第599页。

② 陈寅恪:《唐代政治史述论稿》,上海古籍出版社1982年版,第128页。

③ 唐朝在这个问题上颇费周折,但它做到了超越此前任何王朝的程度,尤其是为抗衡突厥而使草原的铁勒诸部主动降服,太宗被他们冠以"天可汗"的称谓,显然获得了相当多游牧势力的支持。参见朱振宏:《唐代"皇帝·天可汗"释义》,载《隋唐政治、制度与对外关系》,台北文津出版社有限公司2010年版,第183—208页。

的讨论告诉我们,唐廷在这个关键问题上并没有保持成功,东突厥复国、吐蕃的挺进等行为就是证明。而唐朝的对应亦寄托在军事征讨的硬性手段上(节度使防卫体系的构建遂成为唐廷的不二选择),换来的只能是对方更为激烈的抗衡。不管唐廷是否意识到文化相异引生的汉人与非汉人群体之差别和矛盾到了一定程度,单靠军事征讨远非上策,唐廷事实上采取严厉的镇压和报复只能招致更大的仇恨和对抗。① 事情发展到了这个地步,帝国中心与四周的分解局势就明朗化甚至固定化了,而当唐廷陷入内部的冲突无力应对周边局势之时,帝国一统化的盛世之局也就意味着结束。从 755 年叛乱到随后德宗、宪宗用兵藩镇企图恢复朝廷的权威,再到穆宗的"河朔再叛",事情的发展一再证明,唐廷已无力再造中华大一统的帝国盛世,最后连维系自身合法性的能力也丧失掉了。

这样的局面告诉我们:唐廷无力承担拓展草原和四周之后所背负的重担,它(包括此前的秦汉和后期的两宋及明朝)获得成功的可能性更在于对其同质化的地区譬如南部的耕作地带和山地的兼纳中。这些地带的群体虽然也不同程度地进行了反抗,但与中原王朝的军事进攻、行政建置乃至文化教养的综合拓进相比,这些地区还是相继被裹挟进来而纳入王朝之属并最终演变成为王朝的组成部分。这表明,南部地域的拓展,使得中原王朝获得成功的机缘和利益远远超出其付出的代价和承担的风险;②与此对照,对游牧草原这些异质性地区的开拓,中原王朝需要付出的代价和风险在其开拓进取的过程中似乎足以承受,但若要长期不停地维持和延续,就我们讨论的唐朝案例而言,并没有获得成功(或者说成功了一段时间)。③ 为什么会如此? 英国学者芬纳(Samuel Edward Finer)在描述古代帝国维系统治的效能时曾说过这样的话:

---

① 这一点在东突厥政权复兴中其头领碑铭(如《阙特勤碑》《毗伽可汗碑》等)的誓言中有关他们与汉人关系的宣示和鼓动中有生动的表现,参见耿世民:《古代突厥文碑铭研究》,中央民族大学出版社 2005 年版,第 118、122—123、152—153、158—159、169—170 页。

② 参见[美]拉铁摩尔:《亚洲内陆边疆:防御帝国与征服帝国》,牛咄咄译,载张世明、王济东、牛咄咄主编:《空间、法律与学术话语:西方边疆理论经典文献》,黑龙江教育出版社 2014 年版,第 393 页;方铁:《南北方古代民族融合途径及融合方式之比较》,《烟台大学学报(哲学社会科学版)》2006 年第 1 期。

③ 拉铁摩尔早就注意到了南北拓展的差异,参见《历史的疆域》,牛咄咄译,载张世明等主编:《空间、法律与学术话语:西方边疆理论经典文献》,黑龙江教育出版社 2014 年版,第 360—363 页。

"帝国面积过于广袤,任何监督和制约机制都很难有效。"①吴稼祥论及中国古代王朝规模的巨大引生治理成本的高涨,②他们关注的焦点都在规模之上,这是理解此类问题的关键。芬纳还有一段切中肯綮的判断:"在一个国家的某些阶段,它想要做的和能够做的刚好能够达到平衡。"③这句话针对的正是唐初。规模过大使得唐朝政府想要做的和它能够发挥的作用二者之间刚好平衡,意味着唐廷的能量发挥极致,甚至到了殚精竭虑的地步。值得我们注意的是,较宏大规模更占主要地位的是唐朝扩大到了游牧地区这类异质性地带进而导致政治体的同一特性被多样化功能解构所造成的张力。④ 事实证明,这种张力就是扩展之后唐朝社会内含的融合度下滑的原因。唐太宗设置羁縻府州容纳游牧人进入其社会并构成内外二元制帝国的格局,⑤固然有效地缓解了游牧与农耕二者相排斥的张力,然而这种松散的关系亦为周边地区外族势力的重新崛起或脱离政府的控制提供了便利。就唐朝君主制一统化国家发展的诉求而言,它未尝不想将那些新入围的异己势力按照中原法统治理进而构成均质化的帝国,⑥然而缺乏对超规模、异质化的王朝经营所必要的技术手段和条件,唐廷常常陷入心有余而力不足的尴尬状态。论述至此,这个案例似乎

① [英]塞缪尔·E.芬纳:《统治史:古代的王权和帝国——从苏美尔到罗马》卷一(修订版),王震、马百亮译,华东师范大学出版社 2014 年版,第 313 页。

② 参见吴稼祥:《公天下:多中心治理与双主体法权》,广西师范大学出版社 2013 年版,第 39—57、73—94 页。

③ [英]塞缪尔·E.芬纳:《统治史:古代的王权和帝国——从苏美尔到罗马》卷一(修订版),王震、马百亮译,华东师范大学出版社 2014 年版,第 597 页。

④ 姚大力首先注意到了这一问题。他将唐朝视作两个不同区域的组合,即以人们熟知的"黑河—腾冲线"为分隔线,南北异质性区域呈现人口分布之差异及唐廷设置管辖手段(行政建置)之分明。汉系王朝所能解决的问题始终囿于以农耕为主体的地带直至近代国家时代,最终能够完成王朝国家一统化的任务则落在了元、清这类内亚边疆帝国的肩上。参见姚大力:《中国历史上的族群和国家观念》,《文汇报》2015 年 10 月 9 日《文汇学人版》。

⑤ 有关这一问题的讨论,参见李鸿宾:《中原与北部地区的共生关系——从长城谈起》,《民族史研究》第 7 辑,民族出版社 2007 年版,第 61—79 页;李鸿宾:《"二元制构造"下的唐朝华夷观及其变化》,载陈尚胜主编:《儒家文明与中国传统对外关系》,山东大学出版社 2008 年版,第 118—128 页;李鸿宾:《王朝国家体系的构建与变更——以隋唐为例》,载孙家洲、刘后滨主编:《汉唐盛世的历史解读——汉唐盛世学术研讨会论文集》,中国人民大学出版社 2009 年版,第 165—175 页。另参见鲁西奇:《中国历史的空间结构》,广西师范大学出版社 2014 年版,第 180—198 页。

⑥ 均质化或者更通常的说法——一元化的建构,这是古代中华帝国普遍追求的目标。参见汪晖:《现代中国思想的兴起》上卷第二部《帝国与国家》,生活·读书·新知三联书店 2008 年版,第 545、616 页。

告诉了我们这样的事实:以中原农耕为主体建构的王朝尽管具备了向周边异质地带扩展并建构多族群国家的实力(即芬纳所谓的"平衡"),但缺少长久维系和稳固帝国的能力。这也使我们想起了唐太宗问及草创王朝与守成维系二者难易的对话,魏徵答以"百姓欲静而徭役不休,百姓凋残而务息不息"得出"守成则难"的结论,①他论述的重点虽强调君主统治的基础在于民众的支持,然而这里涉及守成难于草创的辨识,的确触及了唐朝盛世短促的要害,这也表明它超出了芬纳的"平衡"。另一个值得关注的就是上文提及的王朝开拓的形式。即无论是农耕王朝还是游牧王朝,它向周边拓展的成功,除了其他因素之外,更取决于那些生计方式及构建其上的政治、社会品相与王朝自身相似(相近)势力的"接受"倾向,即它们更易混同于王朝的拓展之中;而与此迥然有别的那些势力,其抗拒性则与征服者的差异构成了递进式的阻力。如果我们对唐朝南向进取所遭受的挫折忽略不计的话,那么它突破了农耕的限度而向草原开拓时,巨大的阻力就立刻显现了。唐朝突破了这个阻力,但并没有能够长久地维持住这种突破的局面。这样的场景,不但唐朝以前没有成功的范例可循,唐朝之后能够维系下来的范例也非中原农耕王朝,这就回到上文中元和清两朝之上了。

四、异质性帝国存续的条件

经营一统化而异质性帝国成功的案例,首先由蒙古建立的元朝实现,后以满洲贵族构建的大清为典型,此前的胡汉双轨制政权多系地区和局部性的王朝。

作为蒙古帝国向欧亚大陆的开拓,按照"同心圆扩张"的说法,②元朝无疑是他们构建帝国的一个核心,但它也只不过是蒙古贵族征服世界的一个部分。③ 蒙古的扩张是西欧资本主义全球化以前的古典时代以帝国为形式的向世界拓展的最具有冲击力的举措。④ 在此视野下,中原成为元帝国经营的一

① (唐)吴兢撰,谢保成集校:《贞观政要集校》卷1《君道第一》,中华书局2003年版,第15页。

② 参见[日]杉山正明:《游牧民的世界史》,黄美蓉译,中华工商联合出版社2014年版,第202—209页。

③ 参见[德]傅海波(Herbert Franke)、[英]崔瑞德(Denis C. Twitchett)编:《剑桥中国辽西夏金元史(907—1368年)》,史卫民等译,中国社会科学出版社1998年版,第2页。

④ 参见[日]杉山正明:《忽必烈的挑战——蒙古帝国与世界历史的大转向》,周俊宇译,社会科学文献出版社2013年版,第5—8页。

个重要区域。当蒙古势力南下并构建元朝之时,就意味着覆盖长城南北的新型王朝时代的到来。就其统辖的区域与群体而言,不啻包含了蒙古草原和中原汉地,连同周边的东北、西域腹地、青藏和云贵高原,均成为王朝的直属地带,其幅员已超越了任何时代的中原王朝。为什么统辖长城南北的任务不是由中原的汉人王朝完成而交给了蒙古贵族呢? 这是一个既简单又难以回答的课题。它涉及历史上游牧势力的扩张与农耕帝国拓展的限度。如果说唐朝扩展受到地域(实际上是生计方式)的限制而难以持续性地控制草原的话,那么与草原差别甚大的农耕地区何以成为元王朝立国的基础呢? 的确,忽必烈时代的元朝政府曾将大都周边的农业用地改变为牧场以满足游牧者的需求,但这样的举措却是以危害当地农耕人口的生计为代价的。① 问题的根本就在于两种互不兼容的生计方式及其文化观念如何协调以共处(这也是贯穿元朝前后的一代问题)。在学者的眼里,这一矛盾并没有获得解决:在以忽必烈为代表的蒙古贵族势力看来,草原帝国的蒙古联盟及其军事力量才是其权力的渊薮,中华王朝只不过是披在上面的外衣。② 这实际上意味着,兼纳游牧、农耕生计方式的元帝国的王朝建构存在着游牧帝国自身的法统和兼并中原汉地而内存的中原核心两个主体性的博弈。帝国的成功与否就取决于双主体性的协调。③ 遗憾的是,元朝没有很好地解决这个问题,从元末朱元璋提出“驱除胡虏,恢复中华”的口号、引领民众造反推翻元朝的行为看,其法统地位始终未能获得中原汉地普遍而持续的认可,朱的理据是“自古帝王临御天下,中国居内以制夷狄,夷狄居外以奉中国;未闻以夷狄居中国治天下者也”④。这虽出自北上征伐的功利动机,但它也的确击中了元朝法统劣势的要害。这应当是

---

① 参见杨志玖:《关于元朝统治下“经济的破坏”问题》,载《元史三论》,人民出版社 1985 年版,第 135—146 页。

② 参见[美]巴菲尔德:《危险的边疆:游牧帝国与中国》,袁剑译,江苏人民出版社 2011 年版,第 282 页;[日]杉山正明:《忽必烈的挑战——蒙古帝国与世界历史的大转向》,周俊宇译,社会科学文献出版社 2013 年版,第 131—134 页。

③ 参见 Herbert Franke, "From Tribal Chieftain to Universal Emperor and God: The Legitimation of the Yuan Dynasty", *Sitzungsberichte der Bayerischen Akademie der Wissenschaften zu München*, *Philosophisch-Historische Klasse*, München: Verlag der Bayerischen Akademie der Wissenschaften[et al.], Heft 2,1978。

④ 《明太祖实录》卷 26“吴元年(1367 年)十月丙寅”条,台北“中央研究院”历史语言研究所(北京图书馆藏红格本明实录校印)1962 年版,第 401—402 页。

它统治不足百年的缘故。①

继其后推翻明朝的满洲贵族建立的清,则比较有效地解决了双主体性的难题(至少较元为成功)。不过这也耗费了清朝统治集团治理国家的大部分精力,事实上,一直到灭亡之前,满汉分立抑或融合仍旧困扰着统治集团。②当初摆在努尔哈赤那辈人面前的,是他们如何在纠集女真群体的基础上融合周边的蒙古、汉人进而统合为新政治体并创建王朝国家的任务,也是入京前后的首要大计。一旦入关建立覆盖全国的王朝之后,到底是以满洲贵族旧制为基础,还是以中原农耕文明的悠久文化为统治核心,引发的争论和冲击,遂成为统治集团议事日程的主旨。清朝统治者的现实困境,亦成为今日学术持续争议的话题,当下"新清史"之所以引起人们的重视即根源于此。③ 譬如罗友枝(Evelyn Sakakida Rawski)就认为清朝统治能够持续长达 267 年的成功,就在于它们有效地利用了内亚各非汉民族的文化联系巩固了全国统一,中原固然重要,但这只是帝国的组成之一而非全部。而能够做到这些的,就是清朝统治集团自主性地位的确立。④ 与此针锋相对的是何炳棣,⑤他强调清朝的统治之所以能成功,就在于它吸收了中华文化并融进了这个法统之内。直白地说,就在于它的汉化(这也是理解那些非汉系政治势力入主中原后能否成功的关键)。

双方的强调各有理据。数千年王朝帝国的发展轨迹,蕴含的都是多族群

---

① 参见[德]傅海波、[英]崔瑞德编:《剑桥中国辽西夏金元史(907—1368 年)》,史卫民等译,中国社会科学出版社 1998 年版,第 694—701(伊丽莎白·恩迪科特-韦斯特[Elizabeth Endicott-West]撰写)、710—725(牟复礼[Frederick W. Mote]撰写)页。

② 参见章开沅:《"排满"与民族运动》,《近代史研究》1981 年第 3 期;[美]路康乐(Edward J. M. Rhoads):《满与汉:清末民初的族群关系与政治权力(1861—1928)》,王琴、刘润堂译,中国人民大学出版社 2010 年版;Mark C. Elliott, *The Manchu Way:The Eight Banners and Ethnic Identity in Late Imperial China*, Stanford:Standford University Press, 2001。

③ 参见定宜庄、[美]欧立德(Mark C. Elliott):《21 世纪如何书写中国历史:"新清史"研究的影响与回应》,载彭卫主编:《历史学评论》第一卷,社会科学文献出版社 2013 年版,第 116—146 页。

④ 参见[美]罗友枝:《再观清代——论清代在中国历史上的意义》,张婷译,载刘凤云、刘文鹏编:《清朝的国家认同——"新清史"研究与争鸣》,中国人民大学出版社 2010 年版,第 1—18 页。

⑤ 他的前一篇"The Significance of the Ch'ing Period in Chinese History"发表在 *Journal of Asian Studies*[1967,26(2),pp.189-195],正是它引起了罗友枝的争议,旋后,何炳棣又发表《捍卫汉化——驳罗友枝〈再观清代〉》[原载 *Journal of Asian Studies*,1998,57(1),pp.123-155;张勉励译,载刘凤云、刘文鹏编:《清朝的国家认同——"新清史"研究与争鸣》,中国人民大学出版社 2010 年版,第 19—52 页]予以回应。

多地域的政治体的集合而非彼此的排斥。对一个非汉系经营包括中原在内多地域多族群的政治体而言，多面向组合的本身就蕴含了多层面的要素，无论从哪个角度讨论均能找出自身的依凭。撇开这些不论，清朝持续 267 年的统治较元自属成功，但能够有效管理一个巨大的、与自己属性差异明显的汉地帝国，满洲贵族的自主性与中华正统地位的衔接和融合至为关要。如何成为这个体系的代表亦即中华正统，就成为满洲贵族统治集团矢志不渝的追求，这在康熙、雍正等诏敕之中均有生动的展现。① 易言之，如果说初期的满洲贵族集团秉持的自主性是其入主中原动力的话，那么在进入汉地经营庞大的帝国之后，这个自主性就与中原法统产生了重叠进而融入这个法统里面，这就是我们理解清朝成功于元朝的关键所在了。正是如此，满洲贵族集团在中原汉地才没有遭受蒙古贵族势力在元朝那样的命运，虽然满汉矛盾仍旧存续于 19 世纪末 20 世纪初叶的朝廷上下和整个社会（尤其南部）之中。②

话语至此，我们便可直接回应本节开头非汉系政治集团建构的兼跨长城南北异质性帝国取得成功的问题了。无论是元朝不足百年的统驭还是清朝法统的长期维系，它们成功的秘密就在于周边的非汉系势力一旦步入中原之后，便以此为统治的根基和法统的渊薮，辐射周边而与中原汉地腹心—外围的天下构架重叠复合，又通过自身的主体性向中原核心的转换而获得了法统地位。这在清朝表现得尤为典型。③ 与此对应，唐朝虽将触角伸向了四方尤其是游牧和绿洲的远域，但其主体性并没有随之转移而与这些地区产生融合；相反，

① 参见姚念慈：《评"自古得天下之正莫如我朝"——〈面谕〉与皇太子的兴废及玄烨的内心世界》，载《燕京学报》（新 26 期），北京大学出版社 2009 年版，第 81—166 页；姚念慈：《再评"自古得天下之正莫如我朝"——〈面谕〉、历代帝王庙与玄烨的道学心诀》，载《清史论丛》，中国广播电视出版社 2009 年版，第 108—186 页；刘禾：《帝国的话语政治：从近代中西冲突看现代世界秩序的形成》，杨立华等译，生活·读书·新知三联书店 2009 年版，第 115—131 页。

② 王朝帝国在建构与发展中内存的逻辑就是将地域、族群、文化和生计方式等众多异质性的要素统合在一个政治体的架构之中并试图走向均质化。但由于中国异常复杂的局面，这也成为历代一统化王朝的纠结与矛盾的所在。此一任务伴随着民族国家的架构更成为核心问题。从这个角度着眼，元、清只是完成了农耕和游牧等相异社会方式的统合，应属均质化的第一个层次。参见汪晖：《现代中国思想的兴起》上卷第二部《帝国与国家》，生活·读书·新知三联书店 2008 年版，第 600—601 页。

③ 狄宇宙从生计方式的差异上也论述了二者的不同，参见 Nicola Di Cosmo, "Ancient Inner Asian Nomads: Their Economic Basis and Its Significance in Chinese History", *Journal of Asian Studies*, 53,4(1991), pp.1092-1126。

这些耗尽巨大人力、物力和财力的拓展带给周边的，就是那些驻扎点的军队、行政机构和特定地区的家属后勤人员及其所宣示的朝廷的影响力，他（它）们与所在地社会的隔绝，决定了朝廷的触角只是触角而已。假若就此着眼，兼具南北的一统化王朝的传成，是不是可以这样考虑：当以汉人为主体建构的王朝不能长期维系由农耕、游牧众多成分组合的异质性政治体的时候，它的空缺就会由兴起于中原周边的势力（尤其具有统一力的游牧或半农半牧势力）通过强力挺进中原建立巨型帝国或王朝的方式所填补。如此看，中国王朝的发展、拓进和壮大就应当是在汉人与非汉人王朝的相互交织中逐步实现的。①

---

① 在拉铁摩尔看来，农耕与游牧社会的成功结合是20世纪以后的事。参见《历史的疆域》，牛咄咄译，载张世明等主编：《空间、法律与学术话语：西方边疆理论经典文献》，黑龙江教育出版社2014年版，第377页。

有关唐朝疆域问题的若干思考*

目下学界有关边疆问题的讨论基本出自现实社会中存在类似问题的争议,着眼于当下中国与周邻陆地、海洋疆域划分中出现的争执而作的思考。但这类问题的产生却不是当下而是历史,我这篇文章关注的就是历史中的唐朝。按照思维的惯性我们也会提出同样的问题:唐朝的边疆状况如何? 如果唐朝存在着边疆这类问题,它的性质与今日的边疆是否有所差别? 如果予以肯定,那么,唐朝边疆的本质(属性)是什么? 唐朝关注边疆是基于活动其上的民众群体还是疆土本身,抑或二者兼有?①

一、观察方法

首先我谈一谈我所采用的观察方法。

我这里将唐朝前期作为观察的对象。这种观察问题的好处是能够脱离众多层面的具体细节从而上升到一定的抽象程度,便于清晰地了解和把握。这就是马克斯·韦伯的观察方法。诚如学者指出的那样:"只有通过这种

---

* 本文原载《中央民族大学学报》(哲学社会科学版)2017 年第 1 期,此次刊载对个别词句作了校订。

① 我在研读唐史文献时,对唐朝的边疆和疆域这类问题如何解释,曾经有过几篇小文涉及。参见李鸿宾:《中国传统王朝国家(观念)在近代社会的变化》,《民族史研究》第六辑,民族出版社 2005 年版,第 1—13 页;李鸿宾:《中原与北部地区的共生关系——从长城谈起》,《民族史研究》第七辑,民族出版社 2007 年版,第 61—79 页;李鸿宾:《王朝国家体系的构建与变更——以隋唐为例》,载孙家洲、刘后滨主编:《汉唐盛世的历史解读——汉唐盛世学术研讨会论文集》,中国人民大学出版社 2009 年版,第 165—175 页。

清晰的理想型之建构来分析社会现实或社会行动,社会学家才有可能从经常是互相抵触的、混乱的经验材料中理出个头绪来,从而精确地显示事实的最关键性的层面。"①其精妙之处就在于,它可以使我们更本质地看待研究的对象。就此而言,本文涉及的唐朝疆域及其观念并非注重具体个案,而是从整个王朝前期的角度考察我们所关注的问题,并做出论证和判断。高度的抽象和形而上的观察方法可能就成为"不二法则":整体性观察的好处就在于"纵览全局"。

但这只是问题的一个方面,其正面作用施展的同时可能导致我们忽略具体的细节和发生的变迁,尤其是抽象的观察有时落不到实处,找不到具体的对应;或者说这一立论从概念的角度讲得通,但在唐朝的任何时代和任何地点都找不到对应点。问题的关键是,这种抽象并非事实本身,而是基于事实之上的理论概括或逻辑总结。由此我将本文论述的方法总结为:非对史事的澄清或钻研,而是通过具体史事蕴示的观念、思想和行为进行判定和概括。简言之,本文是价值型的判断,而非史事的澄清。②

二、古今之别

显然,唐朝是存在疆域问题的。但它的疆域问题与我们今人理解的并非一致。这是因为古今之间边疆依托的国家政治体发生了性质迥异的变化:此前的中国政治体是以王朝国家的形式展现的,此后则进入到了民族—国家形态。③

① 洪天富:"译者序",[德]马克斯·韦伯(Max Weber):《儒教与道教》,洪天富译,江苏人民出版社 1993 年版,第 6 页。
② 姚念慈就清史学界有关康雍乾盛世的讨论曾说,对此局面的认定,与其说是史事考证,不如说是价值判断。这两种方式的诉求显然差异甚大,前者目的是求真,方法则是"复原";后者重在透过事实表达研究者的价值理念,这其中就存在着主观性的认可或否定。参见姚念慈:《"康乾盛世"与历史意义的采择》,原载"象牙塔"网站,此处转引自"中国人民大学清史研究所"网站之"清代政治史研究",2010 年 8 月 5 日。
③ 中国受西方影响而步入民族国家之道,已成为学者之共识并依此研究转轨之具体途径,然而因其国家的庞大与文化的复杂,亦有"文明体"的议论;与此相近的印度社会同样享有民族国家之外的文明体之论点。但就民族国家的内涵而言,中国虽有特殊性,但其基本特质不超越民族国家的规范,被纳入这一轨道内论列,应有充足的理据。

后者的实质表现在:国家由固定的边界包裹并呈现领土疆域,在这个明确范围内国家政治体实施统治和治理,其疆界受国际法的承认和保护,疆土范围内的民众以公民身份行使权利。疆域、主权①、公民这些要素构成了民族—国家的基本特质。② 与之对应的王朝国家,则是疆域内外二元性的展现,即内缘范围是王朝依凭的核心,相对稳定,外缘则处于变动的过程中;疆域内外的民众有主次之别,甚至采用法律分层群体,但无论主次,均与统治阶层构成属民之关系;其疆域的变动不受国际社会法规条文的干涉,事实上也根本不存在所谓的"国际社会"。这种传统王朝国家与现代国家在疆域方面的显著差别,借用英国学者吉登斯(Anthony Giddens)的话说,就是后者"具有明确边界的行政实体"③。如此追溯,王朝国家疆域的本质属性就是"边界"的概念不明确,甚至模糊。正因为这样,王朝国家政治体对双方之间的地区,常常表现出漠视、占领、放弃等姿态。整体而言,"疆界"始终处于摇摆不定的状态,也因此成为诸王朝相互交织的缓冲地。

我们之所以区别二者,就在于二者是历史发展变迁的实态反映,作为"实态"又呈现出相似或迥然有别的张力。如果我们不做辩证分析,将二者分清,就会出现华勒斯坦(Immanuel Wallerstein)所说的常常不自知地将当下的规范和框架引入到以前时代的现象,从而出现古今混淆、前后不清的混乱,如他所说"已经存在或正在确立的国家边疆目前所占有的空间范围也从时间上被回

---

① 芬纳(Samuel E. Finer)说:"西欧的封建主义是跨地域的。就像我们后来会看到的那样,这一奇怪的情况延续了很长时间,直到被建立在地域基础之上的主权效忠所取代,而这种主权效忠是现代欧洲国家模式的基石。"他在这里也点出了民族国家的两项核心要素。参见[英]塞缪尔·E. 芬纳:《统治史:早期现代政府和西方的突破——从民族国家到工业革命》卷三,马百亮译,华东师范大学出版社 2014 年版,第 35 页。

② 有关这个问题的研究,参见宁骚:《民族与国家——民族关系与民族政策的国际比较》一书,尤其第五章《民族国家辨析》,北京大学出版社 1995 年版,第 251—317 页。美国学者查尔斯·蒂利(Charles Tilly)的《强制、资本和欧洲国家(公元 990—1992 年)》(魏洪钟译,上海世纪出版集团 2007 年版)一书,则就现代民族国家产生之演续做了精致的梳理,不过如其书名所言,他关注的是欧洲而非其他地区。但因民族国家滥觞于欧洲,就它与传统王朝国家比较而言,具有典型性。中国未经历这种演变,所以中国的民族国家建构多依托于欧洲的经验,以至于这两种类型的转换过程颇多磨难,至今仍续。

③ [英]安东尼·吉登斯:《民族—国家与暴力》,胡宗泽、赵力涛译,生活·读书·新知三联书店 1998 年版,第 2 页。

溯至过去",导致本已差别明显的疆域问题混乱不清。① 这种混淆从逻辑上讲其不合理性似乎人人皆知,但研究中出现的混乱仍使我们力图辩证:弄清界限——观察、思考问题路径的差异,应当引起我们的警觉。正如姚大力在一篇文章中所说,历史上那些在王朝变更过程中出现的为前朝殉难的"遗民"性情节与近代以后产生的民族主义二者之间既有连续性又不是一回事,从观念、价值的整体性考量,后者自从法国大革命以来开始影响波及全球,它们构成了我们今天考察相关问题的一个逻辑起点。② 他研究的意义,在我看来,正是将外在相似的问题做了古今的切割,并强调了今日横向之间相互影响的分量。疆域问题的古今混同与民族、民族主义的混淆,一直是学术界考察历史情境中被羼入后人观念而较少做自我反省的两个领域。那么本文的研究,除了整体静态式的观察方法外,古今之切割——脱离民族—国家之窠臼而回到古代的情境,并对此检讨和反思,更是本文的着力点。

三、王朝统辖的重心

就唐朝而言,618 年的建国,意味着一个新兴的政治体在东亚的出现。它的疆域随之发生了与前迥异的变化。这个变化体现在内外两个层次组合的地域之上。

首先是中原核心地区的建构。如同其他王朝一样,唐朝政权的建立,采取的是毛汉光归纳的"核心区与核心集团"打拼的道路。③ 即一个政治集团先据有特定地区,再通过武力推翻现存的王朝而建国,旋后再剪除与之对立或争权的其他势力。这便是中国王朝前后嬗替的通常路径,与此对应的还有"禅让",即迫使君王让位而篡夺政权。④ 然而这二者常常交织相伴,并非截然分

① [美]华勒斯坦等:《开放社会科学:重建社会科学报告书》,刘锋译,生活·读书·新知三联书店 1998 年版,第 18—19 页。
② 参见姚大力:《中国历史上的族群和国家观念》,《文汇报》2015 年 10 月 9 日《文汇学人版》。
③ 参见毛汉光:《中古核心区核心集团之转移——陈寅恪先生"关陇"理论之拓展》,载《中国中古政治史论》,上海书店出版社 2002 年版,第 1—28 页。
④ 清人赵翼曾说"古来只有禅让、征诛二局",见《廿二史札记》卷七《禅代》,中华书局1963 年版,第 127 页。

明(李渊也先册立杨隋的傀儡恭帝,后迫其退位以禅让)。伴随李渊集团的武力夺权,还有许多势力同样指向隋朝而试图立国,相互角逐竞争。这种情形迫使任何一方都要先占据稳固的根据地,逐步扩大,待水到渠成,然后一一剪除对手,建立政权。都城是构建新王朝的标志,以此为据,扩大统治,中原农耕核心区遂成为政权稳固的基础。李渊凭借关陇贵族集团从事政权建设,从太原起兵之后所走的道路,正是核心集团核心区模式的展现。

待这个农耕地带的核心区稳固而成为王朝的支撑后,李唐集团随即展开了向周边外围地带的开拓,目的是企图建立超越农耕区的强盛帝国。[1] 随后开始的征服东西突厥、东北和西域腹地的军事行动和行政措施的跟进,将这些地区陆续纳入王朝的控制之下。[2] 为什么唐朝要突破传统的农耕界限而向周边(尤其北方草原和西域腹地等)发展?我在另一文中指出,这取决于传统"天下观"及其在政治层面上对一统化王朝盛世的追寻,而统治集团的北朝胡系(游牧)源脉为此种局面的打开提供了方便。[3] 前者是"普天之下莫非王土,率土之滨莫非王臣"一统化发展路径的沿承,后者则是北朝胡系尤其拓跋文化传统的孱入[4],胡汉二系传统和观念的结合,促使关陇集团起家的唐朝统治集团做出了超越农耕区域帝国建构的预想并付诸实践,到太宗和高宗前期,随着周边区域的纳入,唐朝的控幅遂达到了前所未有的程度,唐太宗兼汉人"皇帝"与草原游牧系统"可汗"于一身,表明他受到了这两个区域内群体的承认,而后者对他的认可充分证明内亚游牧人群接受统辖的态度。[5] 南北兼跨王朝的特质于此表现为:

通过中原腹地与周边四域的统合,到高宗前期完成了以地域为基础的王朝的构建,与之相配合的则是中原的汉人与四周非汉人多族群的凝聚。这种

① 参见李鸿宾:《唐初弃修长城之检讨》,《民族研究》2015 年第 3 期,又见本书。

② 拉铁摩尔对中国的扩展亦有论述,参见氏著:《针对中国历史地理问题的一个亚洲内陆研究法》,牛贯咄译,张世明校改,载张世明等主编:《空间、法律与学术话语:西方边疆理论经典文献》,黑龙江教育出版社 2014 年版,第 397—407 页。

③ 参见李鸿宾:《唐朝前期的南北兼跨及其限域》,《中国边疆史地研究》2016 年第 2 期,又见本书。

④ 参见 Chen Sanping, "The Legacy of the Tuoba Xianbei: The Tang Dynasty", *Multicultural China in the Early Middle Ages*, Philadelphia: University of Pennsylvania Press, 2012, pp.1-38。

⑤ 参见朱振宏:《唐代"皇帝·天可汗"释义》,载《隋唐政治、制度与对外关系》,台北文津出版社有限公司 2010 年版,第 183—208 页。

局面突破了传统中原/汉人的限域,将周边外围异质性民族和地区容纳进来,从而将王朝打造成为中心—外围二重结构的"新型"帝国。唐太宗的"皇帝"与"可汗"双重称号集于一身,就是胡汉两个系统抟成的标志。完成这条建国道路的方式是,在一统化思想的支配下,通过积极主动的武力拓展、行政建置及其相应措施的跟进,形成规模之后,再辅之以"天下一家"一统化的意识形态的渲染和构建,将其合法化与盛世的传统衔接在了一起。这是我们理解的包括唐朝在内的历朝历代构成中国王朝延续发展线路的主要特性。所谓中国王朝的持续乃至建基于其上的中华文明前后演变的整体套路,亦以前后王朝的演替为依托而呈现出来。在这个系统里,唐朝的独特性就表现在它是由以汉人为主体的族群构建的跨越中原农耕地区兼容长城南北诸多族群和不同地域而形塑的超越单一性的异质型王朝帝国。历史上类似的现象,在它之前有秦汉王朝的尝试,后有北宋和明朝的努力,但无论前者还是后者,在打通长城阻遏进入北部草原或东西两翼步入草原、游猎地带兼统那些游牧群体或半农半牧的势力时,均没有发展到唐朝这样广阔的地步。由此可以说,以汉人为主体建构跨越族群和地域的异质性王朝,唐朝应当是前无古人、后无来者的,虽然它的统治集团自身也混杂了大量的北朝胡人文化的要素。

导致唐朝帝国抟成的核心力量,就是南北兼纳的统治集团通过上述路径形成的。它通过武力、降服等方式将内外地区的群体置于自己的控制范围从而构建了帝国。本文以唐朝的疆域与特点为论题,试图证明其时代的特性所在。论述至此,我们看到的与其说是疆域这种固定的物质属性,不如说是活跃在其间的群体。唐朝疆域扩展的核心特性,就在于它超越了传统的农耕之地而进入了草原。而唐廷进入草原的动机,主要是奔着征服或收降草原的那些游牧势力去的。直白地说,唐廷之所以对周边地区产生兴趣,就是活跃在那些地区的人群引发了它的征服欲望,这些人群又多属于汉人以外的群体(唐人多采用"胡人"概称)。这表明,超越传统农耕地区的强盛的内外二重制的王朝,它凝聚的重点是不同地区的不同人群,正是通过对他们的控制才将他们活动的地区连带囊括入内。二者之间,人群为主,地域为辅,并形成不可分割的密切关联。这是我们所讨论的唐帝国(形成)盛世的基本特质。换句话说,包括唐朝在内的王朝帝国的构建,无论是在内缘的农耕地带,还是在外缘的游牧或半农半牧地区,统治集团关注的对象,始终是将群体置放在第一位的,所谓"得人心者得天下"①。

四、疆域的变易性

如此看,包裹在唐朝帝国构建中的疆域是随着人群的归属而成为王朝的组成部分。任何群体都活动在特定的地域之上,族群与地域的联系不可或缺,获得了人群的支持也就得到了相应的地域,这是王朝帝国构建的通行模式。当李渊集团进军关中占据大兴城罢黜隋恭帝,旋后征服与他争衡的势力之时,随着这些势力的征服、降附和归顺,他们所在的中原内地和近边之地也相继落入李渊、李世民之手;又随着唐廷发动对周边的武力征伐,东西突厥、高句丽、高昌麹氏政权陆续垮台和降附,以及漠北草原铁勒诸部主动归属,这些地区亦并入唐廷版图内,从而形成了王朝的强盛局面。此时的唐朝控制的地域,诚如谭其骧主编的地图《唐高宗总章二年(669 年)》所示,东至朝鲜半岛中部,北逾小海(今贝加尔湖),西至吐火罗,南到大海。② 在这个图幅中,虽然作者采用粉红线将疆界划定,但那显然是今人的观念,这种明晰的界限在总章二年是找不到的。③ 以北部单于都护府和安北都护府为例:

二府之设置,均与漠北铁勒诸部主动降附朝廷的举动有关。贞观二十一年(647 年)正月,铁勒诸部内附,唐廷设翰海等六都督府予以安置,旋后又置燕然都护府。诸酋长曾上奏称:"臣等既为唐民,往来天至尊所,如诣父母,请于回纥以南、突厥以北开一道,谓之参天可汗道,置六十八驿……使为表疏。"

---

① 参见[美]拉铁摩尔:《中国的亚洲内陆边疆》,唐晓峰译,江苏人民出版社 2010 年版,第330—332 页。

② 谭其骧主编:《中国历史地图集》第五册《隋·唐·五代十国时期》,地图出版社 1982 年版,第 32—33 页。

③ 地图标注的场景反映的只是当时具体的年份,而且也是大致的相貌(参见周振鹤:《中国历史政治地理十六讲》,中华书局 2013 年版,第 7—10 页)。其中相对稳定的是所谓唐朝的正州正县,即政府有能力直接控制的部分,亦多系中原汉地;四周边鄙则变换无常,根本原因是那里的异族政治势力与唐廷的关系不稳定而频繁生变。

这标志"北荒悉平"①。至高宗永徽元年(650 年),突厥车鼻可汗被俘,尽为封疆之臣。北陲遂有翰海、燕然二都护府分领突厥、铁勒诸部之设置。龙朔三年(663 年)二月,唐廷将燕然都护府迁移至回纥,更名翰海都护府;原翰海都护府移至云中古城(今内蒙古和林格尔土城子),改称云中都护府。二府以沙碛为界,在北者隶属翰海,在南者隶属云中。麟德元年(664 年)初,云中改为单于都护府。总章二年(669 年),翰海更名为安北都护府。但高宗调露元年(679 年)以后,突厥降户连续反抗并复国,单于都护府所领州县被突厥所夺,唐遂改为镇守使。驻守碛北的安北都护府被迫南迁,先后经居延海南之同城(今内蒙古居延海东南)、删丹县西南之安西城(今甘肃张掖东南)、故单于都护府(今河套东北)和西受降城(今内蒙古五原西北)而入中受降城(今内蒙古包头西南),单于、安北二都护府最终转入朔方节度使的管辖之下。②

北陲二府从设置到转移,正是因应北部形势变迁的结果。大致上说,二府的建置就是唐廷征服突厥之后为应对局势而采取的军政措施。我们看到,王朝帝国向周边拓展所采取的政治、军事、经济乃至思想文化措置多因时而异,唐朝的开拓更以行政建置著称。北陲二府的前后演变是唐廷擅长之道的体现,当然它是以唐朝的实力或攻略为基础的。从铁勒诸部的主动投附可以看到③,唐朝与突厥对峙直至将其攻灭对草原造成的压力,应当是促使铁勒诸部投附的一个不可忽略的因素。唐廷采取都督府、都护府形式的目的在于进行治理,将朝廷统辖权施展于其地。诚如周振鹤先生所说,疆界的划定及其观念

① 《资治通鉴》卷198"唐太宗贞观二十一年(647 年)正月丙申"条,中华书局 1956 年版,第 6245 页。有关"参天可汗道",参见严耕望:《唐通回纥三道》,载《唐代交通图考》第 2 卷《河陇碛西区》,台北"中央研究院"历史语言研究所专刊之八十三,1985 年,第 607—636 页。

② 以上参见严耕望:《唐代安北单于两都护府考》,载《唐代交通图考》第 1 卷《京都关内区》,台北"中央研究院"历史语言研究所专刊之八十三,1985 年,第 323—340 页;谭其骧:《唐北陲二都护府建置沿革与治所迁移——编绘〈中国历史地图集〉札记》,载《长水集下》,人民出版社 1987 年版,第 263—277 页。

③ 值得指出的是,铁勒诸部的主动性行为,都来自于汉文史籍的描述,铁勒诸部自身一方的文献记载阙如,我们无法得知。这种情形下的表述,只能说是唐廷或中原文本的意图,这与历史的"真实"还不能等同。有关这方面的考察,目前尚未展开,本文对此问题的考虑,姑且依从传统记载,特此说明。相关的论述可参见王明珂:《反思史学与史学反思》第六章"文本与情境",上海人民出版社 2016 年版,第 146—190 页。

取决于行政建置①,而行政的划定是朝廷管控的必要手段,管控又建立在朝廷与北方政治势力相互交往的基础上。贯穿它们前后的,是一条因果相连的逻辑锁链,缺少其中的任何环节,这条线索都不能成立。这表明,唐朝南北的互动是疆界划定之因,但要有行政管理这个程序的运作才能出现疆域和疆域的观念,缺少了这个环节,疆界的划定就不可能产生,直白说,疆界划定的直接动因乃是行政治理。这是唐朝疆域及其观念出现的因缘。

然而我们在上文论述的北陲二府包含的若干都督府和州②,都没有明确的界限分隔彼此。以安北都护府为例,《新唐书》在列置"新黎州(贞观二十三年[649年]以车鼻可汗之子羯漫陀部落置。初为都督府,后为州)、浑河州(永徽元年[650年],以车鼻可汗余众歌逻禄之乌德鞬山左厢部落置)、狼山州(永徽元年以歌逻禄右厢部落置,为都督府,隶云中都护。显庆三年[658年]为州,来属)、坚昆都督府(贞观二十二年以沙钵罗叶护部落置)"之后,以"右隶安北都护府"署名表示该都护府的辖属③,这里没有州府界限的明确标识。《旧唐书》涉及安北大都护府的地域范围时采用了"北至阴山七十里,至回纥界七百里"的字句描述④,这也只是大致范围,没有线路的精确界定。从上面的讨论中可以看出,这里的安北都护府是唐朝从碛北南退之后的现状,其范围大幅缩小,即便如此,它的界限仍很模糊。为什么会出现这种状况?谭其骧先生说"划分之标准专问部落而不问地域"⑤,这正是上文表述的唐朝控制这些地域关注的首先是人群,唐廷对他们更感兴趣,有了人,才有活动的地域。这些人群就是突厥、铁勒游牧族群,他们降附朝廷或被征服后,唐朝采取的控制办法就是适应其地的羁縻府州之置,其特点在于控制群体的酋长、首领等上层以带动部落(族)全体⑥,他们的生活方式保持不变。草原自身疆域及其观念的缺失,应当是唐廷设置羁縻州府乃至都护府之相应疆域界限不明晰

① 参见周振鹤:《体国经野之道:中国行政区划沿革》,上海书店出版社 2009 年版,第 57—59 页。
② 参见《新唐书》卷 43 下《地理志七下》,中华书局 1975 年版,第 1120—1127 页。
③ 《新唐书》卷 43 下《地理志七下》,中华书局 1975 年版,第 1121 页。
④ 《旧唐书》卷 38《地理志一》,中华书局 1975 年版,第 1420 页。
⑤ 谭其骧:《唐北陲二都护府建置沿革与治所迁移——编绘〈中国历史地图集〉札记》,载《长水集下》,人民出版社 1987 年版,第 265 页。
⑥ 参见《新唐书》卷 43 下《地理志七下》,中华书局 1975 年版,第 1119 页。

的基础,而关注人群并置于其统治下的朝廷的诉求更将疆域模糊与重叠的特性凸显出来。

疆域随着人群的活动而发生转移,这是我们理解唐朝北部地区的一个基本视角。[①]事实上,疆域及其观念主要体现在唐廷与北方游牧势力相互交往的过程之中。当唐廷接受铁勒诸部的降附尤其是征服突厥后,它的势力就突进到草原的纵深之处并以羁縻州府的设置为依托行使管辖权。然而这些群体与唐廷关系的变化,同样也会引起这些地区的变动。当高宗调露元年(679年)出现突厥诸部持续性的反抗并开始复国运动的时候[②],突厥人又重新占领草原并沿长城地带不断南下骚扰唐朝州县,这个时期唐朝的边防地带又恢复到了传统农耕区的北缘。唐朝的边疆此时就表现在长城地带而非草原内部了。这又一次说明,所谓边疆是随着人群的活动而转移,而人群的活动集中表现在政治性行为即构建国家王朝这类政治体的基础上,这才有边疆或疆域的观念。上述所谓政治体的构建最终又落实在羁縻府州的行政建置中,行政建置本身就是冲着人群的控制去的,所以它的最终目标是人群。当唐廷关注北方人群的降附或收复之时,控制他们的手段就是这些建置,他们所在的区域也随着这些建置而进入唐朝的范围;反过来说,当这些人群脱离了唐廷的控制,这些州县也随之而丧失,即州县所在的地区随同人群的离去而被裹挟了。这表明,草原的归属再次与唐朝无缘。谭其骧先生在谈到羁縻府州时将它们分为设置于边外各国各族原住地和边外各族迁入内地(侨居地)两种类型。后

<hr>

[①] 北部地区具有代表性,是因为农耕地带与草原地区是理解唐朝帝国构建的两个核心要素(参见李鸿宾:《唐朝北部疆域的变迁——兼论疆域问题的本质与属性》,《中国边疆史地研究》2014年第2期)。对唐朝而言,农耕地带无疑是其立国之根基即如冀朝鼎所描绘的基本经济区(参见冀朝鼎:《中国历史上的基本经济区与水利事业的发展》,中国社会科学出版社1981年版),然而游牧势力从草原对唐朝构成的压力迫使其战略区位于北部而非其他地带,于是形成了基本经济区与战略区的交叉而非重合(参见[美]拉铁摩尔:《针对中国历史地理问题的一个亚洲内陆研究法》,牛盷盷译,载张世明等主编:《空间、法律与学术话语:西方边疆理论经典文献》,黑龙江教育出版社2014年版,第405页)。又,唐朝地缘与族群的多样化亦使其疆域及观念并非均衡划一。例如,控制青藏高原之后的吐蕃在与唐朝的纵横捭阖之中,对土地的占领就具有突出的欲望,至少吐蕃的扩张以及对土地的重视,远超北方游牧势力。有关这方面的讨论,可参见林冠群:《唐代吐蕃史研究》第四篇《唐代吐蕃的向外发展》,台北联经出版事业股份有限公司2011年版,第383—513页。

[②] 有关这段史料的梳理,可参见吴玉贵:《突厥第二汗国汉文史料编年辑考》,中华书局2009年版,第445—498页。

一种隶属唐廷管辖殆无疑义,前一种如同《新唐书》所说"或臣或叛"①,归属不定,他认为当他们臣服时就在唐朝版图之内,待其叛乱自行其立后则不在此限。② 北隄二府就是这一种类的典型。由此,疆域及其观念就是在北部游牧势力隶属抑或独立于唐廷之间萌生或泯灭。这与民族—国家形成以后的情形完全不同。后者拓展的首要目标,与其说是人群,不如说是他们所在的地域。譬如美国的西进运动,即北美十三州扩大指向西部地带,就是以争夺资源和土地为核心目标而展开的,对当地土著多以排除为手段,或者将他们控制在固定的地区(所谓印第安保留地)。③ 以土地资源为核心的领土争夺成为近代以来政治体之争的主要内容并由此引发诸多事件,几乎与近代历史相始终并与日俱增。④

五、唐朝疆域的本质

上面的讨论,我们只是以唐朝前期北部草原为例证,具体就是通过控制铁勒、突厥群体而设置的北隄二府的前后演变,证明疆域(及其观念)是在唐廷与对方的互动中萌生、转变或泯灭的。这些互动经历了唐廷的进攻和征伐、对手的降服或主动投附,唐廷设置州县和都督府、都护府等机构施行治理,以及突厥反叛所导致机构的南迁等环节,唐朝的疆域随之经历了超越长城地带而拓向草原、再度回到长城沿线的变迁。唐朝初创与东突厥对峙之时,夹在双方之间的是一片拉铁摩尔称之的"过渡地带"⑤,这个地带的特性表现在其南部受到农耕地区的拉力大而北部则受草原游牧的牵引,是一个相对模糊不定的区域。但630年唐廷征服东突厥后,这个缓冲区就被羁縻州县取代了;随着突

---

① 《新唐书》卷43下《地理志七下》,中华书局1975年版,第1119页。

② 参见谭其骧:《唐代羁縻州述论》,载《长水集续编》,人民出版社1994年版,第133—155页。

③ 参见[美]弗雷德里克·杰克逊·特纳(Frederick Jackson Turner):《边疆在美国历史上的重要性》,李明译,载张世明等主编:《空间、法律与学术话语:西方边疆理论经典文献》,黑龙江教育出版社2014年版,第57—93页。

④ 民族国家以来对疆域的重视所导致的古今之间差别之如此明显,学者们越来越将人口暴涨下的资源竞争视作合适的解说(之一),此亦为人地关系紧张的表现之一。

⑤ 参见[美]拉铁摩尔:《中国的亚洲内陆边疆》,唐晓峰译,江苏人民出版社2010年版,第163—172页。

厥的复国,双方又恢复到对峙争衡的状态,这个缓冲区再次重现。就此而言,唐朝的北部疆域就处在这样的变迁状态中。这是我们理解的唐朝疆域的本质特性。①

显然,农耕地区的相对稳定、外围地域的模糊变动,是唐朝疆域(包括其观念)的整体特点。② 而疆域的实质,尤其是外缘地区的疆域,反映的是唐廷控制周边外族与外族是否接受唐廷控制而展开的博弈,这也是双方和多方关系的地域性表现。今人对此展开的讨论,因掺杂了民族国家蕴含的以领土为主要资源的观念,无形之中也将今日的想法混同其间,从而做出了"古今穿越"式的解读。建立在线条标识的明确疆域、主人公的公民群体和合法自如行使主权基础上的民族国家,疆域的重要就体现在通过它构成国家的公民享有各种权益并以国家主权保障其权益得以维系,它不仅使得一个主权国家自身获得稳定的状态,而且促使各个不同的国家彼此相互约束和尊重,从而避免了以往国家间的相互冲突和被肢解的命运。疆域转而从国家内部的边缘上升到国家之间,相互局势稳定性的维系进而变成了国际性问题。如所周知,民族—国家之所以产生于欧洲,就是因为那里众多的王朝、帝国、公国、封侯等势力彼此交集,并常以战争、协约与联姻相伴,经过三十年战争后,诸国于1648年通过签订《威斯特伐利亚和约》,促使民族国家形态定型化,并由此扩散到全世界。③ 每个民族国家均享有自身合法的诸项权利而被各国所认可和遵守,疆域的固定化由此而形成。

如果从民族国家的角度立论并试图澄清古今的区别,那么再揣度王朝国家的疆域,则非但不至于错乱,反而更有助于我们透彻地理解。民族国家形态以前的王朝国家同样享有和具备民族国家的上述要素,但在性质和程度上却存在着诸多差别,整体上讲就是这些要素的模糊性或不明确性,如同吉登斯

---

① 长城地带的边疆之固定化显然是不可能达到的(参见[美]拉铁摩尔:《中国的亚洲内陆边疆》,唐晓峰译,江苏人民出版社2010年版,第325—327页),消失则是在元、清这类兼跨长城南北地域的王朝出现;康雍乾的开拓之后,其边疆特质就不再显现了。

② 拉铁摩尔甚至说出这样经典型的话语,"政治上所认定的明确的边界,却被历史的起伏推广成一个广阔的边缘地带"。参见[美]拉铁摩尔:《中国的亚洲内陆边疆》,唐晓峰译,江苏人民出版社2010年版,第163页。

③ 参见[英]塞缪尔·E.芬纳:《统治史》卷三《早期现代政府和西方的突破——从民族国家到工业革命》,马百亮译,华东师范大学出版社2014年版,第217—266、449—462页。

（Anthony Giddens）所说的"传统国家"缺乏明确的主权观念和清晰明了的领土界限，尤其对远离政治中心的地带难以形成有效的控制，甚至"有边陲而无国界"①。这在本文论述的唐朝前期北部的案例中有生动的反映。虽然如此，王朝国家的本质属性，仍旧表现在它的统治和管理，若要达到这个目标，获得统治权则是首要条件。论述至此，我对唐朝（北部）的疆域及其观念的本质属性表述为：

第一，唐朝国家疆域（及观念）表现在内外二重结构的建置中。其内重以农耕地带为核心，以汉人群体为支撑，是王朝构建的基础，稳定性较高；周边的外重多系游牧和半农半牧地区，活跃其上者系汉人以外的异质性群体，变动性较大，模糊性是其特点。

第二，长城地带处于内外交汇处，当唐廷初始建立尚未对周边地区拓进之时，它以中间缓冲区之相貌展现，成为中原、草原二者的过渡区域。一旦唐廷势力突破界限进入草原（如征服东突厥之举）并将其纳入自己的控制范围内，过渡地带就演变成为州县和都府；而当草原重新集结力量复国自建政权时，情形则恢复到对峙状态。主要展现在外重地带的唐朝疆域，亦尾随内外的互动而时续变化。

第三，就农耕地区、草原二者而言，疆域的划分及其观念更多地表现于前者。唐廷征服突厥后为维系统辖，郡县制（根据情况的特殊而采取了羁縻府州）的建置就成为王朝施展统治权的手段。行政建置本身既是疆域衍生的结果，又能强化疆域观念。

第四，于是乎，疆域（观念）出自于行政建置，行政建置衍生于唐廷的控制，唐廷的控制则是南北兼统的传统诉求和北方胡系因素的介入。它们彼此构成了因果链条，成为唐朝处理这类问题的基本范式。唐廷的拓展力度与局面的维系能否成功②，决定了行政建置与军事控制长久与否，建基于行政之上的疆域亦呈伸缩不定之状态。这就是我们理解的疆域特性。

第五，但无论疆域怎么由行政建置所强化，这些物质性的建构都是外在条

① ［英］安东尼·吉登斯：《民族—国家与暴力》，胡宗泽、赵力涛译，生活·读书·新知三联书店1998年版，第4页。
② 参见李鸿宾：《唐朝前期的南北兼跨及其限域》，《中国边疆史地研究》2016年第2期，又见本书。

件,根本因素还是活跃在不同地区的不同人群,或者有别于汉人的胡系族群。唐朝疆域拓展至中原农耕地区以外(尤其北方草原)的重要意义就在于,它开启了大规模直接处置游牧人群这些以往朝代较少遭遇的新时代,唐廷与这些族群及其政治势力的交往联系或抗争对峙,决定了疆域的扩展和萎缩。这表明,疆域问题的实质是汉人与非汉人(特别是胡人)之间是在一个朝廷的控制内还是处于不同的政权之中。唐朝将诸多族群囊括在中央政府的有效管理下虽不超出半个世纪①,但它却进行了成功的尝试,并为以后诸王朝的再次实践奠定了基础。从元、清多民族一统化王朝的相继构建可以看出,追求一统而非各自分异的王朝虽由非汉系的蒙古王公、满洲贵族集团所主宰,但它们统辖的政治理念及其发展的趋势,无不与唐朝有着前后相连的脉络承续。

地带状、模糊性、变动性、行政建置、王朝统治、依托于群体而非纯粹土地本身、意识形态的介入等,可能是我们用以描述唐朝疆域的关键词,我想再也没有比它们更合适的了。

---

① 参见[日]杉山正明:《疾驰的草原征服者:辽·西夏·金·元》,乌兰、乌日娜译,广西师范大学出版社2014年版,第10页;李鸿宾:《唐朝前期的南北兼跨及其限域》,《中国边疆史地研究》2016年第2期,又见本书。

疆域·空间:唐朝权力博弈的场所[*]

我曾撰写《唐朝前期的南北兼跨及其限域》《唐朝的疆域与疆域观念——有关"唐朝边疆问题"的若干思考》等文[①],就唐朝的疆域若干问题进行申论。因其范围所限,有诸多问题仍待阐明,此文拟在前文讨论的基础上就唐朝疆域前后衍变的特性做一概观式的归纳,以彰显我认识中国疆域或地理空间的映像。

一

今人对唐朝疆域的认识,多从主权国家的角度着眼,它强调的是确定而分明的疆界、公民权的保障与国家主权的维护,这是近代以来源自欧洲民族—国家进而影响全世界的范式。[②] 以它的标准来讨论唐朝不但不合适,还会造成误解。唐朝是典型的王朝国家,与民族—国家的模式迥然有别,它的疆域问题应当置放在那个特定的语境下去理解,这是我一再强调的。[③] 那么,我们是怎

[*] 本文原载《民族史研究》第十三辑,中央民族大学出版社 2017 年版,第 20—36 页;又收录于赵环宇、朱美姝、吴楚克主编:《中国边疆学理论创新与发展报告(2016)》,经济管理出版社 2017 年版,第 112—120 页。此次刊载对个别词句作了校订。

[①] 前者刊载于《中国边疆史地研究》2016 年第 2 期,后者以《有关唐朝疆域问题的若干思考》为名刊载于《中央民族大学学报》(哲学社会科学版)2017 年第 1 期;二文亦收入本书。

[②] 有关这个问题的讨论可谓汗牛充栋,其中英国社会理论家安东尼·吉登斯所著《民族—国家与暴力》(胡宗泽、赵力涛译,生活·读书·新知三联书店 1998 年版)一书是具有较高解释力的一部,可参见该书导论第 1—6、140—146、316—325 页。

[③] 参见李鸿宾:《传统与近代的对接——从地域和民族角度论述中国传统王朝的近代境遇》,载耿昇等主编:《多元视野中的中外关系史研究:中国中外关系史学会第六届会员代表大会论文集》,延边大学出版社 2007 年版,第 49—57 页;李鸿宾:《王朝国家体系的构建与变更——以隋唐为例》,载孙家洲、刘后滨主编:《汉唐盛世的历史解读——汉唐盛世学术研讨会论文集》,中国人民大学出版社 2009 年版,第 165—175 页;李鸿宾:《唐朝北部疆域的变迁——兼论疆域问题的本质与属性》,《中国边疆史地研究》2014 年第 2 期。

样理解这一问题的呢?

唐朝的建国始于李渊太原起兵,他在文臣武将的辅助下,矛头直指隋朝首都大兴城。占据都城就意味着占据者能够获得新王朝的法统地位,这一标志性事件亦成为不同时代各路诸侯豪杰竞相争取的目标,如同秦末东方反秦势力的(名誉)为首者楚怀王就曾与项羽、刘邦诸辈相约"先破秦入咸阳者王之"①,那意思很明显:只有占据关中的都城,才能推翻秦朝并取而代之。

李渊与其竞争者们建立王朝的方式,都是通过构建一支稳固的统治集团、占据一个稳定的地区(通常以都城为核心),以此角逐争战、竞相扩展而实现的,毛汉光先生将其归纳为核心区与核心集团之模式。② 竞争沿承的规则是"胜者王侯败者贼",李渊最终成功了。

618 年的李渊即位,标志着新王朝的开始。唐朝面临的任务就是征服与自己抗衡的对手或招降那些反隋势力,一旦将他们纳于麾下,就意味着唐本土形势的安稳和缓,这正是唐廷合法性统治的诉求。这里的"本土"指农耕地域,这是汉人王朝建立统治的地缘基础。倘若王朝实力未逮且观念保守,那么农耕地域的边缘就成为王朝追求的"极限"了。秦始皇向以宏图远大著称,他稳定中原农耕地域后试图再向草原拓展,但遭遇游牧势力的抗衡而终止于长城的构筑③,这表明:向北部的拓展已经超过了它的能力④,真正打破农耕限域的以汉人为主体的王朝,则是唐朝。⑤

---

① 《史记》卷 7《项羽本纪》,中华书局 1959 年版,第 313 页。

② 参见毛汉光:《中古核心区核心集团之转移——陈寅恪先生"关陇"理论之拓展》,载《中国中古政治史论》,上海书店出版社 2002 年版,第 1—28 页。

③ 参见[美]巴菲尔德:《危险的边疆:游牧帝国与中国》,袁剑译,江苏人民出版社 2011 年版,第 41—42 页;[美]狄宇宙:《古代中国与其强邻:东亚历史上游牧力量的兴起》,贺严、高书文译,中国社会科学出版社 2010 年版,第 231—232 页。

④ 参见胡鸿:《秦汉帝国扩张的制约因素及突破口》,《中国社会科学》2014 年第 11 期。

⑤ 蒲立本将中原王朝与草原帝国之关系分作三类,他认为唐太宗的目标是超越这三类而将中原与草原并置在一个政权之下进行有效的统治。参见 Edwin G. Pulleyblank, "The An Lu-shan Rebellion and the Origins of Chronic Militarism in Late Tang China", in *Essays on Tang Society: The Interplay of Social, Political and Economic Forces*, John Curtis Perry and Bardwell L. Smith (eds.), Leiden: E. J. Brill, 1976, p.37。

唐之所以能够取得突破，首先是它秉承了隋朝建国近 40 年的大一统基础。① 隋朝留给唐的重要遗产，就是王朝一统化地位的追求。从唐太宗口口声声要吸取隋亡之教训而他仍旧延续炀帝征伐高句丽进取东北的行为上，可以清楚地看到他一统化合法地位的诉求意愿②，这就是先秦时期"普天之下莫非王土，率土之滨莫非王臣"的延续。这也是华夏统治集团普遍的思想观念，一旦条件具备，他们就将观念变成行动。与此对应，唐朝宗室的鲜卑拓跋血脉及其文化传统，也是促使他们突破进入草原的另一思想和观念。③ 此种路径在北魏分裂为东西之后尤其体现在宇文泰纠合各路诸侯和权贵组建关陇集团以抗衡东魏—北齐的追求中，并由此构建了此后的隋唐王朝政权，这也是学界流行的唐朝"拓跋国家"的根基所在。④

这两个因素是唐朝建构超越农耕王朝的基本动因。我想说明的是，630年征服东突厥之后又相继征服西突厥的举动，都能证明（以汉人为主体的统治集团）唐朝统辖范围的扩展，已经超出了汉人王朝的限域，这在其前既没有先例，也无后来者。这个时期的唐朝，除了将北部突厥势力纳入朝廷的控制下以及铁勒诸部主动投附外，它又出兵东北征服高句丽、派兵深入西域腹地建立军政系统，进而囊括了东、北、西诸外围地带；其时吐蕃、吐谷浑等西部势力亦相继遣使长安向朝廷进奉。⑤ 这一系列的行动表明：含括农耕外围广远地带、

① 有关唐朝崛起的意义，从域外角度的探讨，可参阅 S.A.M.Adshead 撰述的 *T'ang China: The Rise of the East in the World History* 一书（New York: Palgrave Macmillan, 2004），尤其是该书第二章第 30—51 页。

② 唐太宗征伐高句丽的合法性在于他"祗膺宝历，君临宇县，凭宗社之灵，藉卿士之力，神祇储祉，夷夏宅心"，他之征讨高句丽，实系"缅唯汤文取乱，常怀偃伯之心；虞夏胜残，实弘光被之美"（［宋］宋敏求编：《唐大诏令集》卷 130《蕃夷·讨伐》之《亲征高丽诏》《高丽班师诏》，洪丕谟等点校，学林出版社 1992 年版，第 645—646 页）之再现，这与隋炀帝征讨高句丽之"夏开承大禹之业，商郊问罪，周发成王之志"，"粤我有隋，诞膺灵命，兼三才而建极一六合而为家"（《隋书》卷 4《炀帝纪下》，中华书局 1973 年版，第 79 页）的心态如出一辙，可视为中华正统意识形态的展现。

③ 参见李鸿宾：《唐朝前期的南北兼跨及其限域》，《中国边疆史地研究》2016 年第 2 期，又见本书。

④ 参见 Chen Sanping, "The Legacy of the Tuoba Xianbei: The Tang Dynasty", *Multicultural China in the Early Middle Ages*, Philadelphia: University of Pennsylvania Press, 2012, pp.1–38；［日］森安孝夫：《丝路、游牧民与唐帝国：从中央欧亚出发，骑马游牧民眼中的拓跋国家》，张雅婷译，台北八旗文化/远足文化事业股份有限公司 2018 年版，第 150—160 页。

⑤ 有关唐初与周边四邻的交涉，新近的研究成果可参见 Wang Zhenping 的 *T'ang China in Multi-Polar Asia: A History of Diplomacy and War*（Honolulu: University of Hawai'i Press, 2013）一书的相关部分。

农牧交相混杂的诸民族构建的雄盛王朝,终于形成了。

二

但是,兼跨农耕、草原的一统化局面,随着吐蕃势力的崛起并向唐展开进攻,特别是东突厥24州县的起兵叛乱导致的重新复国而遭到破坏。① 如果从630年唐征服东突厥算起,至680年前后东突厥的复兴,前后不过50年。② 此后的唐朝,遭受周边各种势力的抗衡而终于以外重内轻的节度使御边的体系代替了初始的内重外轻方略。③ 安史之乱以后的王朝,其地域与人群的有效治理,又局促于农耕、汉人的主体范围之中。④ 唐朝合法地位的丧失,正是在这个领域内实现的。这说明什么问题呢?

我在此前的研究中曾经说过:就汉式王朝而言⑤,它的地域与人群,大体由中原内地与周边外围、汉人居中与非汉人守边的格局而形成。当王朝的实力雄强之时,它就能建立超越中原、汉人以外包括周边广远地带和众多民族势力的巨型王朝;然而当它削弱之际,周边地区和各民族势力也能反过来向中原挺进和施压,王朝遂萎缩并局限于农耕内地;一旦中原核心腹地及其汉人群体不再以王朝为合法依托而掀起反抗,王朝的命运就此告结。⑥ 唐朝的整体历

① 参见吴玉贵:《突厥第二汗国汉文史料编年辑考》,中华书局2009年版,第445—447页。
② 这只是大略而言,实际的情形较复杂。若按照杉山正明的说法,唐廷有效控制蒙古高原的时间不过40年而已。参见姚大力:《一段与"唐宋变革"相并行的故事》,载[日]杉山正明:《疾驰的草原征服者:辽·西夏·金·元》,乌兰、乌日娜译,广西师范大学出版社2014年版,第iii页。
③ 参见雷家骥:《从战略发展看唐朝节度体制的创建》,初刊《简牍学报》第8期,1979年11月,此据唐代学会编:《唐代研究论集》第四辑,台北新文丰出版股份有限公司1992年版,第253—318页。
④ 这是个饶有兴味的话题,但学界讨论得较少。邹逸麟的《中国多民族统一国家形成的历史背景和地域特征》(《历史教学问题》2000年第1期)一文曾有涉及,但因篇幅和主旨所限,未能展开。成一农的《唐代的地缘政治结构》(载李孝聪主编:《唐代地域结构与运作空间》,上海辞书出版社2003年版,第8—59页)更多地着眼于行政制度或体制的演变,类似的现象几乎支配了中国历史地理学的研究。就此而言,唐朝地域伸缩的问题,仍留给学者们多种角度探索的空间。
⑤ 这里主要指以汉人为主体的统治集团建构的王朝。
⑥ 参见李鸿宾:《中原与北部地区的共生关系——从长城谈起》,《民族史研究》第七辑,民族出版社2007年版,第61—79页;李鸿宾:《王朝国家体系的构建与变更——以隋唐为例》,载孙家洲、刘后滨主编:《汉唐盛世的历史解读——汉唐盛世学术研讨会论文集》,中国人民大学出版社2009年版,第165—175页。

程,就体现在这三个面向之中。所谓囊括农耕、草原并"皇帝""天可汗"集于一身为标识的唐太宗统领下的帝国①,正是其经济和军事实力发展到了足以支撑其构建"天下"政治的程度,才有太宗兼跨长城南北王朝局面的出现。然而随着吐蕃的崛起扩大、东突厥帝国的复兴,他们分别从西南和北方挤压唐朝,契丹等周边势力亦叛服无常,唐朝的"盛世"局面频遭威胁和挫折,安禄山随后掀起的叛乱则彻底改变了唐廷强劲拓展的势头,此后的朝廷被迫周旋于长安与各地藩镇的权力博弈之中。这个时期的唐朝,基本处于朝廷与周边外围势力攻守相兼的纠缠之内,而周边外围势力的挺进迫使唐朝回缩,则是这一阶段的明显特征。黄巢起兵反唐之后的历史,亦走上了节度使武力支配并取代朝廷法统的道路:唐朝的合法性地位最终被剥夺了。②

三

纵观唐朝近 300 年历程的三种命运,我们从中看到的支配这个王朝命运如此嬗变的两个要素,一个是人群的活动,另一个则是他们活动依托的地理空间,换言之,人地关系应当是我们解释其命运的关键所在。

人类的活动发展到一定程度时就需要构建高度的组织架构以作保障,国家政权因此而萌生并逐递演化。国家的重要功能就在于它是人类进行政治活动的组织依托,人群的活动需要特定的地理空间以便伸展,此种空间的价值和意义因此而得以凸显(反过来说,这种空间同样需要国家政治体的设置以维护和保证人群的活动)。国家一旦出现,它亦以人群为载体、以地域为依托求得发展。这种王朝(国家)、人群(民族)、地域(空间)三者之间互为因果的关系③,就成为我们理解唐朝三个阶段不同命运的基本维度。作为本文讨论的

---

① 新近的研究,可参见朱振宏:《大唐世界与"皇帝·天可汗"之研究》,台北花木兰文化出版社 2009 年版。

② 参见王赓武:《五代时期北方中国的权力结构》,胡耀飞、尹承译,中西书局 2014 年版;李鸿宾:《内源型变迁的王朝权力结构——王赓武〈五代时期北方中国的权力结构〉书后》,待刊稿。

③ 参见[德]弗里德里希·拉策尔(Friedrich Ratzel):《作为边缘机体的边疆》,袁剑译,张世明校改,载张世明等主编:《空间、法律与学术话语:西方边疆理论经典文献》,黑龙江教育出版社 2014 年版,第 121—149 页;袁剑:《近代西方"边疆"概念及其阐释路径——以拉策尔、寇松为例》,《北方民族大学学报》(哲学社会科学版)2015 年第 2 期。

中心——地域空间的尺度,它的特性表现在什么地方? 则是我们集中讨论的问题。① 我们可从以下两个视角考虑。

首先,从唐朝自身发展的角度而论,它体现的是以中原王朝为核心所施展的政治愿望及其活动。

倘若从此着眼,那么唐朝帝国的建立、发展与消亡,实际上就是这一政治体自中原向周边拓展伸缩的过程。其模式是以中原为核心、以汉人群体为依托的王朝的建构、演变与消解的历史。它建基于秦,完成于明,唐朝则为其发展的顶点。如上所述,唐朝的起始经历了李渊核心集团从太原起兵反隋到谋取都城、剪除兼并与之抗衡的其他势力,进而稳固中原核心区,并在此基础上向周边拓展的过程,最后营建出了跨越长城南北、兼有农耕与游牧诸多地区及诸种民族势力的王朝帝国。随后,吐蕃的崛起与以东突厥的复兴为代表的周边外围势力转而向唐朝展开进攻和夹击,又迫使唐朝战略转移,以致引起内部安禄山军队的叛乱,导致后期帝国内部的纷争,王朝最终被有政治“野心”的节度使势力所取代。这种演变的格局,都是以中原(具体是关中长安都城)为核心腹地、汉人为支撑群体的方式而展开的。

在其演变之中,发挥关键作用的就是以汉人为中心的统治集团。他们依托中原核心腹地在向周边发展的过程中,与周边各个民族势力进行军事开拓、政治支配的博弈。当以太宗为首的朝廷进军东北旨在征服高句丽、平定当地局势,向北征服东西突厥,向西域腹地进军并设置军政体制之际,标志着实力雄厚的中原势力着意构建的、超越农耕地域的一统化王朝的确立。而吐蕃崛起、突厥复兴引生的周边外围势力的兴盛并挤压唐朝之时,便意味着兼跨南北一统化王朝遭受新的压力而被迫回缩。唐廷行将被朱温取代前后,周边地带的契丹、党项乃至西部周边势力(回鹘早已居国于河西走廊和天山南北),则开启了自身建构政权的道路,最终演化成五代十国与周边外族王朝并存的局面。这三个阶段的命运虽千差万别,但都围绕中原与周边之间的相互关系而展开。中原、周边这种内外地区的伸张、收缩,正是由活跃在这些地区的汉人

---

① 关于地理空间对中国历史的作用,可参见[美]拉铁摩尔:《针对中国历史地理问题的一个亚洲内陆研究法》,牛呦呦译,张世明校改,载张世明等主编:《空间、法律与学术话语:西方边疆理论经典文献》,黑龙江教育出版社2014年版,第397—407页。

族群与非汉人族群之间的互动所引发的。在那个时代,族群与族群的交往争执,主要是依托王朝政治体而展开。于是,欧亚大陆东部这个地域的本质,就表现为中原王朝通过与周边非汉人政治势力(包括王朝、帝国)在政治、军事、经济、文化的交往上而呈现的南北互动。单就政治意图而言,它则表现为中原王朝扩展自身(势力)而兼并周边势力,后者又通过军事手段削弱唐朝实力的博弈过程。在这种内外竞争的互动中,中原王朝自认为文化优越、文明进步、出自正统而具有意识形态和道德上的优越,从而赋予它的开拓乃至收缩行为以合法性地位,与之对应的则是周边的外族多系文化落后、"野蛮"未驯而成为"教化"的对象。尽管唐太宗声称"独爱之(夷狄)如一"视以同侪相待①,但这并没有改变华夏—夷狄的差序不等的结构,如同他与朝臣议论华夏、夷狄时,将二者视同为树木的本根与枝叶一般②,华夏自我中心、外夷依托华夏甘居其下的正统—辅助的意识和观念,一直是唐朝统治集团处理内外关系的主旋律。

当中原朝廷处于支配周边的上升态势时,它就打出华夏正统的旗号兼越四方并以夷落"文明化"的"进步"方式扩大王朝的幅度;一旦它的能力遭受周边四夷的质疑和削弱、不能自保的时候,它就打出"夷夏有别"的旗号以切割内外之关联③,这就是中唐时期安禄山叛乱之后朝廷的主旨思想。④ 到唐朝法统地位遭受节度使势力的挑战直至王朝覆亡前后,不论是内地的军人势力,还是周边外围的各族政治集团,都在使出浑身解数建构自己的政权,试图在新一轮的角逐较量中成为新王朝的领路人。这时候唐朝的法统地位,已为新崛起的各族政治势力所替代。⑤ 唐朝的地域——无论是其雄盛之时的内地或草

---

① 《资治通鉴》卷198"唐太宗贞观二十一年(647年)五月庚辰"条,中华书局1956年版,第6247页。

② 参见(唐)吴兢撰,谢保成集校:《贞观政要集校》卷9《议安边》,中华书局2003年版,第500、503—504页。

③ 参见傅乐成:《唐代夷夏观念之演变》,载《汉唐史论集》,台北联经出版事业公司1995年版,第209—226页;潘蛟:《"民族"的舶来及相关的争论》,中央民族大学民族学与社会学学院博士学位论文,2000年,第26—27、29—30页。

④ 参见傅乐成:《唐型文化与宋型文化》,载《汉唐史论集》,台北联经出版事业公司1995年版,第339—382页。

⑤ 参见[英]崔瑞德编:《剑桥中国隋唐史:589—906年》,中国社会科学院历史研究所西方汉学研究课题组译,中国社会科学出版社1990年版,第774—803页;[德]傅海波、[英]崔瑞德编:《剑桥中国辽西夏金元史》,史卫民等译,中国社会科学出版社1998年版,"导言"第4—25页。

原,还是势促后的萎缩空间,都是在以王朝帝国政治体为依托的各族政治势力相互角逐、博弈争竞的过程中发挥其功能和作用的。如此看来,所谓地区、地域或地理空间,在我们所讨论的时代,它的突出特点,就是为政治体的活动提供了必要的场所,这个场所是以中原王朝的互动为中心而展开的。

其次,若从欧亚大陆南北的角度立论,它所揭示的则是农耕与游牧两种迥然有别的政治体交相互动的活动场景。

与以中原王朝为核心呈圈状向外发展的思考路径相对应①,欧亚大陆南北互动的观察视角强调的则是以各自为中心的主体性抑或双主体特性,这是以南部的农耕与北方的草原两种差异明显的生计方式及建立于各自基础之上呈鲜明对比的政治体为前提的。② 双主体特性之所以存在,则是每个掌握权力的特定的政治体均构拟了一套以自身为考量的中心—外围体系及其观念。③ 就欧亚大陆东部而言,南部广阔的耕作地区与北方纵横无垠的草原,使得南北都能建构成为巨型(农耕和游牧)政权④,它们均以自己的核心地带构建帝国,其自主中心的观念之强,更超越其他。

然而,当每个政治体由中心向外拓展之时尤其超越自身的限度进入对方的领域内,争战、征伐、屯边、移民、垦殖、军政管理、经济贸易这些交往互动就变得不可避免了。本文讨论的唐朝时期,南北的交往在长时段的王朝整体过程中则以互动的频繁及拓展幅度伸缩之明显而著称。如前所述,唐朝通过征服东西突厥而占有幅员辽阔的北亚草原构建的南北一统化政治体,衍变成为超越秦汉帝国的盛世局面,其跨越幅度之深、含括之广,前所未有;然而吐蕃崛

---

① 参见李大龙:《汉唐藩属体制研究》,中国社会科学出版社 2006 年版,第 286—294 页;周振鹤:《中国历史政治地理十六讲》,中华书局 2013 年版,第 50—53 页。

② 参见 Sechin Jagchid and Van Jay Symons, *Peace, War, and Trade Along the Great Wall: Nomadic-Chinese Interaction through Two Millennia*, Bloomington and Indianapolis: Indiana University press, 1989; Reuven Amitai and Michal Biran (eds.), *Mongols, Turks, and Others: Eurasian Nomads and Sedentary World*, Leiden·Boston: Brill, 2005;[美]巴菲尔德:《危险的边疆:游牧帝国与中国》,袁剑译,江苏人民出版社 2011 年版。

③ 参见[美]马丁·W.刘易士、卡伦·E.魏根:《大陆的神话:元地理学批判》,杨瑾等译,上海人民出版社 2011 年版,第 55—56、97—122 页。

④ 参见吴稼祥:《公天下:多中心治理与双主体法权》,广西师范大学出版社 2013 年版,第 39—57 页;Thomas J.Barfield, *The Nomadic Alternative*, New Jersey: Prentice Hall, 1993, pp.131-168;王明珂:《游牧者的抉择:面对汉帝国的北亚游牧部族》,广西师范大学出版社 2008 年版,第 101—156 页。

起、突厥复兴对唐朝的夹击与牵制,迫使唐朝统辖的范围又回溯至中原的农耕限域(虽然某些触角不受此限),后期王朝与藩镇的整个活动大体就在这个领域之内。唐朝近 300 年的历史,活动在中原和草原的各种势力,就是在具体的军事征伐对抗、政治交往和文化互融中实现各自的政治意图的。这些政治活动,构成了唐朝前后发展演变的重要甚至中心的内容。可以说,一部王朝史就是如此展示出来的。而王朝历史固然是人群自身变化的呈现,但他们之活动和演变亦以特定的空间为依托,于是,本文所谓长城南北的中原农耕之地与游牧草原之区,其蕴意的产生和凸显,就在于王朝政治体的活动之上。至少在本文讨论的范围内,政治体的王朝及其开展的活动,是构成我们赋予这些原本自然属性的地区以政治意涵的根本动因。这就是本文题目的设置所在。

值得指出的是,取代突厥成为草原霸主的回鹘王朝,与唐朝分享了长城南北的统治①,然而正当回鹘帝国矛盾激化被黠戛斯人攻灭,四分五裂逃往河西走廊、西域腹地后,北方草原期待新一轮霸主的产生而六神无主之时,唐朝为什么不就此填补空缺呢? 此时的唐武宗政权,主政的宰相李德裕当听到回鹘部分宗室的势力前来投靠唐廷的消息,他接受了嗢没斯势力而拒绝了乌介可汗。② 对朝廷而言,他们更在意的是回鹘势力的威胁与否。此时的回鹘帝国饱受内外冲击,已丧失了与唐廷打交道的能力而被后者弃置,这虽然暴露了唐廷强烈的功利主义心态,却也证明了空旷的草原虽然广袤,但却未能引起唐廷的兴趣。为什么会如此? 在唐廷的眼里,游牧草原的吸引力与其说是草原自身,不如说是活跃其上的政治势力。从唐征服东西突厥,到突厥复兴,再到唐与回鹘的交涉等,唐廷一系列的关注,倾向的是草原的政治势力,草原本身一旦与这些势力交织在一起的时候,才能吊起唐廷的胃口。由此看来,唐朝对草原地区的关注,就是通过与其政治体的纵横捭阖的交往实现的;回鹘势力衰弱后,唐廷对其又拉又打予以分化,目的还在于回鹘人的势力自身而非其活动的广阔空间,这与近代以来民族国家政治体形

---

① 详细情况可参见 Michael R. Drompp, *Tang China and the Collapse of the Uighur Empire: A Documentary History*, Leiden · Boston: Brill, 2005。

② 参见《资治通鉴》卷 246"唐文宗开成五年(840 年)九月"条至卷 247"唐武宗会昌三年(843 年)三月"条之相关内容,中华书局 1956 年版,第 7946—7976 页。

成后将土地等资源视作国家的重大利益而不择手段地占有或掠夺所塑造的"地域国家"的建构大相径庭。①

还有一点不能不说,在中原与草原的交往中,夹处二者之间的地区就迅速崛起成为影响双方整个战略的关键地带。在国家经营的战略当中,地理空间发挥的作用是以区位差序的格局呈现出来的。② 不论是中原王朝还是游牧帝国,其地缘空间在各自的运作与双方交往的互动中并非全部同一而毫无差别,相反,双方交界地带会取代其他地区上升为冲突、交往的中心而备受重视,这也是为什么拉铁摩尔将长城地带视为亚洲各地交往的中心或贮水池的缘故。③ 就唐朝而言,长城地带的凸显,正是以唐朝攻灭东突厥之后于其地设置羁縻府州安置降户体现出来的。按照温彦博的说法,这个地区既适应游牧的草原,又接近农耕地域,能够满足游牧人的愿望。④ 突厥复兴之后与唐朝的较量,同样是透过长城地带进行的;取而代之的回鹘帝国同样依托于这个地带与唐朝交往。一部唐朝内地与草原发展互动的历史,主要展现在以长城地带为中心的地理空间之中,它的区域特性在这里呈现为南北两个政

① 古今对土地的重视差异明显,除了政治体建构自身的因素之外,土地与人口协调的比率,即地多人少而非地少人多的资源分布所导致的松弛也是一个重要原因。试想,与今日中国土地面积相差无几的唐朝,其农耕地带人口的峰值在《旧唐书》《通典》等文献的记载不超出6000千万人(参见冻国栋:《中国人口史》第二卷《隋唐五代时期》,复旦大学出版社2002年版。著籍户口数峰值见该书第133页;推测的实际户口数见第178—182页),而广阔的草原人数更无足称道,与今日近14亿人口比较,似可想象,当时的人地关系绝非如我们想象的那般紧张。李德裕和朝廷对回鹘政权解体之后空旷的草原之不感兴趣,不完全在于草原,农耕地区的宽阔幅度,应当足以容纳朝廷政治的施展,这应当是我们理解朝廷弃置不同的环境和人地关系的基础。
② "区位差序"是指在一个特定的区域内,因诸种因素的影响,区域内的各个部分并非等同,而有诸多差别。譬如英人麦金德(Halford J.Mackinder)在《历史的地理枢纽》一书中曾提出"心脏地带"和"边缘地区",显然表明了二者的差异(林尔蔚、陈江译,商务印书馆2008年版,第62页)。冀朝鼎在他所著的《中国历史上的基本经济区与水利事业的发展》一书中亦指出:"中国历史上的每一个时期,有一些地区总是比其他地区受到更多的重视。这种受到特殊重视的地区,是在牺牲其他地区利益的条件下发展起来的,这种地区就是统治者想要建立和维护的所谓'基本经济区'。"(朱诗鳌译,中国社会科学出版社1981年版,第8页)参见鲁西奇:《中国历史的空间结构》,广西师范大学出版社2014年版,第143—230页。
③ 参见[美]拉铁摩尔:《中国的亚洲内陆边疆》,唐晓峰译,江苏人民出版社2010年版,第16—19、163—172页。
④ 参见《资治通鉴》卷193"唐太宗贞观四年(630年)四月"条,中华书局1956年版,第6075—6077页;李鸿宾:《唐朝中央集权与民族关系——以北方区域为线索》,民族出版社2003年版,第99—105页。

治体交往的战略中心而非区位局部①,我们如此理解方能窥探其内缘真谛。

四

　　通过上文的简要论述,唐朝所谓的地理空间,其意义的体现不在于纯粹的区域或地缘本身,而是这些地区成为王朝包裹下人群的政治活动的特定场所,司马光曾这么说过:圣人"于是作而治之,择其贤智而君长之,分其土田而疆域之,聚其父子、兄弟、夫妇而安养之,施其礼乐政令而纲纪之,明其道德、仁义、孝慈、忠信、廉让而教导之"②。疆土的意义是在"圣人"主导下建立政权、组成国家的活动中表现出来的,这与拉策尔所谓"面积与疆界是政治地理学中的一组具有可比性的现象,因为两者都具有政治意义,并皆为政治手段"如出一辙,③其价值在于它所承载的政治体及其活动。唐朝人群活动的意义则在于它突破了汉人的圈子而囊括了草原游牧人和周边众多的非汉人群体,从而形成了这些异质性群体之间的相互交流(包括冲突、抗衡、联系、分散、聚合、交融等诸多形态)。这些不同的人群活跃在中原内地和周边的草原、牧场、高原,隶属于不同的政治体之下而彼此争战、联系、贸易、往来等,编织了以长城南北为纽带的中原—周边内外互动的网络。这种形势正是中国早期诸民族群体彼此相互联系的历史进程衍变的结果。这些活动亦突破了早先的范围进而进入中古时期的新阶段。从这个角度着眼,唐朝的地理空间,不仅是传统中原农耕政治活动的承载者,同时也是游牧人和其他群体政治活动所囊括的场域的表征,它更是欧亚大陆东部众多人群在王朝国家包容下从事政治活动之发展与演进的彰显。

---

　　① 参见[美]拉铁摩尔:《历史的疆域》,牛咄咄译,张世明校改,载张世明等主编:《空间、法律与学术话语:西方边疆理论经典文献》,黑龙江教育出版社2014年版,第353—380页。

　　② (宋)司马光撰:《司马文正公传家集》卷71《闻喜县修文宣王庙记》,万有文库第12集简编,商务印书馆1937年版,第871页。

　　③ [德]弗里德里希·拉策尔:《作为边缘机体的边疆》,袁剑译,张世明校改,载张世明等主编:《空间、法律与学术话语:西方边疆经典文献》,黑龙江教育出版社2014年版,第122页。

如果与欧洲同时期(中世纪)的历史相比较,唐朝前后呈现出来的王朝分合的发展态势与之迥然有别。欧洲中世纪政局展示的主要是从王朝扩展到诸国林立的分化道路。① 各国在利益的博弈较量中以重新洗牌的方式形成新的国家政治体,应是中世纪以后其发展的常规模式。例如神圣罗马帝国时期的欧洲,政治集团(诸如王国、公国、封侯、采邑等)之间的政治冲突、军事争衡、王室贵族的婚宦结合乃至文化吸收与影响,无不是在王朝、诸国转换、更替的格局下进行的②;到近代以来,尤其强调各个国家的自立,经过《威斯特伐利亚条约》的签订,欧洲国家更是走上了以民族为单元的国家建构的道路,其分立之彰显,是为重要特征。这些王朝国家到民族国家的转换,均以活动在特定的地理空间为依托;地域与领土为它们的转换和更替承担了活动的场所,从而使各种政治体得以发挥其功能和效益,地域空间的意义由此而展现出来。就趋向而言,欧洲的地理空间呈现的王朝、国家的分合更替,最终走向了多民族、多国家的道路。

与此对照,中国王朝轮替的发展路径,则是以一统化而告结。在本文讨论的时段内,呈现出来的是前期王朝一度囊括以农耕、草原两大区域为主的疆域广阔、族群众多的王朝帝国,但吐蕃崛起、突厥复兴之后,经过安史之乱的冲击,王朝又陷入内部纷争而被节度使势力倾覆遽尔遭受解体的命运。唐朝之后的中国,被分割成五代十国、契丹人的辽、党项人的西夏、回鹘诸国乃至大理国等,旋即展开了宋、辽、西夏、金诸朝之间冲突、对峙的政治、军事和经济贸易的活动,直至蒙古帝国形成后四处征伐,重新将欧亚大陆东部整合进入一个王朝(元)而获得一统,此后的路线被满族贵族集团所接续,他们构建的清朝形塑了近代以前的王朝帝国的盛世局面。这个发展路径最鲜明的特征体现为国家政治体分合更替过程中呈现出来的统合趋势。这也是我们理解中国王朝历

---

① 英人芬纳对比了中世纪(他称为"过渡时期")中国、哈里发、拜占庭和欧洲东、中、西各部国家体系发展变迁的趋势,指出欧洲尤其西部"不同于中国","分裂成了今日我们所看到的民族国家,并且仍将继续保持下去"。参见[英]塞缪尔·E. 芬纳:《统治史》卷二《中世纪的帝国统治和代议制的兴起——从拜占庭到威尼斯》,王震译,华东师范大学出版社 2014 年版,第 9—10 页。

② 参见[英]塞缪尔·E. 芬纳:《统治史》卷二《中世纪的帝国统治和代议制的兴起——从拜占庭到威尼斯》,王震译,华东师范大学出版社 2014 年版,第 259—470 页。

史特征的核心所在。① 至于形成统合的因素缘由,众多的研究成果均做出了不同的解答②,非本文所重。我们只想指出,在这个趋向中,唐朝的分合、伸缩所扮演的角色,应当是中古时期中值得注意的关键环节,特别是以汉人为核心的统治集团建构了超越农耕地域的王朝,如前所述,它无疑成为中国王朝发展史中"汉人"王朝的一个特例。走笔至此,历史逐段的分析,使我们认识到,汉人以外的其他民族势力的不断介入,是中原王朝突破农耕地区臻至一统化境遇的不可或缺的重要因素,唐朝后期萎缩的状态再一次证实:帝国构建中的草原(等)空缺位置,似乎只能由北方的非汉人的政治活动才能填补;那里广阔的地域空间,随着众多的族群政治性的活动而被纳入王朝之内,其意义和价值亦因此而凸显出来。

① 关于唐朝以后历史的演变,国内外学界多依托于朝代进行研究和探索,此类成果甚多。新近出版的汉译本杉山正明的《疾驰的草原征服者:辽·西夏·金·元》(乌兰、乌日娜译,广西师范大学出版社 2014 年版)虽是通俗出版物,但对唐安史之乱后至元朝统合帝国 600 年间兴衰的历程,做了主旨突出的概括,不失为理解唐朝后期这段历程衍变的范例。其中就唐朝初期对南北地区的囊括所做的描述,若从这一时段的角度理解,其历史的特定位置就立马凸显出来了。读者可径读其书,尤其结语部分(第 339—346 页)。

② 此处可参见鲁西奇:《多元、统一的中华帝国是如何可能的?》,《人文国际》第 2 辑,厦门大学出版社 2010 年版,第 1—18 页;赵鼎新:《为韦伯辩护:比较的逻辑和中国历史的模式》《中国大一统的历史根源》,载《国家、战争与历史发展:前现代中西模式的比较》,浙江大学出版社 2015 年版,第 3—38、84—91 页。

北方边地在唐朝的战略地位及其变化[*]

本文之撰写,试图要解释唐史领域以下几个问题:第一,什么是北方边地?第二,北方边地在全国处于什么样的位置? 第三,北方边地的战略地位呈现出什么样的变化趋势?

一

本文所谓的北方边地,是指唐朝北部农耕地区与游牧地区交会的地段,具体是指河北道、河东道、关内道北部,还有陇右道的大部分地区。我们依据文献对边地所作的区分,着眼于两个角度,一是从生产、生活方式的差异立论,即所谓农耕和游牧这两种生活方式之差别,根本是由地理条件和自然环境的不同决定的;二是依托于唐人自己选定的地理区位而出发。我这里略做讨论。

唐人划分道的出发点,用杜佑的话说就是:"自因隋季分割州府,倍多前代。贞观初,并省州县,始于山河形便,分为十道。"①《通典》的这个叙述,基本上被两唐书所沿承。② 这段记载包含两层意思,一是唐初要并省州县,二是并省州县的原则根据的是山河形便。对此,《资治通鉴》说得更明白:

> 初,隋末丧乱,豪杰并起,拥众据地,自相雄长;唐兴,相帅来归,上皇
> 为之割置州县以宠禄之,由是州县之数,倍于开皇、大业之间。上以民少

---

* 本文原载刘庆主编:《孙子兵法论丛》第 1 辑,解放军出版社 2011 年版,第 143—154 页,此次刊载对个别字句作了订正。

① 杜佑撰:《通典》卷 172《州郡二·序目下》,王文锦等点校,中华书局 1988 年版,第 4478 页。

② 参见《旧唐书》卷 38《地理志一》,中华书局 1975 年版,第 1384 页;《新唐书》卷 37《地理志一》,中华书局 1975 年版,第 959 页。

吏多,思革其弊;二月,命大加并省,因山川形便,分为十道。①

上文所说的两个含义,第一个是主要的,即唐政府要精简合并那些多余的州县,使之更加合理化。因为要合并,才有根据"山川形便"的原则精简,所以说到底,这十道的设置,本质上还是人为的行政性处置。这样说的依凭,是就纯粹的自然条件和环境对比而言的,若与行政性的州县和军政合一的都督府乃至后来出现的节度使系统对比,则道的设置又有自然山川的属性,所以我认为道在唐初之设,是融合自然地理的人为性设置,既不是纯粹的行政性措施,也不是纯自然的依凭。按照史念海先生的解释,道的设置之所以因山川形便,本来就具有军事的意义,也与各地人口的分布有关,更涉及相应地区的经济发展;②成一农则将道的设置定性为中央对地方的监督,即监察区。③ 无论我们赋予道何种含义,其作为人为设定的一级行政性的划分,则是无疑的。

上文所说人为设置的区划,其依托的地理条件,本文所概括的"北方边地"这个话题之所以能够成立,关键不是道的划分,而是人为划分的依凭,即所谓自然的地理区划。唐朝北方边地的自然区划,最根本的依凭就是农牧分界线。史念海先生说这道分界线大体上是现今河北省秦皇岛附近经北京、太原之北而至山西河津的龙门山;其西端延伸到陇山之西,东北端到达辽水下游。④ 此线的北部和西部生计以游牧为主,其南部和东部则以农耕经济为主。这两种生产方式有极大的差别,建立在不同经济方式上的民族群体也呈现出明显的差异,更关键的则是他们分别依托于不同的政治集团和政治集团所结成的国家政体。于是,建立在不同经济生产方式基础上的政权,这个"北方边地"对它们而言,具有不同的意义。就南部农耕王朝讲,这里是农耕核心区得

---

① 《资治通鉴》卷192"唐太宗贞观元年(627年)正月"条,中华书局1956年版,第6033页。(清)顾祖禹:《读史方舆纪要》卷5《历代州域形势图五》(贺次君、施和金点校,中华书局2005年版,第202页)延续了这个说法。

② 参见史念海:《唐代历史地理研究》,中国社会科学出版社1998年版,第27—62页。

③ 参见成一农:《唐代的地缘政治结构》,载李孝聪主编:《唐代地域结构与运作空间》,上海辞书出版社2003年版,第8—59页。

④ 参见史念海:《唐代历史地理研究》,中国社会科学出版社1998年版,第111—130、250—271页。另有一种划分北方农牧交错地带的说法,即西起河套、东至大兴安岭南端的地带,参见邹逸麟:《明清时期北部农牧过渡带的推移和气候寒暖变化》,《复旦学报(社会科学版)》1995年第1期。

以保障的重要条件，①唐廷在核心区设置州县的行政建置，州县之上又划分成道，这些行政建置是王朝机器正常运转的保障，而"北方边地"则是核心腹地得以安宁的条件，所以在州县和兼有自然地理与行政管理于一身的"道"的基础上建构一道军事防御系统，就成为北方边地有别于内地核心区的特征。这就是本文所论证的"北方边地"这个概念之所以成立的因由。

顺便一说，本文中的"北方边地"也是前朝修筑长城的地带，从唐朝河北道的东北部，经河东、关内道北部，延伸至陇右道，这里既是秦始皇长城的所在，也是汉朝击败匈奴之后修建长城的地方，更在魏晋北朝诸国修筑长城的范围之内，即使是唐以后的历朝修建的长城，大体也不超出这个地域，②所以本文又以"长城地区"为称，其意义与"北方边地"大体相同。

二

那么，"北方边地"在唐朝整体疆域的构架中有什么特别的意义，或者重要性呢？

首先，我们要了解唐朝整体疆域的基本特点。如同以前我们所阐释的那样，唐朝的疆域特性是直接延续秦汉所开创的格局，③即由以农耕为主的核心区与以游牧、半农半牧或渔猎等构成的外围地区所组成，称为"二元制构建"。在这个组合中，核心区是王朝依托的对象，是王朝能否建立的基础；活动在核心区的基本上是以农业生产方式为生的汉人（或汉系群体），他们是王朝依凭的对象，没有他们的支持，王朝就不能生存。与此对应的是，外围地区是王朝强盛的必要条件，没有外围的拱卫，王朝想要强大却没有凭借；处于外围地区的民族（包括游牧、半农半牧和渔猎等），是王朝强盛的支持性条件，没有他们

---

① 冀朝鼎提出"基本经济区"的概念，参见冀朝鼎：《中国历史上的基本经济区与水利事业的发展》，朱诗鳌译，中国社会科学出版社 1981 年版，第 9—10 页。

② 唐以后诸朝所修长城，主要有辽、金和明。其中金长城北段在今内蒙古东北至蒙古国东部，算是溢出了传统的地域，其他则基本处在唐以前的范围之内。参见李孝聪：《中国区域历史地理》，北京大学出版社 2004 年版，第 478—493 页。

③ 秦汉以前国家疆土开辟的特性，就一般描述而言，不妨参考唐晓峰的《中国早期国家地域的形成问题》和《中国古代的王朝地理学》二文，均载唐晓峰：《人文地理随笔》，生活·读书·新知三联书店 2005 年版，第 243—270 页。

的配合,王朝就不会强大。内外二重,对王朝而言,其差别是明显的:核心区与汉人(汉系群体),是王朝的根本;外围地区与非汉民族群体,是王朝的枝叶,内外的互动,构成了王朝运作的基本规则。①

其次,唐朝正是兼统长城南北地区而形成的强势型、内外二重性帝国的典范,在这个王朝帝国内,北方边地(或长城地区)是作为王朝整体疆域中的一个组成部分而显现的。我要说的是,这个部分所具有的特殊性,是其他地区不具备或较少具备的。从这个角度讲,我们还要认清唐朝整体的战略部署,换句话说,我们还要考虑到它全局性地缘政治的特点。陆俊元说:地缘政治,就是"政治行为体通过对地理环境的控制和利用,来实现以权力、利益、安全为核心的特定权利,并借助行为体之间通过地理空间实现的互动关系,以及互动所构成的政治关系在空间中的存在"②。借助地缘政治学"心脏—边缘"的理论,③就整个欧亚大陆的格局而言,中国的大部分地区(即内陆)处在这个枢纽心脏地带,其东部、东南部则多处于边缘地带,④而7—10世纪初的唐朝,其主体更倾向于内陆,⑤因此地缘政治的根本点是以都城长安所在的关中为王朝的核心区,并形成以此制衡关东,进而控制全国的战略布局。⑥ 在这样的地缘

① 参见李鸿宾:《中国传统王朝国家(观念)在近代社会的变化》,载中央民族大学历史系主办:《民族史研究》第六辑,民族出版社2005年版,第1—13页;李鸿宾:《中原与北部地区的共生关系——从长城谈起》,载中央民族大学历史系主办:《民族史研究》第七辑,民族出版社2007年版,第61—79页;李鸿宾:《传统与近代的对接——从地域和民族角度论述中国传统王朝的近代境域》,载耿昇等主编:《多元视野中的中外关系史研究:中国中外关系史学会第六届会员代表大会论文集》,延边大学出版社2007年版,第49—57页;李鸿宾:《王朝国家体系的构建与变更——以隋唐为例》,载孙家洲、刘后滨主编:《汉唐盛世的历史解读——汉唐盛世学术研讨会论文集》,中国人民大学出版社2009年版,第165—175页。

② 陆俊元:《地缘政治的本质与规律》,时事出版社2005年版,第9页。

③ 参见[英]哈·麦金德:《历史的地理枢纽》,林尔蔚、陈江译,商务印书馆1985年版,第62—69页;[美]尼古拉斯·斯皮克曼(Nicholas Spykman):《和平地理学:边缘地带的战略》,俞海杰译,上海人民出版社2016年版,第46—60页。

④ 关于这个方面的具体论述,可参见李义虎:《地缘政治学:二分论及其超越——兼论地缘整合中的中国选择》,北京大学出版社2007年版,第249—261页。

⑤ 北宋以前的中国王朝基本上以西部内陆为其经营的核心,东部发展则是从北宋始,但直到清朝,国家经略的核心区也还是以内陆为要,这已为学界所习知。

⑥ 参见李鸿宾:《河套区域在唐朝前后期的战略地位及其转变》,《山西大学学报(哲学社会科学版)》2019年第4期;亦收于本书。

结构中,西北的内陆是王朝关注的重点,用西人的说法,就是所谓的"心脏地带"①,上文所描述的唐朝内外二重结构正处在这个"心脏地带",所以不妨采引李孝聪教授"区域的地缘政治结构"的观点用以解释本文的内外二重结构,②即本文所谓唐朝的内外二重结构是个区域性的地缘构造,具体来说就是在东亚地区形成的中国式的王朝构造。③

正因为有这样的内外构造,它呈现的是不同区位和地理分布的多重性组合。地理学的区域性研究告诉我们,④在王朝组合的范围内,各地区因诸种地理方位、政治属性、经济类型与发展之比重、文化丰富与否等要素的差异而在王朝整体的运作中,其功能、作用的发挥均有较大的差别,有的地区关乎全局,有的则属于局部特性。就此而言,本文讨论的北方边地(或长城地区),在唐朝整体的战略部署中处在什么位置呢?

最后,本文认为,北方边地在整体格局中其地位属于全局战略性的。为什么这样定位? 第一,在唐朝内外二重结构中,北方边地正处在内外构造之间,从上文论述的内层支配王朝的存在、外层决定王朝强盛的条件看,在唐前期强盛的局势下,联结内外的北方边地,对内外双方均具有意义,而不独于内外的单一层面,这是其地位重要的一个因素。第二,在唐朝内外二重结构中,北方又处于支配整个结构的地位。从理论上说,唐朝内层构造的周边是外层,但就实际而言,内外结合的地区主要分布在东北至西南地带,东部与东南部因属沿海地带,其外层构造尚不明显,⑤所以内外二重结构主要表现在内陆即上文所谓的"心脏地带"。在这个地区内,内外的中心之所以体现在北方,是因为活跃在北方草原的势力完全不同于中原核心区的农业民族。游牧与农耕,作为当时两种迥然不同的生产方式及其民族群体,以及依此而形成的政治势力,是

① 参见[英]E.W.吉尔伯特(E. W. Gilbert):"引言",载[英]哈·麦金德:《历史的地理枢纽》,林尔蔚、陈江译,商务印书馆1985年版,第14页。
② 参见李孝聪:《中国区域历史地理》,北京大学出版社2004年版,第5页。
③ 叶自成将中国古代地缘政治概括为三个层次,分别是内地缘、次外地缘和外地缘。参见叶自成主编:《地缘政治与中国外交》之"绪论",北京出版社1998年版,第4—5页。
④ 有关区域历史地理的理论,参见侯甬坚:《历史地理学探索》,中国社会科学出版社2004年版,第45—64页。
⑤ 就唐朝前后期而言,我们尚看不到朝廷对经营东部整体海防有具体而细致的方针和政策的设置乃至颁布;后期如果有所关注的,多指对那些经商贸易的外来者进行的相关管理,这也多分布在陆地之上,哪管其多在沿海地区。这表明,唐朝经营的重心,一直侧重于内陆。

古代社会诸种关系中具有决定全局性的要素,可以说,古代王朝所面对的首要问题就是处理农业(地区势力)与游牧(地区势力)的关系,即南北问题。唐朝(包括隋朝)以前的南北问题,表现的是中原政权与北方非汉人政权之间的(各种)关系,唐朝与此不同的则是:它的南北问题,在一段时期里,是在一个王朝统辖之下显现出来的。

三

上文我们大致阐述了北方边地的战略性地位。现在侧重谈谈这种战略性地位的形成与转变的问题。

说它形成,就王朝继承的传统而言,它直接延续了秦汉以关中制衡山东、控制全国的格局。这种以内陆偏西地区的关中作为全国政治核心局面的确立,与秦国而不是东方六国(之一)统一农耕地区的历史有直接关联,汉朝建立后又延续并强化了这个战略布局,这是我所理解的关中核心区形成的因缘。秦朝之所以选择这个地区,与其统治集团的起家与活动的范围有直接关系。毛汉光先生在分析中古时期北朝的政治史问题时提出了"核心区""核心集团"的概念,其基本意思是:每个政治集团在发展并走向政权建设的时候,都受制于该集团最初的活动范围,他们建立的政权也多以政治集团活动的核心区为政权的根本。[①] 用王德权教授的话表述,就是:"在古代中国生产力相对微弱、各地域社会之间的水平联系有限的背景下,国家权力的形成,多表现为一个核心地域集团通过军事征服与制度建构,联系核心权力与地域社会。在这个脉络下,政治过程表现为'核心—周边'的空间扩充,形成'王畿与四方'的政治空间格局,以及以'国'(城市)经'野'(农村)的政治控制体系。"[②]倘若从这个角度看待唐朝的立国,如同隋朝一样,其统治集团都是出自陈寅恪先生概括的"关陇集团"[③],即西魏宇文泰为与东魏抗衡而联络河陇地区的胡汉

---

① 参见毛汉光:《中国中古政治史论》,上海书店出版社 2002 年版,第 1—28 页。

② 王德权:《"核心集团与核心区"理论的检讨——关于古代中国国家权力形成的一点思考》,《政治大学历史学报》第 25 期,2006 年 5 月,第 148 页。

③ 参见陈寅恪:《唐代政治史述论稿》,上海古籍出版社 1982 年版,第 48 页;陈寅恪:《隋唐制度渊源略论稿》,中华书局 1963 年版,第 17 页。

贵族组成的统治集团。这个集团以西北(关中是其核心)为活动中心,在统一全国后开始确立以关中制衡山东、控制全国的战略部署。这种格局的确定,与唐朝统治集团关陇区位属性的特点密切相关。这是我们分析的内在原因。

与此同时,外部的因素同样不可忽视,在某种程度上说,外因的作用似乎更应引起我们的关注。唐朝立国的外部因素(即上文所谓的外层结构),最主要的是北方草原的突厥势力。《新唐书》说:"唐兴,蛮夷更盛衰,尝与中国亢(抗)衡者有四:突厥、吐蕃、回鹘、云南是也。"① 突厥于 6 世纪中叶崛起后,开始雄霸北亚,虽然在隋初分裂为东西二部,但其势力不减。② 唐朝取代隋朝统一全国的举措,打破了突厥与中原形成的隶属关系,突厥遂频繁南向用兵,企图削弱唐朝;③ 唐朝则在统合内层农耕地区诸势力之后,将目标转向了外层构造,于是,唐与突厥的冲突就不可避免。唐初外层势力最强、对王朝构成威胁最大的就是毗连唐朝北方的东突厥。这就决定了唐朝战略部署的重心所在,所以本文强调的南北关系起支配性的作用,就是针对唐与突厥这种关系而言的。

那么,北方边地的战略性地位在唐朝近 300 年间有什么样的变化,其变化的趋向是什么?

大体说来,可以分成前后两个时期。在前期,北方边地具有关涉全局性的战略地位。这是因为,草原东突厥的势力对唐廷的威胁最大,唐廷不得不将它与东突厥的关系置放在朝廷的首要议程之上,王朝几乎倾其全力地解决突厥的问题。最终,唐于太宗贞观四年(630 年)征服了东突厥,将其首领、贵族迁徙长安,降户则安置在灵州(治回乐,今宁夏吴忠西)至幽州(治蓟县,今北京城南)之间的长城地区,北方草原对唐廷构成的威胁基本上就消解了,中间虽曾有薛延陀的试图崛起,但旋即被唐廷所压制。然而到高宗当政末期,突厥再次复国,重新构成了对唐廷(特别是北方边地)的威胁。这种情形持续到玄宗

---

① 《新唐书》卷 215 上《突厥传上》,中华书局 1975 年版,第 6023 页。
② 有关突厥的研究,参见薛宗正:《突厥史》,中国社会科学出版社 1992 年版,第 86—370 页;吴玉贵:《突厥汗国与隋唐关系史研究》,中国社会科学出版社 1998 年版,第 6—144 页。
③ 实际上,隋朝的建国就已打破了此前中原向突厥称臣供奉的关系,隋朝扭转了这个局面,突厥与隋的关系处在对峙的状态中。隋末,中原大乱,北方边地若干政治势力为换取突厥的支持,又相继称臣于突厥,唐立国后的态度,在突厥看来显然是敌对的,双方的争衡就出现了。

年间突厥被回纥势力取代为止。①

当突厥与唐角逐之时,青藏高原又兴起了吐蕃势力。吐蕃兴盛很快,随后就调头东北,与唐朝较量,先是与唐争夺今青海河源之地,通过兼并吐谷浑而占有唐蕃的中间地带;②旋后又向西域进军,与唐廷展开了以安西四镇为中心的争夺战。吐蕃崛起之后的军事进攻,对唐朝西部构成了巨大威胁。③正是为应付北方和西部外层结构中的诸种势力对内层造成的压力,唐廷逐步形成了自己的战略布局,用雷家骥教授的话概括,就是:"唐初推行固本国策,在此国策影响下,中央政府所设计的国家战略构想是假设四方无事,而仍适度推行隋朝的禁武政策,于是集中部署常备兵力于关内、河东、河南三道,尤其集中于关中地区,欲恃关中优势兵力统临四方,完成'内重外轻'的战略部署。"④

这个战略出现的前提,是唐廷的势力强于周边势力。但诚如上文讨论的那样,唐廷不久就遭受北部复兴的突厥和西部吐蕃势力的挑战,特别是吐蕃、唐军之间青海大非川的战役,改变了内外层势力内强外弱的局面,唐朝被迫放弃了攻势战略,开始转为守势。⑤ 伴随这个战略转变的具体措施如军队的建设和布防安排,是将原来较小规模的边防军逐渐扩充成为大的军区单位,形成了节度使防边体系。⑥ 安史之乱的爆发,耗损了唐廷的精力,西部地区绝大多数陷入吐蕃之手,⑦唐廷将防守的重心从北方转向长安城西部。当时的情形

---

① 岑仲勉、薛宗正、吴玉贵将汉文有关突厥的史料汇编整理,条缕出其建国、发展演变及消亡的过程,参见岑仲勉:《突厥集史》上册,中华书局 1958 年版,第 115—497 页;薛宗正辑注:《突厥稀见史料辑成——正史外突厥文集集萃》,新疆人民出版社 2005 年版,第 94—458 页;吴玉贵:《突厥第二汗国汉文史料编年辑考》,中华书局 2009 年版。

② 参见陈楠:《藏史丛考》,民族出版社 1998 年版,第 95—109 页;林冠群:《唐代吐蕃史论集》,中国藏学出版社 2006 年版,第 264—315 页。

③ 参见林冠群:《唐代吐蕃史论集》,中国藏学出版社 2006 年版,第 220—263 页;薛宗正:《吐蕃王国的兴衰》,民族出版社 1997 年版,第 1—54 页。

④ 参见雷家骥:《从战略发展看唐朝节度体制的创建》,《简牍学报》1979 年第 8 期;此据唐代学会编:《唐代研究论集》第四辑,台北新文丰出版公司 1992 年版,第 253—318 页。

⑤ 参见唐长孺:《唐代军事制度之演变》,《武汉大学社会科学季刊》1948 年第 4 期;此据唐长孺:《山居存稿续编》,中华书局 2011 年版,第 329—352 页。

⑥ 参见唐长孺:《魏晋南北朝隋唐史三论》,中华书局 2012 年版,第 412—422 页;另参见孟彦弘:《唐前期的兵制与边防》,载荣新江主编:《唐研究》第 1 卷,北京大学出版社 1995 年版,第 245—276 页。

⑦ 参见陈楠:《藏史丛考》,民族出版社 1998 年版,第 80—94 页。

是:北方的回纥(鹘)早已取代突厥称霸草原,回纥(鹘)与唐的关系相对和缓,它还曾一度协助唐廷收复被叛军占领的京师和东都。这样,原来北方对唐朝构成的最严重的威胁逐渐被西部吐蕃的攻击所替代,唐朝的战略防御布局,就从北方边地的长城沿线转向长安的西部了。①

处在这种格局之下,东北的契丹、高句丽、靺鞨等势力,西北的吐谷浑、党项,西南的南诏等,它们与唐廷的关系,或多或少地受制于唐朝与突厥、吐蕃、回鹘交往的影响。譬如夹在唐、吐蕃之间的吐谷浑和党项,当双方走向强盛的时候,吐谷浑、党项被迫在强者之间作出选择,他们中有的降附吐蕃,有的则北上接受唐廷羁縻。东北的高句丽与唐对峙,唐廷遣派大军征讨遇到阻难,除了东北诸种因素之外,更主要的是遭受吐蕃挑战的掣肘,诚如陈寅恪先生所说:"唐太宗、高宗二朝全盛之世,竭中国之力以取高丽,仅得之后,旋即退出,实由吐蕃炽盛,唐室为西北之强敌所牵制,不得已乃在东北方取消极退守之策略。然则吐蕃虽与高丽不接土壤,而二者之连环关系,实影响于中国数百年之降替。"②西南边缘之南诏,实是唐朝为抗衡吐蕃而扶持起来,后者成气候之后,又周旋于唐与吐蕃之间,遂演变成中后期三角关系之政治局势。③

凡此种种,都说明唐朝前后期内层中央朝廷与周边外层各政治势力之间的关系,是彼此制约、牵一发而动全局的,"观察唐代中国与某甲外族之关系,其范围不可限于某甲外族,必通览诸外族相互之关系"④。从整体局势再看北方边地的位置,我们似乎就比较清晰了:

唐朝前期,处在以长安为都城、以关中为政治核心区并制衡山东、控制全国的格局状态下,北方边地的位置关乎朝廷的全局,具有战略性的作用。这一地位是因北方草原的政治势力(以东突厥为代表)对王朝构成威胁而确立的。前期突厥对唐朝的威胁,不是区域性和局部性的,而是涉及整个朝代,所以朝廷处置其与北方边地的关系,是其整体战略的核心。中期以后,随着突厥势力退出舞台,吐蕃转而成为对唐廷威胁最大、最直接的势力,特别是吐蕃占领河西、陇右

①　我曾就朔方军被肢解的过程对唐廷的战略转移问题有所议论,参见李鸿宾:《唐朝朔方军研究——兼论唐廷与西北诸族的关系及其演变》,吉林人民出版社 2005 年版,第 217—281 页。

②　陈寅恪:《唐代政治史述论稿》,上海古籍出版社 1982 年版,第 139—140 页。

③　有关情形,可参见[美]查尔斯・巴克斯(Charles Backus):《南诏国与唐代的西南边疆》,林超民译,云南人民出版社 1988 年版。

④　陈寅恪:《唐代政治史述论稿》,上海古籍出版社 1982 年版,第 128 页。

后,其控制的领地直接毗邻唐朝首都长安,于是唐朝的战略要地,就从北方长城边地转向西部。此时北方草原同样有回鹘势力,它也是唐廷不可忽视的力量,但较之突厥,回鹘与唐廷的关系基本上处在朝廷可以掌控的范围内,所以北方边地的全局性战略地位,就让位于西部而下降为区域性的安排了。到文宗开成五年(840 年),回鹘被黠戛斯击败后,草原势力迅速瓦解为几个支系南下西迁,对朝廷构成威胁的北方草原的强盛势力不再,长城沿线边地的战略地位因此而降低。这就是北方边地自前期的全局性战略要地嬗变为地区性要地的趋向。

当北方边地逐渐脱离朝廷羁控的时候,当地各种政治势力与民族群体就开始逐渐结合而形成新的政治势力,并试图建立自己的政权,唐朝瓦解之时,也就宣告了边地政权的完成之始。辽、西夏等北方王朝的建立,证明唐朝南北一统天下格局的解体,北方边地的内涵和意义,也随之有了更新。

四

"北方边地"的概念,是从中原王朝的角度立论的。本文上面的论述,即出自此一观念。事实上,如果我们脱离单个王朝的角度重新看待所谓的"北方边地",不但不能说它是边地,而是若干政治区域的汇合之处,从超越单一审视的角度说,它实际上是诸种文化、诸种势力的交汇中心,这也应了拉铁摩尔的那句话:"对于汉族是边缘的长城地带,对整个亚洲内陆却是一个中心。"① 就唐朝而言,长城地区的南北在一段时间内处在一个政权统辖之下,即使长城以北的草原脱离朝廷自行独立之时,该地区联结南北的功能和纽带的作用也没有消散。说它是边地,是从王朝的内层结构讲的,它处在中原核心区的北方边缘;② 若从草原势力的角度观察,它则是南方边缘。正是在这里,南北的联系和交往才得以进行,南北也分别从这里获取自身政治上的诉求、经济上的利益和商业贸易上的互惠,以及文化上的吸取。这样看,长城地区又像一个贮水池,为各方

---

① [美]拉铁摩尔:《中国的亚洲内陆边疆》,唐晓峰译,江苏人民出版社 2005 年版,第305 页。

② 关于北方边缘的讨论,可参见 Owen Lattimore, "Open Door or Great Wall", in *Studies in Frontier History: Collected Papers 1928 - 1958*, London: Oxford University Press, 1962, pp. 73 - 84; Jonathan Karam Skaff, *Sui-Tang China and Its Turko-Mongol Neighbors: Culture, Power, and Connections*, 580-800, New York: Oxford University Press, 2012, pp.6 - 19, 52 - 72。

所需提供支援,这种功能,是其他地区不具有或较少具备的。古典时代南北所代表的、起支配作用的农耕文化与游牧文化,其相互活动、相互交融主要就在长城地区展开,如上所说,征战、交往、排斥、吸收,这些发生在长城南北的关联,虽然时隐时现甚至曲折多变,然而我们看到的整体呈现出日益密切的趋势,仍是十分明显的。

行文至此,我们所关注的北方边地,从不同角度论述它的地位、价值和作用,显然有诸多差异。本文讨论的角度如上文所述,是建立在王朝的基础之上,是在我们所构拟的内外二重范围内立论的,北方边地(或长城地区)的全局性战略到区位性战略的变迁,亦处于这一范畴之内,其意义同属王朝的内涵。这是要向读者交代清楚的。

唐朝的地缘政治与族群关系[*]

一

我写此文的目的,是打算就唐朝地理区位与族群之间存在的关系进行讨论。地理区位在唐朝的表现主要是建立在特定范围之内的王朝如何利用地理形势去处理与周边外围势力的关系,双方或多方关系的实质就是中央王朝与周边各政治势力如何利用地理区域进行交往、征战、分立与融合。对王朝而言,这种地理区域是作为它调整与周边各势力关系的手段显现的,被赋予了高度的政治意涵,于是,"地缘政治"这种现代概念就被借用描述当时的地理区位,应当说是能够解释历史问题的。

那么,什么是地缘政治呢？我这里借用政治学一段专门研究的概念,即:"地缘政治是政治行为体通过对地理环境的控制和利用,来实现以权力、利益、安全为核心的特定权利,并借助地理环境展开相互竞争与协调的过程及其形成的空间关系。它是行为体之间通过空间实现的互动关系,以及互动所构成的政治关系在空间的存在、分布和运动。"①这个概念虽然是现代人概括出来的,但其内容则于古代王朝而言同样具有解释的作用和功能,因此,本文研究所依凭的原理,同样是所谓的"地缘政治"。

二

本文涉及的时间几乎是唐朝持续的近 300 年之久,包括的范围是唐朝统辖的全境,因而探索的内容不是微观、具体,而是比较宏观的场面;受文章字数

---

* 本文原载《人文杂志》2011 年第 2 期,此次刊载对个别词句作了校订。
① 陆俊元:《地缘政治的本质与规律》,时事出版社 2005 年版,第 9 页。

的限制,本文的勾画,应当属于粗线条,是线索的展现。我这篇文章涉及的地缘政治主要侧重于唐朝的北方、西部和东北三处,这三处在王朝整体的地缘战略格局中具有超越其他地区的重要意义,具有全局性、战略性的功能。①

虽然地缘政治的实质内容古今俱有,但毕竟存在着本质差异。这个差异就是今日的民族国家与古代的王朝国家之间的区别。为此,本文首先简要地阐释这一问题。

今日民族国家的属性主要表现在国家是由民族所组成,民族成员以国家公民的角色而显现;国家的疆域界限分明,受国内和国际法律的承认并保护;国家的领土完整与主权不可侵犯。与此不同的唐朝,其疆域大致由内外两个部分构成:内层以农耕地区为核心腹地,对王朝而言,这个区域是其存在的基础;核心的周边外围,是游牧、半农半牧或渔猎、游耕地带,这些地区对王朝而言是外围组成,属于第二位的。活动在内外地域之上的诸民族群体,同样有内外之别:内层的民众以汉人为主体,他们是王朝基本的支持力量,王朝一旦失去了他们的支持,存在的可能性就丧失掉了;外层地区的民族是王朝强盛所依靠的力量,但与内层民众相比,他们处在第二位,王朝失去他们的支持,不会灭亡,但会被削弱。② 这种内外二重性

① 我此前曾发表过几篇有关唐朝地理区位的论文,分别是《中原与北部地区的共生关系——从长城谈起》,载中央民族大学历史系主办:《民族史研究》第七辑,民族出版社 2007 年版,第 61—79 页;《长城区域在唐史研究中的位置——从历史学与民族学结合的角度观察》,载瞿林东主编:《中国少数民族史学研究》,北京图书馆出版社 2008 年版,第 144—154 页;《再论长城区域在唐史研究中的位置》,载严耀中主编:《唐代国家与地域社会研究:中国唐史学会第十届年会论文集》,上海古籍出版社 2008 年版,第 137—151 页;《唐朝朔方军治所灵州凸显的战略地位及其变化》,载李鸿宾:《唐朝的北方边地与民族》,宁夏人民出版社 2011 年版,第 128—143 页;《北方边地在唐朝的战略地位及其变化》,载刘庆主编:《孙子兵法论丛》第 1 辑,解放军出版社 2011 年版,第 143—154 页,又见本书;《河套区域在唐朝前后期的战略地位及其转变》,载《山西大学学报(哲学社会科学版)》2019 年第 4 期。

② 这个想法,我曾经有所论述,分别参见《中国传统王朝国家(观念)在近代社会的变化》,载中央民族大学历史系主办:《民族史研究》第六辑,民族出版社 2005 年版,第 1—13 页;《中原与北部地区的共生关系——从长城谈起》,载中央民族大学历史系主办:《民族史研究》第七辑,民族出版社 2007 年版,第 61—79 页;《传统与近代的对接——从地域和民族角度论述中国传统王朝的近代境域》,载耿昇等主编:《多元视野中的中外关系史研究:中国中外关系史学会第六届会员代表大会论文集》,延边大学出版社 2007 年版,第 49—57 页;《王朝国家体系的构建与变更——以隋唐为例》,载孙家洲、刘后滨主编:《汉唐盛世的历史解读——汉唐盛世学术研讨会论文集》,中国人民大学出版社 2009 年版,第 165—175 页。

的构造,①其特点是内层相对分明与稳定,外层则处于模糊、变化的动态中。内外层的划界,是随着王朝与周围政治势力的关系变化而改变的。这是我们解释唐朝地缘政治的前提。

三

那么,内外层的关系在唐朝呈现什么样的变化呢? 或者说唐朝的地缘政治有什么特点呢?

叶自成在解释中国古代的地缘政治这个问题时,将它概括为三层含义:第一是指内地缘,即在今日中国的版图内,不同时期以中华文化为主体的国与国的关系;第二是次外地缘,即汉族以外的其他民族政权;第三是外地缘,即古代中国疆域之外又与中国关系密切的国家。② 本文所谓的内外二重结构,其中内层与上述内地缘相似,外层中则包含了上面的次外地缘和外地缘,涉及更多的是次外地缘部分。

决定唐朝地缘政治的特点及其变化,我这里从内外两个层次说明。首先是内层因素。

唐朝的地缘政治格局大体上呈现出这样的特点,即以长安(今陕西西安)为都城,以都城所在的关中为王朝的核心腹地,以之制衡山东,进而控制全国。这种局面的形成,沿承于前朝,特别是秦汉王朝的地缘政治特性。③ 唐朝之所以选择这种战略布局,是其直接承续隋朝的结果,而隋朝则继承了北周,北周统辖整个北中国,其起家于陈寅恪先生所刻画的"关陇集团"势力。④ 在他看

---

① 学术界对这种构造尚有不同的划分,按照许倬云的观点,早在先秦开始,中国就有核心区与边陲区的区隔,二者之间还有一个所谓的中间区。参见《传统中国社会经济史的若干特性(代序)》,此据氏著:《求古编》,新星出版社 2006 年版,第 1 页。李大龙则将唐朝的藩属体制划分成为藩臣、舅甥和敌国三个层次,参见氏著:《汉唐藩属体制研究》,中国社会科学出版社 2006年版,第 308—333 页。

② 参见叶自成主编:《地缘政治与中国外交》,北京出版社 1998 年版,第 5 页。

③ 参见李鸿宾:《尉迟迥事变及其结局——新旧时代转变的表征》,《西北民族大学学报(哲学社会科学版)》2004 年第 2 期,又收入李鸿宾:《隋唐五代诸问题研究》,中央民族大学出版社 2006 年版,第 175—186 页。

④ 陈寅恪说:"李唐承袭宇文泰'关中本位政策',全国重心本在西北一隅,而吐蕃盛强延及二百年之久。故当唐代中国极盛之时,已不能不于东北方面采维持现状之消极政略,而竭全国之武力财力积极进取,以开拓西方边境,统治中央亚细亚,藉保关陇之安全为国策也。"参见陈寅恪:《唐代政治史述论稿》,上海古籍出版社 1982 年版,第 133 页。

来,宇文泰掌控之下的西魏,若想与势力强于自己的东魏抗衡,就必须组建并凝结成为一个核心集团,以特定的地区为统辖中心,"关陇集团"遂得以抟成,这是宇文泰坐大所依凭的政治力量。① 西魏与取而代之的北周,就是在宇文泰"关中本位政策"和"关陇集团"的基础上兼并北齐而统一北方的,隋唐继承的命脉也就在这里。由于北周起家的地区在关中,它统合北齐后建构的政权模式,同样秉承了秦汉的根基;由此而来的隋唐,它们选择的全国性布局的道路,亦延续了这个脉络。②

内层因素中还有一个不能忽略的就是地理区位。如果前一个因素是传统的沿承,那么地理因素则更多的是地缘政治中的现实考量。清人顾祖禹曾说:"陕西据天下之上游,制天下之命者也。是故以陕西而发难,虽微必大,虽弱必强,虽不能为天下雄,亦必浸淫横决,酿成天下之大祸。……盖陕西之在天下也,犹人之有头项然,患在头项,其势必至于死,而或不死者,则必所患之非真患也。"③顾祖禹将唐朝的关中即今陕西核心之地视作人之头项,这个比喻将关中置于何等重要的地位,于此可见一斑! 近代地理学家麦金德从全球的角度论述地理核心区的问题时,采用"心脏地带"(系从"枢纽地区"发展而来)一词描述其战略位置,诚如吉尔伯特所说:"谁统治东欧,谁就能主宰心脏地带;谁统治心脏地带,谁就能主宰世界岛;谁统治世界岛,谁就能主宰全世界。"④鲁西奇在阐释冀朝鼎的"基本经济区"概念时也采用"谁控制关中,谁就能控制中原;谁控制中原,谁就能控制中华帝国"的词语给予概括。⑤ 其地

① 参见陈寅恪:《唐代政治史述论稿》,上海古籍出版社 1982 年版,第 15—17 页;万绳楠整理:《陈寅恪魏晋南北朝史讲演录》,黄山书社 1987 年版,第 308—320 页。毛汉光在陈寅恪的基础上,又从"关陇"理论中提炼出核心区与核心集团的概念。参见《中古核心区核心集团之转移——陈寅恪先生"关陇"理论之拓展》,此据氏著:《中国中古政治史论》,上海书店出版社 2002 年版,第 1—28 页。

② 隋炀帝在位中后期曾常住江都(今江苏扬州),有试图打破关陇本位核心区的意图,但因其失败,这种企图只是昙花一现。参见李松涛:《唐前期华北社会文化趋势研究——兼论安史之乱的历史文化背景》,北京大学博士学位论文,2004 年。

③ (清)顾祖禹:《读史方舆纪要》卷 52《陕西方舆纪要序》,贺次君、施和金点校,中华书局 2005 年版,第 2449 页。

④ [英]E.W.吉尔伯特:"引言",载[英]哈·麦金德:《历史的地理枢纽》,林尔蔚、陈江译,商务印书馆 2007 年版,第 14 页。

⑤ 参见鲁西奇:《中国历史上的"核心区":概念与分析理路》,《厦门大学学报(哲学社会科学版)》2010 年第 1 期。

缘之重要,如上所述,根本的因素决定于秦汉以来形成的以关中制衡山东、宰制全国的政治布局。西汉建国定都何处? 朝臣有主张洛阳为都的意见,张良则说:"洛阳虽有此固,其中小,不过数百里,田地薄,四面受敌,此非用武之国。夫关中左肴函,右陇蜀,沃野千里,南有巴蜀之饶,北有胡苑之利,阻三面而固守,独以一面东制诸侯。诸侯安定,河渭漕挽天下,西给京师;诸侯有变,顺流而下,足以委输。此所谓金城千里,天府之国。"①张良提议的核心是西汉选择何处建都并以此控制全国之战略布局的安排。关中在他看来可以发挥如此作用,犹如人之头项,具有指挥并决定全身的功能,这与顾祖禹的推定相互印证。北宋之前的时代,在全国战略地位的格局下,西部关中的"头项"作用非常突出,唐朝的选择同样出自这种地缘的部署。②

然而,这种地缘的决定性要素,除了上述内层因素之外,还受到外层因素的强烈影响,甚至从某种程度上讲,外层因素的制约力量可能更为凸显,这就是本文强调的外层民族势力或次外地缘因素。

按照宋人的观点,"唐兴,蛮夷更盛衰,尝与中国亢(抗)衡者有四:突厥、吐蕃、回鹘、云南是也"③。这四种势力,三种分布在中原内层外围的北方和西方。他们的强弱及其与唐朝的关系,直接决定内、外层交往与互动的频度,用陈寅恪先生的话概括,就是所谓"外族盛衰之连环性及外患与内政之关系",即唐朝的内政与边疆各族势力之外政存在着彼此的互动、多方的牵系和相互的制约,"某甲外族不独与唐室统治之中国接触,同时亦与其他之外族有关,其他外族之崛起或强大可致某甲外族之灭亡或衰弱,其间相互之因果虽不易详确分析,而唐室统治之中国遂受其兴亡强弱之影响"④。外族政治势力对唐朝产生的影响,是超越"纯粹"的地缘因素的。这是因为,在唐朝的内外结构中,起决定作用的不是地理环境,而是活跃在特定地区的、包裹在政治体之内的民族群体。就关中为都、制衡山东、统辖全国的战略考量而言,这一安排除

---

① 《汉书》卷40《张良传》,中华书局1962年版,第2032—2033页。

② 关于这方面地理区位的研究,参见史念海:《我国古代都城建立的地理因素》,载《中国古都研究》第二辑,浙江人民出版社1986年版,第1—30页;史念海:《中国古都形成的因素》,《中国古都研究》第四辑,浙江人民出版社1989年版,第1—36页;史念海:《最早建置都城的构思及其影响》,《中国历史地理论丛》1997年第4期。

③ 《新唐书》卷215上《突厥传上》,中华书局1975年版,第6023页。

④ 陈寅恪:《唐代政治史述论稿》,上海古籍出版社1982年版,第128页。

自身因素之外,多由中原周边分布的大小不等的外族势力所决定。《新唐书》所谓外族势力,在唐朝开始之际,首推突厥,其次吐蕃。唐朝战略格局的确立与转变,受此关系之影响十分突出,那么,外族在何种程度上、多大范围内影响了唐朝的战略布局呢?

四

在谈这个问题之前,我们首先要辨明,唐朝与周边什么势力存在着互动关系。

今日学术界将中央王朝与周边民族群体的关系一般用"民族关系"的词汇去解释。从某种程度上讲,这有一定的根据。但"民族关系"这个词汇果真就能完整确切地解释唐朝内、外层活动着的各种人群吗?换句话说,我们对"唐朝"这个词汇不会产生误解,它指的是代表中原王朝的政权即朝廷。说"朝廷"与某某的关系,这是可以理解的。但若要说"唐朝"与某某"民族"之间的关系,真的存在着这样的联系吗?仔细追究,我认为这种说法并非很妥当,或者说它不能表达我们的确切意涵。譬如唐朝与突厥、吐蕃的关系,无论是双方的交往、联系、和平、战争,表现出来的(至少文献的主体部分)都是中原朝廷和突厥、吐蕃政权人员之间的往来,他们所代表的不是个人而是朝廷。他们的交往,是掌握权力的统治阶层之间的交往,这种关系,与其说是民族关系,不如说是政治关系,只不过这种政治关系依托的群体,是差异性的族属构成。所以,本文中所谓唐朝内、外层之间的交往互动,我在题目上采用的虽是"族群关系",但这个"族群"是在特定政权控制下的族群,唐朝内地与周边民族势力的交往,在本文讨论的范围内不是简单的汉人与非汉人(或胡人)的交往,而是汉人朝廷与胡人政权之间的交往。这种联系,首先表现的是政治属性,其次才是民族群体的属性。更确切地说,是政治交往掩盖下的民族群体的互动。民族群体是内藏的、隐性的,政治性则是外显的、表露的,民族群体通过政治性的交往而展现出来。

界定既已明确,本文接下来就讨论地缘政治的变化与政治性族群之间的关系。

唐朝地缘政治格局的形成,上文虽然列出种种因由,实际上最根本的考虑,还是唐朝统治阶层出自西魏宇文泰开创的"关陇集团"及其发展衍化导致的结果。谷川道雄的《隋唐帝国形成史论》一书系五胡、北朝政治史的论文合集而成,因其"与隋唐帝国的形成问题密切相连"①,在他看来,隋唐王朝之形成,其渊源来自五胡北朝诸朝代的嬗替和演变,是它们纵横捭阖的结果。这应是建基于"关陇集团"而展开的新的系统性阐释,这表明:在那个特定时代条件下,王朝的建立,基本上是由一个强势集团组建政权,依托一个确定地区,以此出发,向周边扩展,吸纳各种势力而呈现的。从政府的出现到国家体制的成形,王朝的法统地位遂得以确立。如同王德权所说:古典时代的中国,限于生产力的相对微弱、各地域社会之间联系的缺乏,王朝国家权力的形成,更多地表现为"一个核心地域集团通过军事征服与制度建构,联系核心权力与地域社会。在这个脉络下,政治过程表现为'核心—周边'的空间扩充,形成'王畿与四方'的政治空间格局,以及以'国'(城市)经'野'(农村)的政治控制体系"②。这个概括所依凭的具体事例就是毛汉光先生"核心区与核心集团"的总结。③

出自"关陇集团"的唐朝统治阶层,④其建立政权的地理依凭和族群依托,固然有承续此前诸朝的传统,然而,一旦王朝确立,影响唐朝统治集团及其核心区统辖的要素,更多的则是来自唐朝周边的外部力量,即上文屡次提及的外层或次外地缘诸种势力。当唐朝统治集团与核心区确立的时候,它在北方草原遭遇的劲敌就是东突厥。突厥势力的兴起早于唐朝。对它而言,唐朝的建立构成了巨大挑战,突厥对唐朝北部边缘地带采取的屡次攻击,就是针对唐朝威胁采取的回应。

突厥攻击唐朝的各种措施,最具有威胁的是它对首都所在的关中采取的军事行动。《新唐书·突厥传》记云:"(武德九年,626年)七月,(突厥可汗)颉利自将十万骑袭武功(陕西今地西北),京师戒严。……颉利遣谋臣执失思

① 参见[日]谷川道雄:《隋唐帝国形成史论》,李济沧译,上海古籍出版社2004年版,第1页。
② 王德权:《"核心集团与核心区"理论的检讨——关于古代中国国家权力形成的一点思考》,《政治大学历史学报》第25期,2006年5月,第148页。
③ 参见毛汉光:《中国中古政治史论》,上海书店出版社2002年版,第1—28页。
④ 张耐冬新近出版的《太原功臣与唐初政治》(中国社会科学出版社2018年版)一书,对唐初政治集团的延续及其活动的脉络有细致入微的研究并有新的推进,可参阅。

力入朝以觇我,因夸说曰:'二可汗兵百万,今至矣!'太宗曰:'我与可汗尝面约和,尔则背之。且义师之初,尔父子身从我,遗赐玉帛多至不可计,何妄以兵入我都畿,自夸盛强耶?今我当先戮尔矣!'"①这次行动没有酿成大规模的军事冲突,《新唐书》将其归结为唐太宗的政治智慧,显然是单方说辞,不无虚饰遮掩之成分。根据陈寅恪先生的研究,唐朝为换取突厥的支持,曾被迫称臣,并以玉帛供奉。②颉利亲自率兵南下进入关中,其行为的象征意义,足以威胁唐朝的战略腹心,这对唐朝是致命的。所以,唐朝初期和前期经营国家的战略布局,就是以突厥为防御对象,构建了以关中为核心的北方防御网络,诚如严耕望先生分析的那样,河套地区是北方突厥南下的重心,唐朝建构三层防线,刻意地维护都城核心腹地,形成了有效的防御体系。③

贞观四年(630年),唐朝征服了东突厥,高宗时期又降伏了西突厥,但东突厥又再度复国,对唐朝重新构成威胁,为应付这一局面,唐廷对初期的军事战略及军事部署都做了相应调整,将原来的行军系统组建成为驻扎在特定地区的节度使(军区)体制,于是就形成以拱卫京师、洛阳为核心的周边外围防御新网络,这就是人们熟悉的十节度使体系。学者们讨论的唐朝前期"守内虚外"或"内重外轻"的格局转变成为中期的"外重内轻"的局面,④其变化如此,外在势力的转化于唐廷内层的影响,实足以引起我们的注意。本文关注的层面就在这里。

同样,安史之乱后,对朝廷构成威胁的外部势力,转以吐蕃为首;突厥已被回鹘(纥)取代,回鹘与唐朝的良好关系使朝廷意识到尚不足以严密防范。此时吐蕃对唐朝西部地区的侵夺和随之而来的威胁,特别是其势力一度占领长安,使朝野上下笼罩在威胁来自西方的恐惧之中。于是,以防御北方突厥为重心的朔方军,这支朝廷曾倚赖的军事集团,以拆分的方式从北部掉转长安西

① 《新唐书》卷215上《突厥传上》,中华书局1975年版,第6033页。
② 参见陈寅恪:《寒柳堂集》,上海古籍出版社1980年版,第97—108页。
③ 参见严耕望:《唐代交通图考》第1卷《京都关内区》,台北"中央研究院"历史语言研究所专刊之八十三,1985年,第315—321页。
④ 参见雷家骥:《从战略发展看唐朝节度体制的创建》,载《唐代研究论集》第四辑,台北新文丰出版公司1992年版,第253—318页。

部,①唐廷依此将防御重点转移到吐蕃头上,一直持续到后者的威胁减弱乃至丧失之时。换句话说,吐蕃势力削弱之前,唐廷长安西部的防御战略,一直成为决策集团考虑的首选。到晚唐吐蕃势力衰弱,唐廷战略始有转变之时,唐廷自身也走向了衰亡的尽头。

当唐廷战略从突厥转向吐蕃之后,安史叛军旧部在河朔地区的割据及其演化的地方性对抗势力,则从东北部给王朝一统化造成了极大的损害。用陈寅恪先生的话概述,即"自安史乱后,名义上虽或保持其一统之外貌,实际上则中央政府与一部分之地方藩镇,已截然划为二不同之区域"②。毛汉光先生从核心区与核心集团转移的角度,论述北魏以来至宋初经历的三个阶段,即以云代为其核心至北齐灭亡,约略200年;西魏恢复关陇核心区至安史之乱前,又历200年;此后河北魏博、汴梁一带成为新兴的核心区,至北宋,亦有200年之衍变。③ 后一个200年的转移,是在削弱王朝权威的基础上实现的,其结果,使唐朝前期关中地缘中心、政治中心、军事中心与经济贸易结为一体的格局遭受空前的破坏,进而演化成"政治中心在关中,经济中心在东南,军事中心渐移河朔,三者距离甚远,唐帝国失去稳定的重心"的局面。④

五

以上,我从地缘政治的角度简要论述了唐朝政治与族群二者之间的关系及其前后的变化,为清楚起见,我将上述观点再做总结如下:

唐朝采取以关中为核心,以之制衡山东,进而宰制全国的控制格局,是继承前朝的结果。这种战略格局形成的根源,乃是出自王朝形成的特质,即由核心集团与核心区逐渐传成的趋势决定的。然而,一旦格局确定,影响并决定格局转变的因素,既可能是来自王朝内部诸势力关系的变化与协调,又受制于外界势力的左右。中期以前,朝廷战略格局的建构,首先受北方草原突厥势力的

---

① 参见李鸿宾:《唐朝朔方军研究——兼论唐廷与西北诸族的关系及其演变》,吉林人民出版社2005年版,第217—245页。
② 陈寅恪:《唐代政治史述论稿》,上海古籍出版社1982年版,第19页。
③ 参见毛汉光:《中国中古政治史论》,上海书店出版社2002年版,第22页。
④ 毛汉光:《中国中古政治史论》,上海书店出版社2002年版,第416页。

掣肘;当突厥势力退出之后,吐蕃从西部构成的威胁,迫使唐朝战略布局的重心从北方转向长安西部。这表明,外部势力对唐朝关中核心区与核心集团的方针政策之影响,显而易见。

安史乱后形成的河北等地之藩镇割据,则是内部军事势力擢升,导致长安朝廷无力平复而留下的妥协性产物,这个产物对一统化的朝廷无疑是巨大的威胁。这个威胁虽然来自内部,但其崛起和发展则是由外部势力的变化所导致。原因不言而喻:当唐朝初期制定的防御周边外部势力的战略失效后,朝廷就转而采用节度使的防御策略,但在有效防边的同时,节度使将领的权力也超越前期,从而掌握了控制区的军政和财赋大权,安禄山的叛乱,就是这个权力超越的表现。安史之乱后河朔等处形成的自立或半自立状态,亦是朝廷不能有效控制地方军事势力的直接结果。

河朔权力的根源来自朝廷防御外部势力的考量,其结果则削弱了朝廷自身。从政治统一的角度出发,地方割据的后果使朝廷一统地位遭到破坏直至丧失。其背后隐藏的逻辑是:外部势力是怎样影响内部的政治及其变化,内部政治的分权引生的后果又是如何削弱了王朝存在的基础,更遑论王朝的战略格局!在这种形势及形势导致格局变化的情况下,后期的唐朝,以长安为中心的关中,只是作为政治中心而存在了。随着唐朝的灭亡,这个中心也被东部其他地区(和城市)取而代之。北宋立国都城的东移,说明关中核心区王朝时代的终结,中国自此走上了以东部为核心区与核心集团建立王朝的新道路。

关中核心区与核心集团的建立、衍变到丧失,给我们的启示是:地缘政治的王朝时代,除了地理条件的制约外,支配其核心区的本质力量,是活动在该区域内外的族群,特别是被分化成为不同归属的以族群为基础的政治性集团,借用麦金德的一句话,在地理和人群的因素上,"起主动作用的是人类而不是自然"①。决定唐朝地缘政治变化的主要是内外两种势力,首要的是内部势力。当它协调彼此的关系并形成稳固的局面之时,就意味着王朝主体局面的确立;王朝若要在此基础上进一步向周边拓展,它与外部势力的协调就成为其坐大并走向鼎盛的必要步骤了。与此对应,周邻外族势力面对王朝的开拓,他

① [英]哈·麦金德:《历史的地理枢纽》,林尔蔚、陈江译,商务印书馆1985年版,第51页。

们与之周旋往还进而融结踏入,亦成为他们应对的重要手段。这种胡汉的内外互动,构成了唐朝族群政治的主轴。如果说前期表现为以王朝开拓、周边外族势力因应为主辅格局的话,那么后期呈现的则是王朝威权的消退、外部势力纵横捭阖的重新洗牌以至于他们趁王朝解体之机而走上依托特定地区建立自身政权的道路。这种地缘政治的变迁,最终以长安为都城的关中核心区地位的丧失、新兴王朝于东部核心腹地的再建而收局。

交叉区民众心态之研讨*

——以唐朝河北诸州为例

一

唐史材料里有这么两段记载耐人寻味,笔者这里先做摘录,然后讨论。其一是《旧唐书·狄仁杰传》:

> 时河朔人庶,多为突厥逼胁,贼退后惧诛,又多逃匿。(狄)仁杰上疏曰:"……伏愿(陛下)曲赦河北诸州,一无所问。自然人神道畅,率土欢心,诸军凯旋,得无侵扰。"(武则天)制从之。①

其二是同书《外戚·武懿宗传》:

> 万岁通天年(696年)中,契丹贼帅孙万荣寇河北,命懿宗为大总管讨之……由是贼众进屠赵州(治平棘,今河北赵县)而去。寻又令懿宗安抚河北诸州。先是,百姓有胁从贼众,后得归来者,懿宗以为同反,总杀之,仍生剖取其胆,后行刑,流血盈前,言笑自若。②

这两段引文反映的是唐朝在与突厥、契丹对抗中卷入(或被卷入)的群体的政治态度和朝廷相关官员处理此类事件的手段。我在这篇文章中重点讨论的就是朝廷官员对这些被卷入战争中的百姓的因应手段之差异及出现差异的

---

* 本文曾以《交叉区民众心态之研讨——以唐朝长城区域为例》为名,刊载于邢广程主编:《中国边疆学》第二辑,社会科学文献出版社2014年版,第200—219页;又收载于冬冰主编:《流星王朝的遗辉:"隋炀帝与扬州"国际学术研讨会论文集》,苏州大学出版社2015年版,第166—184页。此次刊载对副标题略作改动,使之更切合文意;又对个别词句作了校订。

① 《旧唐书》卷89《狄仁杰传》,中华书局1975年版,第2891—2892页。参见《新唐书》卷115《狄仁杰传》,中华书局1975年版,第4212—4213页。

② 《旧唐书》卷183《外戚·武懿宗传》,中华书局1975年版,第4737页。参见《新唐书》卷206《外戚·武懿宗传》,中华书局1975年版,第5842页。

缘由,尤其关注差异背后隐藏的朝廷与当时社会存在的族属、族性观念等问题。这也应和了国内学术界有关唐朝社会的主轴之一即胡汉关系以及日本学界自内藤湖南以来就认定的包括唐朝在内的中古社会两大重要线索的一条——同样是胡汉关系的讨论。① 我议论这些问题就是从上面的两例出发,狄仁杰主事的案例在时间上晚于武懿宗事件,然而二人在唐朝的官方文献中完全是以正反两个方向的极致而呈现出来,受到朝廷褒赞的狄仁杰一例之置放首位研讨,"正面"即映射朝廷意识形态的视角构成了笔者选择的主因。

二

第一段记载的突厥是高宗时期重新兴起(或复辟)的后突厥。他们复国后,凭借自身机动灵活的骑兵优势,频繁不断地向唐朝北部州县展开攻击和骚扰,②夹在突厥与唐朝之间的地区,即北部沿长城地带各州县均处于突厥的威胁之下,这些地区是双方交战的中心场所,河北道中北部地带则是其中的重要征战地区。《资治通鉴》记载:"河北积年丰熟,人畜被野,斩(默)啜虏赵、定(治安喜,今河北定州)、恒(治真定,今河北正定)、易(治易县,河北今地)等州财帛亿万,子女羊马而去,河朔诸州,怖其兵威,不敢追蹑。"③突厥于复兴之后的一段时期之内,④即高宗和武则天主政阶段频繁密集地向包括河北北部地区在内的边地即所谓长城地区的州县展开攻击,⑤其因由既有政治上的图

---

① 参见陈寅恪:《唐代政治史述论稿》,上海古籍出版社 1982 年版,第 1 页;[日]谷川道雄:《魏晋南北朝隋唐史的基本问题总论》,载谷川道雄主编:《魏晋南北朝隋唐史学的基本问题》,李凭译,中华书局 2010 年版,第 1—23 页。

② 相关的史料记载,可参见岑仲勉:《突厥集史》上册,中华书局 1958 年版,第 289—347 页;吴玉贵:《突厥第二汗国汉文史料编年辑考》,中华书局 2009 年版,第 445—507 页。

③ 《资治通鉴》卷 206"则天后圣历元年(698 年)九月癸未"条《考异》引《唐统纪》,中华书局 1956 年版,第 6535 页。

④ 关于突厥复兴事件,参见《暾欲谷碑》《阙特勤碑》《毗伽可汗碑》,这是突厥一方有关起事复国的记载,参见耿世民:《古代突厥文碑铭研究》,中央民族大学出版社 2005 年版,第 92—176 页;李鸿宾:《东突厥的复兴与唐朝朔方军的设置——兼论唐朝控制北部边地的方式及其转化》,载中央民族大学历史系主办:《民族史研究》第一辑,民族出版社 1999 年版,第 147—168 页。

⑤ 有关"长城地区"或"长城区域"的概念,参见李鸿宾:《长城区域在唐史研究中的位置——从历史学与民族学结合的角度观察》,载瞿林东主编:《中国少数民族史学研究》,北京图书馆出版社 2008 年版,第 158—169 页。

谋,也有经济上的财富和资源掠夺的觊觎,但就上文所述突厥进攻赵、定二州而言,政治的诉求似乎超越了其他,《旧唐书·则天皇后纪》说:圣历元年(698年)八月己丑,"默啜攻陷定州,刺史孙彦高死之,焚烧百姓庐舍,遇害者数千人"。同卷又说:"癸未,默啜尽杀所掠赵、定州男女万余人,从五回道而去,所至残害,不可胜纪。"①对汉地的粮草、布帛、高档消费品乃至工匠等掌握技术人口的追求和掠夺,是游牧人进攻和南下的主要目标,这已为学界所共识。②默啜对赵、定二州的攻击,显然不是这个目标,否则屠杀万余人便无从解释。③而频遭突厥进攻的当地百姓,面临惨遭杀戮的危害,他们要么在朝廷命官的率领下奋起抵抗,或据城死守;要么一旦处在朝廷州县照顾不了的地区,譬如村野旷古之地,他们就只有各自逃命,或被骑兵追杀,或被迫听从突厥之命随其而去,于是"河朔人庶,多为突厥逼胁,贼退后惧诛,又多逃匿"④。他们之面临如此境遇的"唯一"因由,就是身为唐朝百姓。倘若他们成为与突厥对抗的唐廷官军的一方,处于交战的双方相互攻击乃属正常之举,但他们恰恰不是战争的参与者而蒙受残杀,从事理的角度讲并非公正,然而在那个参战畛域不明、官民混淆的时代,百姓被政治支配下的战争所裹挟是再普通不过的事。河朔百姓只要在这种关键场合无论出自什么缘故一旦与突厥人有所交集,不但不会得到宽免,反而遭受惩处,如同上文列举的武懿宗采取的手段那般。

突厥这段时期内频繁南下的直接原因是:默啜可汗有一女,欲与唐廷联姻,武则天以本家武延秀招纳其女,默啜因武氏非李唐皇室正宗而大怒,声言:"我世受李氏恩,欲以女嫁李氏,安用武氏儿。"⑤于是发兵南下,攻击赵、定等州,狄仁杰随即受命河北道行军副元帅,⑥率军抗击,突厥退归;狄随后转为河

---

① 《旧唐书》卷6《则天皇后纪》,中华书局1975年版,第127页。

② 参见萧启庆:《北亚游牧民族南侵各种原因的检讨》,《食货月刊》复刊第1卷第12期,1972年3月。

③ 关于这段时间唐与突厥的纠葛,可参见薛宗正:《突厥史》,中国社会科学出版社1992年版,第472—478页;王小甫:《唐朝对突厥的战争》,华夏出版社2001年版,第97—102页。后者虽属通俗读物,但却建立在学术研究的基础之上。

④ 《旧唐书》卷89《狄仁杰传》,中华书局1975年版,第2891—2892页。

⑤ 《唐会要》卷94《北突厥》,中华书局1955年版,第1691—1692页。

⑥ 参见《旧唐书》卷89《狄仁杰传》,中华书局1975年版,第2891页。按狄仁杰此次出仕应为副元帅,元帅乃为皇太子李显。辩见尤炜祥:《两唐书疑义考释·〈旧唐书〉卷》,西泠印社出版社2012年版,第27—29页。

北道安抚大使,措置善后事宜。如何处置胁从突厥的数州百姓,遂成为朝廷讨论的议题。如上所言,从朝廷的角度着眼,在敌我分明的战场上,任何人都没有超脱出世的资格,必须(或者被迫)表明立场和观点:倘若不誓死杀敌,就是投靠对方,没有中间道路可供选择,河北中部和北部那些胁从突厥的百姓必须受到制裁。朝廷的理由很充分:在这一大是大非面前,当地百姓的立场暧昧不明甚至不够坚定,不与突厥抗争,丧失了应有的品性。

事情原本再简单不过。当初受命护送武延秀的春官尚书(礼部尚书)阎知微听命突厥,并随其南下参与了攻击赵、定的行动,武则天以其叛变为由惩处了他并夷其三族;①对坚守赵州城誓不投降的刺史高睿则大加赞誉,"颁示天下,咸使知闻"②,高睿被置诸正史《忠义传》本身就鲜明地表达了朝廷和官方的态度。③ 朝廷对阎、高的奖惩是建立在二人忠诚于王朝的立场上。王朝的考虑有其法理依据,阎的行为是"十恶"之"谋叛",属于"亏损名教,毁裂冠冕"的大逆之道,④破坏了王朝的法统,是绝不允许的行为;与之对应的高的举措则维护王统,彰显了唐的法统权威。二者背后触及的是关乎整个王朝在与周边外族政治体抗衡中的政治秩序,这应是问题的实质。

现在的问题是,那些居处在赵州和定州的平民百姓,他们面临突厥屠杀的危险而被迫胁从,朝廷对这些有"污点"的人应该如何处置? 如果依照敌我不两立的观点论究,说他们态度不端,立场不坚,似乎也能成立,对他们采取惩处措施也还讲得过去。这样做的结果固然简单易行,但却忽略了事情的复杂性。狄仁杰正是看出了这重复杂性,他不同意朝廷简单而粗率的处理方式,于是提出上面"曲赦河北诸州,一无所问"的建议,还好,武则天以她的智慧接纳了建议,处置得当,这件事就过去了。但是对我们而言,这里面隐藏的一些东西,还是值得提出来讨论的。

我要讨论的核心,就是上文涉及的赵、定等州百姓在突厥与唐朝之间所谓

---

① 参见《旧唐书》卷77《阎立德附阎知微传》,中华书局1975年版,第2679—2680页。

② 《旧唐书》卷187上《忠义上·高睿传》,中华书局1975年版,第4877页。

③ 《新唐书》也是同样处理的,见卷191《忠义上·高睿传》,中华书局1975年版,第5505—5506页。

④ (唐)长孙无忌等撰:《唐律疏议》卷1《名例律》,刘俊文点校,中华书局1983年版,第6、8页。按"谋叛"之[疏]议曰:"有人谋背本朝,将投蕃国,或欲翻城从伪……之类。"(第8页)阎知微的"谋叛"显属前者。

的政治立场问题。

第一，他们是朝廷的编户齐民，这个身份使他们在唐与突厥的对峙中无论采取什么态度，都不能改变他们的属民地位。虽然他们是迫于突厥的威胁而跟从，但这种行为在朝廷看来仍是有问题的。狄仁杰本人也秉持着同样的看法，他在奏疏里说道：

> 议者以为虏入寇，始明人之逆顺，或迫胁，或愿从，或受伪官，或为招慰。诚以山东之人重气，一往死不为悔。比缘军兴，调发烦重，伤破家产，剔屋卖田，人不为售。又官吏侵渔，州县科役，督趣鞭笞，情危事迫，不循礼义，投迹犬羊，以图赊死，此君子所愧，而小人之常。民犹水也，壅则为渊，疏则为川，通塞随流，岂有常性……今负罪之伍，潜窜山泽，赦之则出，不赦则狂。山东群盗，缘兹聚结。故臣以为边鄙暂警不足忧，中土不宁可为虑也。夫持大国者不可以小治，事广者不可以细分。人主所务，弗检常法。①

这道疏奏表达了三层意思，第一层明确表示唐与突厥之间是敌我关系，唐朝属下的民众亦受制于这种关系的制约。这是据以判别河北民众政治立场的基础。第二层说的是战争兴起后，朝廷征发繁杂，百姓受损严重，甚至家破人亡；再加上官吏盘剥欺压，百姓只有背离常轨，出逃外方。第三层的含义是说，对待这样的百姓，朝廷应以什么态度处理？他认为，百姓如同流水一般，阻则成渊，疏则为川，倘若不给他们生路，就等于逼迫他们聚集造反，给之出路则可成顺民。如果与上面第二段引文中的武懿宗那种不问青红皂白一概斩尽杀绝的行为相比，狄仁杰的建议显然更加明智，也更讲道理。他看出百姓投附对方，与他们自身关联不大，而是官府强加于他们的负担、官吏的苛刻盘剥等举措造成的结果，所以他主张应当宽免百姓的这种"投敌"行为。

不论是狄仁杰还是武懿宗，他们将百姓作为惩罚的对象，均建立在河北民众隶属王朝即君主之子民身份这个基础上。这也是狄仁杰奏疏中建议的第一层含义即立论的前提。上面谈到的阎知微之遭受唐律的制裁，同样是这个道

---

① 《新唐书》卷115《狄仁杰传》，中华书局1975年版，第4212—4213页。参见《旧唐书》卷89《狄仁杰传》，中华书局1975年版，第2892页。

理。狄仁杰并未为之回护，①显然，阎知微的行为是国家礼法和纪律规范不能容忍的。作为朝廷命官，阎知微在关键时刻负有为国家、王朝尽忠的义务，他没能做到而遭受相应的惩罚理所当然。类似的例子还可以举出《旧唐书·李岘传》的一条记载：

> 初收东京，受伪官陈希烈已下数百人，崔器希旨深刻，奏皆处死；上（代宗）意亦欲惩劝天下，欲从器议。时（李）岘为三司使，执之曰："夫事有首从，情有轻重，若一概处死，恐非陛下含弘之义……若尽行诛，是坚叛逆之党，谁人更图效顺？困兽犹斗，况数万人乎！"②

这个事例说的是陈希烈等人投附安禄山一方而遭受收复两京之后唐廷的惩处，他们依照唐朝律法条款都犯了与阎知微一样的"谋叛"即叛国罪，受相应的惩罚毫无疑义。崔器与李岘意见的差异是惩处到什么程度的问题，李从朝廷与安史叛军征战应争取人心的长远角度考虑，希望将惩罚的幅度放置一个精准的层面以获取更多人的支持，他们的差别仅此而已。

与此对应，河北诸州这些百姓"投附"突厥的现象与阎知微、陈希烈上述的叛国行为显然并非等同。在狄仁杰看来，他们的行为实系"迫不得已"的外界胁迫，特别是朝廷赋役的繁重对他们造成的强压负担、当地素劣无端官员施加于他们毫无止境的克剥，这些因素不应被忽视，甚至在某种程度上是促成百姓行为发生的要素（详下）。

第二，狄仁杰还特别提到，朝廷边缘地带出现的麻烦远不如中心地区出现的事端对国家构成的威胁来得大："边尘暂起，不足为忧，中土不安，以此为事。"③我觉得这才是触及到了狄仁杰"宽待"河北民众的内在心结。这 16 字组成的句子蕴藏的含义对我们理解狄仁杰和武则天处理国务问题，具有揭示

---

① 阎知微被武则天惩处之时（圣历元年即 698 年十月以后），狄仁杰充任河北道副元帅、安抚大使。他此时深受武则天信任，亦多次上奏就时政陈述己见。按理，武则天惩处阎知微一事他不可能不清楚，以他受信任之程度而论，他对此表达看法与其身份和角色均不矛盾，文献中之所以没有他就此提出看法的任何描述，应当是他赞同朝廷此举的反映。相关情形可参见《旧唐书》卷 89《狄仁杰传》，中华书局 1975 年版，第 2891 页；《资治通鉴》卷 206"武则天圣历元年（689年）十月"条，中华书局 1956 年版，第 6535—6537 页。

② 《旧唐书》卷 112《李岘传》，中华书局 1975 年版，第 3345 页；参见《新唐书》卷 131《宗室宰相·李岘传》，中华书局 1975 年版，第 4506 页。

③ 《旧唐书》卷 89《狄仁杰传》，中华书局 1975 年版，第 2892 页。

本质的重要性。我为什么把武则天也算上？因为她最终接受了狄仁杰的意见，他们君臣对这个问题的理解应是一致的。

在他们的眼中，河北遭受突厥骚扰的这些州县并非朝廷的核心地区，而处在核心区与边缘区的交接地带，其重要性显然非同于关中腹地。狄仁杰的这个思路实际上就是唐太宗、李大亮君臣有关王朝国家疆域、人群构建思路的延续。在他们的心目中，唐朝的地域、人群犹如树干和枝叶，本土核心地带就是树干的"根本"，枝叶犹如周边四域，二者之差别清晰可见。① 这一套观念也并非太宗君臣所发明，是传统华夷格局、五服制度的再现。我们再举唐高祖的一道诏文为例："画野分疆，山川限其内外；遐荒绝域，刑政殊于函夏。是以昔王御世，怀柔远人，义在羁縻，无取臣属……朕（唐高祖李渊）祇膺宝图，抚临四极，悦近来远，追革前弊。要荒藩服，宜与和亲。"②作为开国之君的高祖，他下发的诏文对唐本土与周边外围不论是地域还是人群的观念均继承传统而来，那就是内外有别且畛域分明。对刚刚确立的唐朝而言，本土就是由都城所在的关中宰制山东，进而控制南部广阔区域而形成的局面，③这个局面的周边四邻是诸番外夷，亦即早期的荒蛮之属。这种内外有别的二元制建构虽因时过境迁、内外形势变化无常而出现诸多变化，但其核心本质则一脉相承。④ 唐太宗君臣的"根本""枝叶"的观念传此而承，狄仁杰连同武则天认可的内外思路同样并行不悖。从这个角度再看上文中突厥攻掠的河北诸州，恰好处在唐土边缘临界之地，它们虽列属朝廷正州正县，与羁縻府州迥然有别，⑤但这里的州县与核心腹地之同类亦颇有差距，这正是狄仁杰立论的根基所在。如此，我

① 参见（唐）吴兢撰，谢保成集校：《贞观政要集校》卷9《议安边》，中华书局2003年版，第503—504页。

② （宋）宋敏求编：《唐大诏令集》卷128《蕃夷·绥抚·抚镇边陲诏》，洪丕谟等点校，学林出版社1992年版，第632页。

③ 参见李鸿宾：《唐朝的地缘政治与族群关系》，《人文杂志》2011年第2期。

④ 参见李鸿宾：《"二元制构造"下的唐朝华夷观及其变化》，载陈尚胜主编：《儒家文明与中国传统对外关系》，山东大学出版社2008年版，第118—128页；李鸿宾：《王朝国家体系的构建与变更——以隋唐为例》，载孙家洲、刘后滨主编：《汉唐盛世的历史解读——汉唐盛世学术研讨会论文集》，中国人民大学出版社2009年版，第165—175页。相关的他人研究，可参见许倬云：《求古编》，新星出版社2006年版，第1—14页；李大龙：《汉唐藩属体制研究》，中国社会科学出版社2006年版，尤可参见第286—294页。

⑤ 唐朝羁縻府州的划分可参见谭其骧：《长水集续编》，人民出版社1994年版，第133—155页。全面的研究参见刘统：《唐代羁縻府州研究》，西北大学出版社1998年版。

们就不难理解河北诸州的百姓之地位,自不同于中心地之民众,更与朝廷的命官判然有别了。

然而从法理的角度讲,我们从现存的唐代文献中也看不出民众与官吏在违法方面出现的差别(除了法律明确规定官员、贵族享有的特权和优待之外),这至少可以支持河北百姓与官员在忠诚朝廷的行为上秉持统一标准的立论,狄仁杰请求宽恕他们的奏疏中也没有涉及二者有所差异的问题。但同样不可否认的是,虽然法律条文规定的同一化,这也不能否认事实上存在的区别。这个区别就是狄仁杰强调的地域以及生活在不同地域之上的人群的差异。狄仁杰向武则天上奏宽恕河北百姓的背后,倘若没有这个地域、群体的差距,那么他的请求能否被武则天所接受,还真的不好说。

第三,这个事件还促使我们重新思考这样的问题:在一个力求一统并在法律制度的规范上同样秉持均质化的王朝国家中,而且也的确颁布了诸如综合法规的《唐律疏议》、具有行政典制职能的《唐六典》,①乃至对以往历朝制度进行规范的《通典》等主张王朝一体性的文本范式,②为什么在实际的施行层面却有如此的差别,以至于我们不得不重新思考“均质化”自身影响的限度以及对这个限度如何定位? 说得通俗一点,就是在法典层面的一体化的背后,隐藏了操作层面的相异化的处理手段,到底是什么因素导致二者的分离?

我们注意到,即使是步入民族国家一体化行列的今日中国,在具体审核案件的过程中尚且受到诸种因素的制约和影响而对同一事的处理产生迥然有别的后果。③ 那么在远非均质化的王朝国家的视域下,追求一统化和均质化固然是王朝统治集团的愿望,但它所采取措施和控制的能力,以及那个时代提供给它的条件,显然还远远满足不了这样的诉求。于是,一统化常常成为国家追求的目标而停留在观念层面之上,即使这种均质化也并非是朝野上下毫无疑义的愿景。事实上的内外有别、华夷之辨的现实状况成为朝臣解决问题的主要依凭,这就是决定狄仁杰对河北民众“投敌”行为另行“宽待”的缘由。这些

---

① 关于《唐六典》的性质及施用,学术界一直存有争议且成果众多,可参见周东平:《唐六典》,载胡戟等主编:《二十世纪唐研究》,中国社会科学出版社 2002 年版,第 155—158 页。

② (唐)长孙无忌等撰:《唐律疏议》,刘俊文点校,中华书局 1983 年版,第 1—10 页;[英]杜希德(Denis C. Twitchett):《唐代官修史籍考》,黄宝华译,上海古籍出版社 2010 年版,第 89—96 页。

③ 参见冯筱才:《政治运动的基层逻辑及日常化——一个“汉奸”的发现与审查》,《二十一世纪》2012 年 12 月号。

地区连同其百姓的政治特点,诚如拉铁摩尔描述的那样,接近草原北部游牧势力的民众,更容易与他们联系在一起;与此对应,靠近汉地的百姓则更易于接近中原内地。① 夹处强权势力中间地区的民众,因其自身命运无法通过自身的努力获得保障,外界强力的介入,就迫使他们往往走上谁强大就依附谁的道路,他们的意识也随强者而摇摆。这种非"从一而终"的变化无常的行为恰恰就是他们自保的利器。这种情形在古代社会十分常见,譬如北宋与辽朝、南宋与金朝交界或交叉地带的缓冲区就是明显的事例;② 即使到了民族国家建构的现代社会,这种地带及其人群的政治态度,也常常因具体情况的变化而出现摇摆不定,例如杨奎松所谈的抗战期间中日军队交战的过程中某些地方民众态度的转变,就是鲜明而生动的例证。③ 这篇文章所揭示的现象,与我们想象中的抗击入侵者日军的中国民众与政府军密切配合或至少大力支持的行为相反,他们却对日军有好感。之所以如此,是官军对他们的态度及行为严重损害了他们的利益和感情,对日军态度的转变与其说是针对日军,不如说是针对同胞的政府军。这与我上文讨论的狄仁杰宽待河北诸州百姓的因由几近雷同:这些州县百姓遭受唐朝官府和地方官的剥削、敲诈和勒索,这种毫无人道的强制举措不但伤害了民众之心,又使他们家破人亡,甚至出现武懿宗那种视百姓如草芥、嗜杀如命的冷血动物的行为,这个时候再跟民众百姓去奢谈忠君爱国的大道理,能够获得他们的认可吗?

众多的事例可以证实,从理论上说,在我们今人视为国家民族生死存亡的危难关头的百姓自应紧随政府抗击敌人才是不二选择的意识中,恰恰掩盖了历史的复杂性。历史的本真过程出现的那些甚至规模性地转向敌对一方的现象,不仅不是具体个别的,而且浮现于任何时期。其原因复杂多样,但己方强权势力对百姓的忽视甚至漠视的态度与强硬的行为引致他们的不满从而采取疏离、默然甚至抗拒的行动,至少被我们的研究长期忽略,这一点应当引起我

---

① [美]拉铁摩尔:《中国的亚洲内陆边疆》,唐晓峰译,江苏人民出版社2005年版,第316页。

② 参见 Naomi Standen, *Unbounded Loyalty: Frontier Crossing in Liao China*, Honolulu: University of Hawai'i Press, 2007;[英]史怀梅:《忠贞不贰?——辽代的越境之举》,曹流译,江苏人民出版社2015年版。

③ 参见杨奎松:《何为民族主义及我们应该怎样爱国?——对近代以来中国民族主义问题的一种探讨》,《社会科学论坛》2005年第9期。

们的警觉和重视。

第四,正是中心边缘二元制存在着结构性的差别,决定了这个地域的民众与中心区同类的异质属性。还有一个因素必须要清楚,即河北这些州县的百姓虽是唐朝属民,但如上文所述,他们并非是唐朝与突厥抗衡的直接参与者。就战争的对阵双方而言,从军事角度战胜任何一方,都是相互角逐的正常行为,消灭、俘获对手是己方之任。河北州县民众的政治态度如何评判,朝廷对他们的行为采取什么措施? 这些民众是否为冲突或战争中的责任一方,是据以论定的重要标尺;或当两个承载战争的政治体(统治集团或受其支配的下属势力)发生冲突和角力的时候,他们是否将所属的民众裹挟进去,也是判断民众的政治态度和立场的尺度。如果民众参与了其中的政治体并与其共命运,那么他们就会持有明确的立场,这时候的民众就变成了争执中的一方,此时的坚持、抗争或投降、依从才出现态度和立场的选择。历史上这类民众参与的现象虽然不乏其例,但更多场景下的民众是不在任何一方的政治体的冲突中显现的,至少在他们的主观动机中,他们不将自己明确地界定为参战的一方。这种状态下的民众与战争、冲突就应当是两回事,采用今天时髦的话语就是"不选边站"。河北州县的百姓就是这种情况的典型例证。因此,这个时候再要求他们与冲突的主体一心一意,就是主体势力一方的一厢情愿了。但在朝廷支配国家的情形下,将民众的态度、立场与他们的参与,视作他们应尽的义务,政府经常依此而胁迫群众卷入到它主宰和支配的战争中,并将民众的参与或拒绝视为忠诚朝廷与背叛投敌的标尺,于是,与冲突、战争这类政治势力密切联系的行为,就被统治集团强加给民众,从而导致他们忠诚、背叛这类价值选择的出现。对这类情况的处理,在唐朝人的心目中因人而异。从前面的史料反映的情况看,河北诸州的民众并未参与朝廷对抗突厥一方的军事活动,他们在这场对峙中是旁观者,正因为如此,才有狄仁杰奏疏的申述。狄仁杰对此表示理解且抱有同情心,然而他的建议更多地考虑如何维护王朝在河北的稳定也是毋庸置疑的。另一个事例也同样能说明这个问题,《资治通鉴》卷202 唐高宗调露元年(679 年)记云:

> 突厥寇定州,刺史霍王(李)元轨命开门偃旗,虏疑有伏,惧而宵遁。州人李嘉运与虏通谋,事泄,上令元轨穷其党羽,元轨曰:"强寇在境,人心不安,若多所逮系,是驱之使叛也。"乃独杀嘉运,余无所问,因自劾违

制。上览表大喜，谓使者曰："朕亦悔之，向无王，失定州矣。"①

这条材料记载的李嘉运与交战中的敌方势力勾结，唐朝这方进行惩处有其理据所在，但主帅李元轨将惩处的范围只限制在李嘉运一人，对同党成员不再追加。他的依据是大敌当前要保持我方团结，倘若追究余党会造成震荡，于己不利。他所秉持的理由与狄仁杰几乎一致，显然，他们考虑问题的着眼点还是当下境况的稳定。

上面所举的事例实际上涉及这样的问题：王朝—国家、君主、将臣、百姓这几个要素之间究竟存在着什么样的关联？王朝国家的一个基本特征，就是国家整体属于创造者的私人而非民众。这个国家通常都是由一个集团采用暴力手段夺得并建立起来的，其中的为首者就成为国家的君主（皇帝），由他的胁从者们组建政府管理，占有一个确定的核心区作为统辖的疆土，进而治理这个疆土之内的百姓。② 王朝与管理者之密切关系，将它（他）们连在一起以至于彼此不分；百姓只是作为王朝征收赋税、为国服役的外层对象而存在，他们与国家的联系则是通过统治集团这个环节实现的。由此可以看出，当王朝出现危机的时候，遭受牵连影响的主要是与之关系密切的统治集团（成员）而不是百姓阶层，这可以解释为什么当王朝被推翻尤其被异族势力倾覆之时，与王朝命运俱在的往往是那些朝廷命官或与其有深层文化联系的士大夫阶层了。③ 从某种程度上说，君主宰制下的忠诚实际上是被限制在了一个相对狭小的范围之内。④ 当唐政府出兵解决与突厥或其他外族的关系时，他们事实上只代表或反映了执政集团（文武百官）的意见，普通的民众则被排除在国家政治和

---

① 《资治通鉴》卷202"唐高宗调露元年（679年）十月"条，中华书局1956年版，第6392页。

② 参见毛汉光：《中国中古政治史论》，上海书店出版社2002年版，第1—28页；王德权：《"核心集团与核心区"理论的检讨——关于古代中国国家权力形成的一点思考》，《政治大学历史学报》第25卷，2006年5月，第147—176页。

③ 这类事件充斥于各个朝代轮替之时，尤其异族王朝替换使得许多前朝官员和文士对旧有政治和文化的终结怀有与前朝俱荣俱损的感怀。在此种情形之下，他们与王朝国家的心结彰显得最为清晰。相关的研究甚多，此处可参见杨宇勋：《从自杀殉国来看各族官员对金朝的认同感》，载汪荣祖主编：《民族认同与文化融合》，嘉义中正大学南台湾人文研究中心2006年版，第71—118页；杨宇勋：《千古未有之变局：南宋覆亡前自杀殉国者》，《中国中古史研究》2010年第10期。

④ 参见 Jennifer Holmgren, "The Making of an Elite: Local Politics and Social Relations in Northeastern China During the 5th Century AD", *Far Eastern History*, 30(1984), pp.1-79。

军事的决策之外;当青壮年男子被征发从军出战时,也只有到了这个时候,他们才与政治集团发生利害的衔接。就此而言,河北诸州的百姓压根就没有被朝廷征发,朝廷与突厥的征战,在他们看来,与自己并不产生直接的关联。虽然他们依托政权的稳固与否攸关他们的利益,但他们与唐政府毕竟是两回事,忠君爱国观念一统格局的笼罩并不能掩盖实际利益的差别。这就是河北民众与朝廷包括其统治集团的分层性及疏离感出现的缘由,也是我们所理解的狄仁杰据以宽待他们的深层理据。

三

现在再讨论上面第二段引文。

这段引文的事例与第一段性质相同但结果迥异。事件的主角同是河北(尤其)赵州的百姓。万岁通天年(696 年)中,契丹骚扰唐赵州,"进屠"二字表明包括百姓在内的民众遭受契丹军的残杀,其情状惨不忍睹。作为唐朝政府的代表,武懿宗受命为大总管前行抗御,旋即又改仕安抚河北诸州之任。这个任命至少表明唐廷对河北赵州民众惨遭杀戮的现象了然于胸,然而他对百姓的安抚与狄仁杰的措施大相径庭:"先是,百姓有胁从贼众,后得归来者,懿宗以为同反,总杀之,仍生剥取其胆,后行刑,流血盈前,言笑自若。"武懿宗嗜血成性的形象在此被凸显出来。首先不能否认的是,作为武则天同族人的他,这里的记载是否存在因武则天失势而被后世修史者刻意渲染而营造出来的气氛? 按《宋史·张昭传》记云:①

> 以唐史未成,(后晋高祖石敬瑭)诏(张昭)与吕琦、崔棁等续成之,别置史院,命昭兼判院事……开运二年(945 年)秋,《唐书》成二百卷。②

这是《旧唐书》成书的简要概括。《旧唐书》(尤其前期)向以档案、《实

---

① 按张昭即张昭远,因避后汉刘知远讳而略。事见《宋史》卷 263《张昭传》,中华书局 1977 年版,第 9085 页。

② 《宋史》卷 263《张昭传》,中华书局 1977 年版,第 9090 页。

录》取材为要,①武则天一朝史事亦依从《实录》,这已为学界共识,②然而《则天皇后纪》的史臣评论,却出自五代撰写此书的史臣之手,③具体可能正是这位张昭远,其本传中记述他曾撰写《唐朝君臣正论》25卷,完成后上奏给后晋高祖石敬瑭。该书现已失传,但从"正论"一词分辨,张昭远显然要对唐朝君臣之形迹与品性进行总结,他所依凭的应当就是他所处的那个分崩离析的时代,以此鉴别正伪与真假。据研究,正统论不管在北方的五代还是南方的十国,均有较为广泛的传布。以北方为核心,自后唐取代后梁而开启的延续唐朝法统的观念,一直伴随五代诸政权的嬗替过程之中,取法于后唐的后晋标榜自身法统的正当性自无异议,④张昭远上述《唐朝君臣正论》应系此种正统论下属的产物。如此,作为皇后登上帝位的武则天一朝,在他的眼里如同牝鸡司晨一般,根本不应在法统的系列里,这就是《旧唐书》"史臣曰"的主要内容。易言之,武则天在她失势后被忠诚皇权的正统主义史官视作僭越者在史书中是很明确的。⑤ 与此对应的是,作为《新唐书》的主撰者欧阳修,"奉诏修《唐书》纪、志、表,自撰《五代史记》,法严词约,多取《春秋》遗旨。苏轼叙其文曰:'论大道似韩愈,论事似陆贽,记事似司马迁,诗赋似李白。'"⑥武则天的史臣评论

---

① 参见黄永年:《唐史史料学》,上海书店出版社2002年版,第3—18页。

② 参见(清)赵翼撰:《廿二史札记》卷16《唐实录国史凡两次散失》,中华书局1963年版,第309—312页。

③ 参见[英]杜希德:《唐代官修史籍考》,黄宝华译,上海古籍出版社2010年版,第175页。

④ 有关五代正统论的阐释,参见刘浦江:《正统论下的五代史观》,载荣新江主编:《唐研究》第11卷,北京大学出版社2005年版,第73—94页。

⑤ 虽然武则天走上了法理的帝王之位,但五代和北宋撰修的史臣并不认可,不论是《旧唐书》还是《新唐书》,都将她视为皇后。前者的史臣评述她"称制十年","扼腕于朝危",如同"牝鸡司晨,终能复子明辟",这种回归李唐正统式的描述将武则天朝统的法理性彻底摒弃掉了(见《旧唐书》卷6《则天皇后纪》,中华书局1975年版,第133页)。《新唐书》在此基础上对武氏贬损得更加肆无忌惮:"武后之恶,不及于大戮,所谓幸免者也。至于中宗韦氏,则祸不旋踵矣。"(《新唐书》卷4《则天皇后纪》,中华书局1975年版,第113页)撰写本纪的欧阳修之所以将武后列在本纪只是沿袭旧史的体例,他从《春秋》的政治道德学说出发,视武则天王朝为僭伪的目的彰显无遗。按欧阳修秉持春秋笔法一说,可参见《宋史》卷319《欧阳修传》,中华书局1977年版,第10381页;(清)王鸣盛撰:《十七史商榷》卷93《新旧五代史一·欧法春秋》,黄曙辉点校,上海书店出版社2005年版,第864—865页。有关两《唐书》史臣论赞的异同,参见同书卷70《新旧唐书二·新书尽黜旧书论赞》,第602页。

⑥ 《宋史》卷319《欧阳修传》,中华书局1977年版,第10381页。

直接出自欧阳修,上文言之凿凿,而向有强调宋朝法统承续唐朝并有《正统论》著作问世的欧阳修之排斥武则天,①也就不足为奇了。值得我们注意的是,宋人正统论的说法影响到了以后的诸朝诸代,②譬如明清人议论唐朝君主之时,都排除了武则天的地位即是一例。③ 与她有交际的武氏家族的成员作为劣迹斑斑的典型出现于史乘中也不乏其例,④武懿宗作为负面形象现于记载中不足惊讶。但他上述行为在《旧唐书》的着实记载,也并非空穴来风,应该是确有其事的反映。假如这个推测能够成立,那么他对河北那些遭受胁迫民众残酷打压的行动及其隐藏的观念,就值得我们推敲一番。

为了说明问题,我们还是将他与狄仁杰作对比阐述。

第一,这两个人物在现存的两《唐书》《资治通鉴》等文本中已经被类型化了。有关武懿宗的评论,《旧唐书》的史臣是这么说的:

> 自古后族,能以德礼进退,全宗保名者,鲜矣。盖恃宫掖之宠,接宴私之欢,高爵厚禄骄其内,声色服玩惑于外,莫知师友之训,不达危亡之道。故以中才处之,罕不覆败……皇唐受命,长孙、窦氏以勋贤任职,而武氏、韦氏以盈满致覆。夫废兴者,岂天命哉,盖人事也!⑤

《新唐书》的撰述者亦云:

> 凡外戚成败,视主德如何。主贤则共其荣,主否则先受其祸……

---

① 参见欧阳修:《正统论七首》《正统辩上下》《正统论上下》,载氏著:《欧阳文忠公文集》卷7、16,文津阁《四库全书》第368册《集部·别集类》,商务印书馆2005年版。

② 关于宋人正统论的研究,参见饶宗颐:《中国史学上之正统论》,上海远东出版社1996年版,第35—49页;刘复生:《宋代"火运"论略——兼谈"五德转移"政治学说的终结》,《历史研究》1997年第3期;刘浦江:《"五德终始"说之终结——兼论宋代以降传统政治文化的嬗变》,《中国社会科学》2006年第2期。

③ 明人于慎行撰述的《读史漫录》卷7《唐高祖至玄宗》(清人黄恩彤参订,李念孔等点校,齐鲁书社1996年版)述及武则天朝史事,即以皇后而非女帝的身份描写,见该书第213—234页。清人王夫之《读通鉴论》(卷21《中宗》,舒士彦点校,中华书局1975年版,第626—645页)更直言将武氏附在中宗之属,称作"伪周武氏附于内",明确否定她的法统地位。这些观点承续的就是宋儒的正统主义。

④ 参见《旧唐书》卷183《外戚·武氏诸子传》,中华书局1975年版,第4727—4741页;《新唐书》卷206《外戚·武氏诸子传》,中华书局1975年版,第5835—5843页。《旧唐书》卷183史臣赞曰:"戚里之贤,避宠畏权。不恤祸患,鲜能保全。福盈者败,势压者颠。武之惟良,明于自然。"(第4751页)

⑤ 《旧唐书》卷183《外戚传》,中华书局1975年版,第4721—4722页。

高、中二宗,柄移艳私,产乱朝廷,武、韦诸族,耄婴颈血,一日同污铁刃。①

对狄仁杰的评论,《旧唐书》的史臣曰:

> 天子有诤臣七人,虽无道不失其天下。致庐陵复位,唐祚中兴,诤由狄公,一人以蔽。或曰:许之太甚。答曰:当革命之时,朋邪甚众,非推诚竭力,置身忘家者,孰能与于此乎!仁杰流死不避,骨鲠有彰,虽逢好杀无辜,能使终畏大义。②

《新唐书》的赞曰:

> 武后乘唐中衰,操杀生柄,劫制天下而攘神器。仁杰蒙耻奋忠,以权大谋,引张柬之等,卒复唐室,功盖一时,人不及知。③

单就两《唐书》对二人的评价和议论的方式而言,有关武懿宗的部分是在演绎概观式的认知框架中进行评判的,《旧唐书》具体将武懿宗置于外戚的整体构架中表述,并将这个势力看作接近皇权获得宠信而导致覆亡的一般性之通则。这种叙事的特点就在于它被事先放置在一个早已定谳了的范式之内,即上文表述的五代史臣否认武则天正统地位的那个框架。也就是说,有关对武懿宗的评论,都是建立在儒家意识形态化了的观念下的产物。但史臣也没有完全停留在这个层面,真要避免覆亡的悲剧发生,也并非完全出自天意,主动权仍旧掌握在他们自己的手中。与此对照,《新唐书》则将外戚命运的成败,视作君主个人的贤才观和对品性的把握之上。反观对狄仁杰的评价,集中在他于李唐复国取代武周表现的功勋之中,这个评介十分具体而非抽象,应是史臣对武周政权"篡位"正当性否定的展示。

论述至此,我们似乎对上述二人的评议有新的理解,即:对外戚和狄仁杰的评议,五代和宋朝史臣是建立在中原朝廷法统政治和伦理道德的基础之上。外戚作为一种势力本可以存在于现实的生活当中,一旦该势力超越自身生活而与国家政治发生关联时,就被视为僭越而遭受朝廷和社会舆论的批判。逾

---

① 《新唐书》卷206《外戚传》,中华书局1975年版,第5833页。

② 《旧唐书》卷89《狄仁杰传》"史臣曰",中华书局1975年版,第2907—2908页。

③ 《新唐书》卷115《狄仁杰传》"赞曰",中华书局1975年版,第4221页。

越限度是其遭受诟病的主因，①这是传统政治不能认可的。与之对应，作为朝廷的命官，狄仁杰的所作所为完全符合国家和朝廷的政治伦理，特别是被视为篡权的武周回复李唐的途径中他所发挥的作用正是促使这一进程的顺利，更成为维护政权法统地位的典型而被赞奉。不幸的是，原本就遭受批判的外戚，在两《唐书》的史臣眼里，如果遇到英明的君主掌舵行驶，姑且尚有不错的表现；而武懿宗的行为则是肆权乱政的样例，这个行为与篡权的武则天联系在一起，更是外戚品行恶劣的典型。武懿宗之所以被史臣如此认为，除了他上述的品行之外，概念化或者说类型化的意识形态式的描述，强化了后世的印象。应当说，这是武懿宗给我们留下印记的主要资源。而这个概念化或类型化则是五代与北宋国家正统意识凸显的直接产物，是那个四分五裂或处于诸政权对峙下为强调自身法统正当性这种政治诉求的观念应验。只有在这种状态下，武则天的行为才属于僭越，与其有关的武氏家族才被视为乱政的蛀虫。武懿宗的形象就这样被定型下来。这至少是史臣或直接撰写者的共识。决定这些撰写者的，则是他们所服务的朝廷君土支配下的史馆机构。② 按《唐六典》对史官职责的描述是：

> 史官掌修国史，不虚美，不隐恶，直书其事。凡天地日月之祥，山川封域之分，昭穆继代之序，礼乐师旅之事，诛赏废兴之政，皆本于起居注以为实录，然后立编年之体，为褒贬焉。③

这段记载表达的是史官职责重在如实记载和表述，既不过分，也不忽视，做到"实事求是"；但最后的"褒贬"则将这种实事求是置放在一个框架之内，"褒贬"所代表的就是朝廷和官方。这个传统至少从《春秋》就已开始，它将文本叙述的话语权掌握在了撰写者手里，而这些撰写者在唐初又被纳入到政府

---

① 对武氏逾权干政持有激烈批判的是清人王夫之，他指斥说："武攸绪者，武氏之族，依逆后而起，无功可录，窃将军之号，冒安平王矛土之封，与（武）攸暨等乘武氏之篡，拥衮冕而南面称孤……以法论之，免其殊死可尔，流放之刑，不可曲为贷也。"见《读通鉴论》卷21《唐中宗（伪周武氏附于内）》，舒士彦点校，中华书局1975年版，第637页。对外戚的干政，清人赵翼也持有同一态度："两汉以外戚辅政，国家既受其祸。"见《廿二史札记》卷3《两汉外戚之祸》，中华书局1963年版，第60页。

② 参见［英］杜希德：《唐代官修史籍考》，黄宝华译，上海古籍出版社2010年版，第12—17页。

③ 《唐六典》卷9《中书省集贤院史馆甌使》，陈仲夫点校，中华书局1992年版，第281页。

的控制下,皇帝掌控话语权,唐太宗设置史官的行为本身就是国家直接控制的象征。① 在这种情况下,史官的表达就超脱了个人情怀而成为朝廷的意识形态了。诚如学者指出的,在政府控制下的书写范式,表达的是政府、朝廷的思想和观念,唐朝无疑沿承了过去的道德传统,将儒家的道德评判贯彻并主宰了这类的文本叙述。② 武懿宗、狄仁杰正是两个具体的案例,史臣对他们进行的评判,充斥的就是承续唐朝体统之五代、北宋意识形态的主流观念,只不过狄仁杰是以正人君子的儒臣的正面形象、武氏家族则以乱权弄政的负面形象展示出来的。

第二,武懿宗、狄仁杰案例的价值除了传统儒家道德、伦理的层面之外,如前所述,他们涉及的问题溢出了唐朝这个单一政治体而囊括了唐与突厥、唐与契丹两个(或多个)政治体效忠的范围。这也是本文讨论的核心即处于政治体交叉地带民众的忠诚对象与程度的问题。我们首先看到的是,对狄仁杰的赞美和对武懿宗的贬斥,两《唐书》的史臣都是出自儒家伦理道德的角度和层面,这在上面说得很清楚了。导致我们对二人行为及其后面隐藏的观念的关注,还是他们处置河北诸州百姓对政府表现出的效忠问题。我们看到,无论是表现宽恕的狄仁杰,还是残忍过度的武懿宗,他们在处理河北百姓"投敌""不忠"的行为时,至少文献中并没有出现宋朝以后的汉人痛击那些投敌叛国者时采纳的诸如"汉奸"一类的话语。这似乎表明对同样的行为,尤其是汉人政治体与非汉人政治体处于政治军事对抗之时,对汉人群体或个人与交锋中的对手采取某种合作的那种行为,宋以后的汉人通常以"汉奸"词汇描述并采取多种手段予以惩处,这似乎成为汉人统治集团乃至普通民众的普遍思维。③

---

① 有关唐朝官方掌控修史的记述,可参见谢保成:《隋唐五代史学》,厦门大学出版社 1995年版,第 27—32、70—75 页。关于唐朝官方控制修史权的前期脉络,可参见胡宝国:《汉唐间史学的发展》,商务印书馆 2003 年版,第 233—234 页。

② 参见[英]杜希德:《唐代官修史籍考》,黄宝华译,上海古籍出版社 2010 年版,第 8—9 页。

③ 从理论上说,像"汉奸"这类概念之出现,应当是民族感情强烈环境下的产物,尤其是民族与国家政治体绑缚在一起的时代才有可能成为人们秉持的东西;这样的时代往往就是民族国家时期(参见张凤阳:《西方民族——国家成长的历史与逻辑》,《中国社会科学》2015 年第 6期)。但历史的复杂性就在于这样的切割只为人们了解类似的问题提供了一个参照而已,事实上,中国"汉奸"所描述的与外界势力联合被斥为政治品德有问题的现象,的确从宋朝开始逐渐强化了。有关宋朝汉人民族主义的新近系统性研究,可参见 Nicolas Tackett, *The Origins of the Chinese Nation*;*Song China and the Forging of an East Asian World Order*, Cambridge:Cambridge University Press,2017。

　　为什么宋朝以后这种观念普遍流行和大为增强了呢？根据学者的研究，这应与宋朝开始中国单一汉人族性观念强化有密切的关系。① 这个说法有其道理。我们看到，当河北或身处北宋的汉人无论出自何种原因进入与之对峙的契丹辽朝仕职的行为，在这个时期都是汉人社会舆论诟病的对象并成为一个突出的问题。② 这表明，同是与外人打交道，宋朝以后的汉人社会关于外族观念的畛域呈现与唐朝迥异的局面，如同傅乐成先生分析的那般，唐宋社会的转型，在夷夏观念上的分化愈加严格而非混同。③ 导致这种局面的出现，从政治体纵横捭阖的角度着眼，应当是非汉人政治势力的集结并壮大到威胁汉人王朝的地步，即如魏特夫分析的那般，契丹人建立的辽朝打破了以往北方游牧政权对中原渗透的路径，进而开启了南下征服的步伐，④虽然辽朝无法吞并北宋，但它兵锋指向的意图及给予北宋严重的威胁则是分外明确的。在两个或以上处于对峙状态下蕴藏着想吞并对方的王朝内，视对手为敌人而大力强化彼此的畛域并采取诸多措施保卫自我，是维系王朝法统地位尤其社会稳定的重要法宝。在这种一致对外的社会环境中，敌我对立分化的思维观念得以确立并升华，以至于正史的编纂出现《外国传》替代《四夷传》这样明辨彼此的书写，这应当就是这种社会形势对人们意识形态刺激的结果。⑤ 在这种"单纯""一致"笼罩下的异族、外敌想象和观念之擢升的氛围中，倘若有人与此相悖

①　参见王柯：《"汉奸"：想象中的单一民族国家话语》，《二十一世纪》2009 年 3 月号。

②　参见 Naomi Standen, *Unbounded Loyalty: Frontier Crossing in Liao China*, Honolulu: University of Hawai'i Press, 2007；[英]史怀梅：《忠贞不贰？——辽代的越境之举》，曹流译，江苏人民出版社 2015 年版。

③　参见傅乐成：《汉唐史论集》，台北联经出版事业公司 1995 年版，第 339—382 页；潘蛟：《"民族"的舶来及相关的争论》，中央民族大学博士学位论文，2000 年。

④　参见 Karl A. Wittfogel and Feng Chia-sheng, *History of Chinese Society: Liao*(907—1125), New York: The Macmillan Company, 1949, pp.1—35；[美]魏特夫：《中国社会史——辽(907—1125)：总论》，唐统天等译，载王承礼主编：《辽金契丹女真史译文集》第一集，吉林文史出版社 1990 年版，第 1—5、42—44 页；[日]田村实造：《关于中国征服王朝》，袁韶莹译，载王承礼主编：《辽金契丹女真史译文集》第一集，吉林文史出版社 1990 年版，第 96—109 页。

⑤　正史中将以往的四夷列为彼此分明的《外国传》始于宋初薛居正监修，卢多逊、张澹、李昉等参与的《旧五代史》(见该书目录，中华书局 1976 年版)；元末脱脱、阿鲁图主持修纂的《宋史》尾随其后(见该书目录，中华书局 1977 年版)。按照《宋史》卷 485《外国传一》史臣的阐释："昔唐承后，隋承周、齐，上溯元魏，故西北之疆有汉、晋正朝所不逮者，然亦不过使介之相通、贡聘之时至而已……宋之待遇亦得其道，厚其委积而不计其贡输，假之荣名而不责以烦缛；来则不拒，去则不追；边圉相接，时有侵轶，命将致讨，服则舍之，不黩以武。先王柔远之制岂复有加于

进入对方的阵营里,追求"纯粹"的汉人世界对此的忍耐就会全然丧失,从舆论、观念进行批判和随后法律制裁的跟进,自在"合理"的应对中。一句话,宋代的中国开启了汉人与非汉人畛域鲜明分化的时代,①其中的原因固然多样且日趋复杂,这并非本文论述的重心,我们只想表明这是时代和社会整体变化的产物,我们的目标是在这样的对比中回过头来界定唐人与此类似的行为及其思想、观念呈现的差异,尤其是导致差异的缘由。

如上所述,宋代中国与以往呈现不同的现象就在于,我这里仅指族群畛域的清晰或模糊这个领域,它事实上开启了族属差异强化的时代,而这是建立在消化以往族群互存界限的根基之上的,著名的例子就是唐末五代时期北方非汉人的差异经此社会演变而渐趋消亡。② 与此相对应,本文讨论的主人公所在的时代,则是民族或族群呈现涌动碰撞的激烈时代而唐朝则予以承认和兼纳。事实上,唐朝之所以有如此的心态并非有意为之而显示出它的超越性,恰恰相反,是那个时代本身赋予唐朝如此的特性。至少现今的学术界更加辨明并强调了唐朝(统治集团)建构的南北统合的要素,易言之,唐朝的建立并非人们熟悉并默认的南部中国仅存的"中华正统"的文化遗存,它主要的元素系出北方草原游牧人的传统,当然是这些拓跋人南下与中原文明结合之后的北方系统。③ 这表明,唐朝社会的构建本身就是超越南部汉人传统的自我限制而大量融进了北方游牧的因素,如同谷川道雄所说的"体现在北周吞并北齐→周隋革命→隋的南北统一这样一个历史进程中,而直接成为这一政治统一进程起点的,则是北魏末期的内乱"④。这条线索清晰地揭示了唐朝北方社会的渊

是哉! 南渡以后,朔漠不通,东南之陬以及西鄙,冠盖犹有至者。交人远假爵命,迄宋亡而后绝焉。"(中华书局 1977 年版,第 13981—13982 页)这段解说虽没有明言《外国传》设立的因由,但将宋朝与周边诸国关系的疏远,特别是宋朝能力所及的情形,透露得十分清晰。易言之,《外国传》替代四夷传的主要理据,就是宋朝与这些政权关系的疏远。

① 这也是导致宋代社会走向内敛化道路的主要原因之一。有关此问题,刘子健有经典性的论述,参见氏著:《中国转向内在:两宋之际的文化内向》,赵冬梅译,江苏人民出版社 2002 年版。

② 参见邓小南:《论五代宋初"胡、汉"语境的消解》,《文史哲》2005 年第 5 期。

③ 参见[日]杉山正明:《游牧民的世界史》(此书日文出版于 1998 年),黄美蓉译,中华工商联合出版社 2014 年版,第 121、134—136、142、159—160 页;Chen Sanping, "The Legacy of the Tuoba Xianbei:The Tang Dynasty", *Multicultural China in the Early Middle Ages*, Philadelphia:University of Pennsylvania Press,2012,pp.1—38。

④ [日]谷川道雄:《隋唐帝国形成史论》,李济沧译,上海古籍出版社 2004 年版,第 4 页。

源,它赋予这个王朝北方社会以天然般的密切联系。试想在这样的氛围中出现的中原王朝与北方新兴势力的联系——不论是交往还是征战,都足以令中原王朝与北方关联的加强而非隔断,从太宗、高宗征服东西突厥、用兵或羁縻契丹和奚人势力,到突厥复兴后对唐朝北部地区的骚扰等,这些活动都促成唐朝与他们关系的愈加密切。草原政治体对南部农耕社会的需求和依赖,足以使他们频繁与中原联系,在这种彼此分明、竞争又兼容的互动中,双方进行具体的政治交往或者经济贸易的交流,在思想观念上也仅仅表现出具体的敌人、对手,抑或盟友、联军。① 换句话说,这样的场景并不能使对峙的双方具有持续不断的明确不认可且排斥的观念。武则天时代的唐朝政府还是沿袭着高祖开创的业绩,在华夷的观念上虽然有所改动,但远非宋代以后中国那种带有"种性"在内的明确畛域,所以"汉奸"这样的词汇不会出现在唐朝,其缘由就在于此。

另一个要素同样不可忽略,这就是潘蛟提出的汉人中国的华夷观念是根据它自身与周边民族势力的互动而呈现并变化的。他说:"像唐太宗这样的帝王大都是信奉'天下主义'的。但是,也应该指出,这种'天下主义'一般都是以自己为'天下之主'为背景的。当自己的天下受到异族威胁,或这个天下已被异族夺得时,汉族统治阶级则又会转向'华夷之辨',重新强调'夷夏大防'。"②本文讨论的时段虽然不若唐太宗向外开拓时具有伸张精神,甚至军事战略亦从攻势转向了防守,③但此时的观念并没有发生本质的变化,唐与突厥、吐蕃、契丹这些周边外族的关系固然有各种各样的展现,但对时人而言,他们彼此之间只是军事、政治上的对手或盟友,观念上至多保留着汉人的那种华夷分合,并没有发展到宋朝以后那种畛域分明的程度。这应当归咎于唐朝强盛局面的奠定。其后它的发展变化,源于它与周边民族势力关系的变化,这需要一个较长时间的磨砺。在演变之前的时代,唐与周边外族势力基本上限于政治军事的纷争或统合,没有彼此不能容忍或势不两立的观念,这应当是很分明的。

---

① 有关唐与突厥彼此关系新近的系统性研究,可参阅 Jonathan Karam Skaff, *Sui-Tang China and Its Turko-Mongol Neighbors*: *Culture*, *Power*, *and Connections*, *580 - 800*, New York: Oxford University Press,2012。

② 潘蛟:《"民族"的舶来及相关的争论》,中央民族大学博士学位论文,2000 年。

③ 参见唐长孺:《唐代军事制度之演变》,《国立武汉大学社会科学季刊》1948 年 12 月,载《山居存稿续编》,中华书局 2011 年版,第 329—352 页。

姚崇夫人刘氏墓志反映的若干问题[*]

姚崇之妻刘氏墓志记载了她一生的主要经历,内中颇多褒扬和赞美,这是墓志的通例。但若仔细阅读,特别是与传世文献勘对,似乎也能发现若干问题。本文即做如此研究,着重以下几点。这里先胪列该墓志铭文如下,再作讨论。[①]

大唐开府仪同三司紫微令梁国公姚公（崇）夫人
沛国夫人刘氏墓志铭并序
左补阙许景先撰

夫人讳,彭城人也。先汉楚元王之后。夫受氏命历,开阶胙土。曾构与极天齐峻,封盟比长河不绝。规模宏远,世纪可详。曾祖乾宗,唐平坊二州刺史、洪州都督、宜春县开国公。祖绍策,唐云融吉颖四州刺史、藁城县开国公。父君颖,华州参军、郴州平阳县令。并降灵台岳,联华国图。立德成于懋官,盛业称其可久。夫人服柔谦之训,降明淑之灵。含纯娥以内融,优贞婉而特立。始则内资姆教,郁为妇道之宗;终亦作配国祯,式规王化之本。时梁公迹沦吏隐,望属苍生。盘桓利居,始膺招贲。夫人躬浣濯以立素,率纮组以底勤。怡顺而傍睦宗姻,尸斋而肃恭祭祀。方将贻训

* 本文曾以《姚崇夫人刘氏墓志铭所反映的若干问题》为名,刊载于姚学谋主编:《姚崇研究文集》,中州古籍出版社 2012 年版,第 219—225 页;此次刊载对题目略作修改,又对文中个别词句作了校订。

① 这方墓志收录于本书编委会编《全唐文新编》第 5 册(吉林文史出版社 1999 年版,第 3048 页)、吴钢主编《全唐文补遗》第八辑(三秦出版社 2005 年版,第 15 页)、赵君平、赵文成编《河洛墓刻拾零》上册(北京图书馆出版社 2007 年版,第 172 页)等。墓志索引参见［日］氣賀澤保規编纂的《新版唐代墓誌所在総合目録》(增订版),番号:2663《姚崇妻刘氏墓志》,东京汲古书院 2009 年版,第 107—108 页。我这里不拟对墓志文字校订,只是通过墓志的内容结合传世文献做一点勘正,试图澄清几个问题。这里只依据《全唐文补遗》提供的录文,特此说明。

彤管,传经后师,而景命不融,与善冥昧。闭虹光于厚穸,坠瑶华于早春。以垂拱元年(685 年)八月四日,终于郑州官舍,春秋三十四。时以圣历元年(698 年)十月廿三日,权归殡邙山,礼也。夫人慈敬冲谦,秉心泉塞。正词以直道,柔色以承颜。进止合环佩之声,内悬有挥摭之别。幽世永绝,遗范尚存。呜呼哀哉!今开府梁公,寅亮百揆,出入四朝。若伊尹之保成汤,周邵之佐文武。功铭彝鼎,绩柬帝心。乃下制追封沛国夫人。以开元五年(717 年)岁次丁巳二月壬申朔十三日甲申,改葬万安山南大茔,礼也。永怀异室,载卜幽埏。爰加相国之封,乃锡侍中之赗。虽金铉之贵,礼隔于终天;石窌之荣,义光于殁世。长子故光禄少卿彝,克绍丕训,不幸早亡。次子太子中舍异,文艺温恭,时推孝友。悲口泽而日远,怀蓼莪而罔极。门人尽饰,复见吊容。假葬有称,还遵正礼。铭曰:

懿兹邦媛兮,厥德自先。内循姆训兮,明淑惟贤。舄服副笄兮,不偕永年。夫贵妻尊兮,封邑乃传。哀荣备礼兮,永闭终天。

一、刘姚夫妇双方的家世地位

根据墓志记载,刘氏祖籍彭城,即今江苏徐州一带。按唐代墓志撰写的通例,大凡叙述自己的姓氏,往往比附于较早的同姓名人。刘氏之"刘"初为地名,可追溯至陶唐时代,经过夏商周的嬗变,到西汉时,名声壮大。这与刘邦及其后人为帝主政西汉和刘秀及后人主宰东汉有直接的关系。以唐人林宝撰写的《元和姓纂》为例,该书记载刘氏之渊源,即秉承这一传统。[①] 墓志说她"彭城人也。先汉楚元王之后",这与《元和姓纂》之记载"(彭城)汉高弟楚元王交……子孙居彭城"[②]如出一辙。追寻先人为一共同始祖的现象在唐人墓志叙述中是惯常的举措,至于其中是否有直接的线索可以沿承下来,需要我们花

---

① 参见(唐)林宝撰:《元和姓纂》卷 5《十八尤·刘》条,岑仲勉校记,中华书局 1994 年版,第 662—663 页;(宋)邓名世撰:《古今姓氏书辩证》卷 18《十八尤(上)·刘》条,王力平点校,江西人民出版社 2006 年版,第 252 页。

② (唐)林宝撰:《元和姓纂》卷 5《十八尤·刘》条,岑仲勉校记,中华书局 1994 年版,第 663 页。

费一番工夫考订,有的时候可能得出相反的结论。① 到目前为止,我们还不能找到这个刘氏与汉朝楚元王家系的任何直接的关联,但是也没有直接的资料能够证伪。只能说,这样的叙述满足的是当时社会对门望的需求。这就要求我们对当时社会存在的这个现象作出解释。

学术界现在能够给我们提供的解释思路,大体是这样的:魏晋南北朝时期的世家大族,经过隋朝和唐朝前期政治及社会的演变,大体经过了一个由盛转衰的过程。唐朝前期,伴随武则天上台打击关陇贵族政治势力,涌现出一般性的政治势力取代传统贵族势力的潮流。这个转化从理论上说自唐朝建国之后就开始了,但在唐高宗和武则天当政的时候尤其突出。② 到唐朝后期,大族势力(不论是北方的还是南方的)基本上丧失了政治中心和社会的中坚地位,但大族的社会声望仍持续传延,人们将自己的家世依托于著名的大族,就是这种声望得以持续的表现,令人吊诡的则是,人们攀附大族的现象越普遍,大族内涵的社会价值也就越降低。

姚崇和刘氏婚姻的结合,似乎正是这种社会转变过程中的一个体现。宋人郑樵曾经说过这么一段话:

> 姓氏之学,最盛于唐而国姓无定论,林宝作《元和姓纂》而自姓不知所由来。汉有邓氏《官谱》,应劭有《氏族篇》,又有颍川太守聊氏《万姓谱》。魏立九品,置中正、州大中正、主簿、郡中正、功曹,各有簿状,以备选举。晋宋齐梁因之。……唐太宗命诸儒撰《氏族志》一百卷,柳冲撰《大唐姓系录》二百卷,路淳有《衣冠谱》,韦述有《开元谱》,柳芳有《永泰谱》,柳璨有《韵略》,张九龄有《韵谱》,林宝有《姓纂》,邵思有《姓解》。其书虽多,大概有三种:一种论地望,一种论声,一种论字。③

郑樵对姓氏的记载从汉朝说起,尤详于唐。如他所说,姓氏(特别是门第

---

① 从文献学和其他辅助性研究的角度,将本文中的刘氏与汉代楚元王刘交的关联进行有针对性的研究(不管是否存在关联),是有学术价值的。问题是需要足够的时间和资料,或者比较完备的其他辅助性的工具手段。对本文作者而言,这样的条件暂时不具备,本文只能提出这样的想法。

② 有关这个方面的研究,因论述甚多,此处不具引,可参阅葛承雍撰写的《社会阶层》之"总论""士族地主与庶族地主",载胡戟等主编:《二十世纪唐研究》,中国社会科学出版社 2002 年版,第799—808 页。

③ (宋)郑樵编撰:《通志》卷25《氏族略一》,中华书局 1987 年版,第439 页。

高者)划分的意图在于,"使贵有常尊,贱有等威"①。在一个由贵族制盛行并支配社会演变而来的时代,唐朝经历士族转变官僚制的过程中,初期和前期仍旧充满着对士族的向往,是毫不奇怪的。只不过唐朝氏族高门建立的基础不再是旧传统的文化积淀,而以当朝权贵的政治高下为标准,这在唐太宗、武则天时期先后颁定《氏族志》《姓氏录》等族谱的行为上得到集中的表现。② 这种门第转变的另一层因素,则是北朝以鲜卑拓跋为主导的国家中原化进程中出现的拓跋贵族向中原贵族的转轨,这种尚武的军事势力所抟成的贵族极大地冲击了南朝沿承的以文化血脉争胜的士族传统,从而与政权结合形成了以宇文泰开创的关陇贵族集团为代表的新兴政治势力。这股政治势力所代表的军功贵族,于唐朝立国后曾经一度占据朝廷的主流,③然而随着武则天上台出现的山东(这里取函谷关以东之广义)势力与关陇势力的较量,朝廷的士族政治又逐渐被新起的、以科举考试为中心形成的官僚政治所替代。④ 姚崇与刘氏夫人的婚姻,应当就发生在这样的转轨之中。

按墓志记述,刘氏之曾祖乾宗,历任唐朝平、坊二州刺史,洪州都督,宜春县开国公;其祖父刘绍策,任云、融、吉、颍四州刺史,藁城县开国公;其父刘君颍,华州参军、郴州平阳县令。刘氏先人的仕履,从刺史到县令,在唐朝的官品序列里,位列三品至七品之间,⑤前者属于"贵"的序列,后者则属中下级别。按刘氏卒于武则天当政的垂拱元年(685 年),时年虚岁 34,实为 33 岁,她应出生于高宗永徽三年(652 年)。再以 25 年为代际推算,她的父亲、祖父、曾祖

---

① (宋)郑樵编撰:《通志》卷 25《氏族略一》,中华书局 1987 年版,第 439 页。

② 参见汪篯:《唐太宗树立新门阀的意图》,载《汪篯汉唐史论稿》,北京大学出版社 2017 年版,第 380—392 页。有关姓氏分列的研究,可参阅王仲荦:《〈唐贞观八年条举氏族事件〉残卷考释》,载《蜡华山馆丛稿》,中华书局 1987 年版,第 328—364 页。

③ 有关这个方面的研究,可参阅陈寅恪:《唐代政治史述论稿》,上海古籍出版社 1982 年版,第 1—49 页;唐长孺:《拓跋族的汉化过程》,载《魏晋南北朝史论丛续编》,生活·读书·新知三联书店 1959 年版,第 132—154 页;[日]谷川道雄:《隋唐帝国形成史论》,李济沧译,上海古籍出版社 2004 年版,第 1—16 页。

④ 这个观点主要由陈寅恪提出,汪篯等继承并发挥,分见《唐代政治史述论稿》(上海古籍出版社 1982 年版,第 1—49 页)、《唐高宗王武二后废立之争》(《汪篯汉唐史论稿》,北京大学出版社 2017 年版,第 393—414 页),其他的讨论可参阅廖孝莲、于赓哲撰写的《武则天与王皇后的斗争》,载胡戟等主编:《二十世纪唐研究》,中国社会科学出版社 2002 年版,第 36—37 页。

⑤ 参见(唐)李林甫等撰:《唐六典》卷 30《三府督护州县官吏》,陈仲夫点校,中华书局 1992 年版,第 745—752 页。

出生的年代,应分别是 627 年、602 年、577 年,相当于太宗贞观元年、隋文帝仁寿二年和北周建德六年。① 易言之,刘氏的曾祖、祖父和父亲,是出生并生活在北周灭亡北齐前后至刘氏所处的武则天时期。这个时段正是学术界讨论的士族社会由兴盛走向衰落、以非贵族的官僚阶层取代士族社会的转型之中。

再看姚崇的家世。两《唐书》只记载他的父亲姚懿,字善意,于唐太宗贞观中担任嶲州都督,赠幽州大都督。② 查《新唐书·宰相世系表》,姚崇家世之追溯,亦至其父(及担任的嶲州都督),与两《唐书·姚崇传》之差异,多出一"文献公"之赠号,按两《唐书》本传此号系因姚崇而受封,《新唐书·宰相世系表》此处所记亦同。③《新唐书·宰相世系表》记云:"陕郡姚氏亦出自武康。梁有征东将军吴兴郡公宣业,生安仁,隋汾州刺史。生祥。"姚祥任职隋怀州长史、检校函谷都尉,接着叙述的便是姚崇之父姚懿。这样看来,姚崇之家世,在当时所可明确的只有他父亲这一辈,④与其夫人刘氏父祖之仕任略显差异。

从上文讨论的情况看,姚崇与刘氏生活的时代,恰恰就是武则天上台所表征的士族政治逐步解体、官僚制逐步上升的嬗替时期。姚崇本人在人们的研究中一向以吏干能人著称,⑤他的才干与其家世在文献上并没有关联,即家世沿承看不出有高门大户之痕迹,应当不在当世的士族(贵族)行列;此外,姚崇的先人与所谓的关陇贵族集团似乎也没有什么关系。如此看来,他的家族应属于武则天上台所标示的一般性、以任职为特征的权势阶层。这样的阶层随

---

① 我这个推算纯粹是按照 25 年为一代进行的加减法,墓志里没有记述刘氏的排行,他的父亲、祖父等也没有排位的记载,以 25 年计算并不能真实反映这个家族代续沿承的情况,但除此之外似乎又找不到更好的办法。以此估测刘氏先人出生与活动的大致年月,应有参考的需要。按唐人男女初婚年龄一般在 14、15—20 岁之间,我以 25 年为一代考虑到刘氏先人并不一定都是婚后第一个出生,只是大略而言。关于唐人初婚年龄之研究,参见李树桐:《唐人的婚姻》《唐代妇女的婚姻》,载《唐史索隐》,台湾商务印书馆 1988 年版;李志生:《唐人婚龄探析》,载《北大史学》第 8 辑,北京大学出版社 2001 年版,第 15—28 页;张国刚、蒋爱花:《唐代男女婚嫁年龄考略》,《中国史研究》2004 年第 2 期。

② 参见《旧唐书》卷 96《姚崇传》,中华书局 1975 年版,第 3021 页;《新唐书》卷 124《姚崇传》,中华书局 1975 年版,第 4381 页。按《新唐书·姚崇传》其字作"善懿",而同书卷 74 下《宰相世系表四下》则作"善意"(第 3171 页),当以后者为确。

③ 参见《新唐书》卷 74 下《宰相世系表四下》,中华书局 1975 年版,第 3171 页。

④ 参见《新唐书》卷 74 下《宰相世系表四下》,中华书局 1975 年版,第 3171 页。

⑤ 参见汪篯:《唐玄宗时期吏治与文学之争——玄宗政治史发微之二》,载《汪篯汉唐史论稿》,北京大学出版社 2017 年版,第 421—431 页;李鸿宾:《唐玄宗择相与开元天宝年间中枢政局》,《文献》1995 年第 3 期。

着支持李唐势力在各地的兴起而在唐朝立国后呈现不同的发展,姚崇之先人,应当就属于这些政治势力中的成员。刘氏夫人之先人任职虽有别于姚崇之先人,但他们亦属同样的社会阶层,应当是没有什么疑问的。这说明,姚崇、刘氏上辈的职分高低,大体处在一个层次上,即所谓新晋权属。这易使我们对二者之结合倾向于作新形势下"门当户对"的解释。

二、刘氏夫人过世后的赠誉与姚崇之关联

按照墓志,刘氏去世于垂拱元年(685 年),生当高宗永徽三年(652 年)。姚崇卒于开元九年(721 年),卒年 72 虚岁,则其生当永徽元年(650 年),长刘氏两岁。刘氏卒时,姚崇 35 周岁。据墓志记载,刘氏卒于郑州官舍,此时姚崇所任职务,两《唐书》本传只说他出任濮州司仓参军,"五迁夏官(兵部)郎中"①,刘氏去世之时,姚崇应当就是在这几个职务期间,她逝世于郑州官舍,说明姚崇可能在郑州(或附近)任职,但具体职务不明。此段记述当可弥补文献之缺。

刘氏去世后,姚崇因受武则天和唐玄宗的器重,官职升迁迅速,直至宰相。刘氏两度迁葬,先于圣历元年(698 年)归葬洛阳邙山,后于开元五年(717 年)改葬万安山南大墓。归葬洛阳时,姚崇的任职按照《新唐书》本传之记载,是在圣历三年(700 年)②晋职同中书门下平章事,此前则是夏官(兵部)侍郎。刘氏初次迁葬,当与姚崇的这个职务有关;第二次迁葬,则系出姚崇宰职之缘故。按文献记述,姚崇是在开元四年(716 年)十一月因其儿子和部属收受贿赂而惊动玄宗,遂辞去相职,③但他仍旧受玄宗器重。刘氏墓志所记"今开府梁公,寅亮百揆,出入四朝④。若伊尹之保成汤,周邵之佐文武";"爰加相国之封,乃锡侍中之赙",均是姚崇职任荣耀之写照。她本人受封的"沛国夫人"也

---

① 《新唐书》卷 46《百官志一》,"光宅元年(684 年),改兵部曰夏官",中华书局 1975 年版,第 1198 页。

② 此年五月改为久视年号。

③ 参见《资治通鉴》卷 211"唐玄宗开元四年(716 年)十一月"条,中华书局 1956 年版,第 6723—6724 页。

④ 指武则天、中宗、睿宗和玄宗四朝。

得自于姚崇的"梁国公"①爵号,似无疑义。

还有一个问题值得一说。《新唐书·姚崇传》记载他训诫子孙的遗言曰:"夫厚葬之家流于俗,以奢靡为孝,令死者戮尸暴骸,可不痛哉!死者无知,自同粪土,岂烦奢葬;使其有知,神不在枢,何用破赀徇侈乎?吾亡,敛以常服,四时衣各一称。性不喜冠衣,毋以入墓。紫衣玉带,足便于体。"②姚崇的这番话,从文献记述他一生的活动与为人来看,与他个人的品性并不矛盾。但他的两个儿子和自己的属下接受贿赂,姚崇因此而失官,似乎又表明姚崇追求的品德在他儿子的身上并没有延续下来。当姚崇得知其子受贿引发玄宗愤怒,他"忧惧"而辞职,③说明姚崇颇有自知之明。他对自己的要求,从文献所记与他留给子孙的遗言对照,能够反映出他在那个时代里应属于自律性较强的官员。然而他的行为没能影响及于子嗣,这至少在现存的文献里没有记述,也许正是因为有儿子受贿之事,姚崇在遗言中才更加嘱托这些训诫并使后人留意和尊奉。至于刘氏两次迁葬的规模是否超越当时的规定,因本人尚未知晓具体的墓葬情况,无从作出判断。但两次迁葬反映的姚崇职位晋升影响其家人去世后的安葬,与制度的规定应系吻合。换言之,迁葬之事是丧礼与职位对应的表现,就其本身而言,是礼仪烘托社会地位的展示,属于社会秩序范畴。只有为了顺应社会功利而追求厚葬进而彰显家族地位的举措,才反映姚氏奢侈逐利的品性。就刘氏墓志展示的内容而言,尚看不出这一苗头。

三、姚崇子嗣活动记述的差异

有关姚崇的子嗣,刘氏墓志记述为:"长子故光禄少卿彝,克绍丕训,不幸早亡。次子太子中舍异,文艺温恭,时推孝友。"根据两《唐书·姚崇传》,姚崇有子三人:长子彝,开元初任光禄少卿;次子异,坊州刺史;少子弈,开元中后期

---

① (唐)李林甫等撰:《唐六典》卷2《尚书吏部》"司封郎中"条记载:"一品及国公母、妻为国夫人。"陈仲夫点校,中华书局1992年版,第39页。

② 《新唐书》卷124《姚崇传》,中华书局1975年版,第4386页;《旧唐书》卷96《姚崇传》,中华书局1975年版,第3027页。

③ 参见《资治通鉴》卷211"唐玄宗开元四年(716年)十一月"条,中华书局1956年版,第6724页。

曾为睢阳太守、太仆卿、礼部侍郎、尚书右丞。刘氏墓志记载长子担任光禄少卿,次子任职除太子中舍外无载,《旧唐书·姚崇传》记载他的职务是坊州刺史,但没有任职时间,是否在刘氏迁葬即开元五年(717年)之后?《资治通鉴》明确说姚异在姚崇去职之前就任职宗正少卿,显然,刘氏迁葬后墓志撰写之时,姚异是有职务的。墓志为什么回避? 姚崇的小儿子姚弈,不见于刘氏墓志,他所任职都是在刘氏迁葬以后的开元中后期,说明他似非出自刘氏,可能是姚崇续娶的夫人所生。

姚崇与刘氏所生长子姚彝、次子姚异在文献与墓志的记载中差异甚大。文献中的姚彝和姚异,曾因"广通宾客,颇受馈遗"而遭受舆论批评,姚崇直接去职虽因他袒护属下赵诲受胡人之贿赂而引起玄宗不满,①但两个儿子的行为无疑起了雪上加霜的作用。在两《唐书·姚崇传》里,长子、次子的上述行为都不见记载,甚至省略得人们无从知其详,这应是两《唐书》传记书写的有意回护。姚崇小儿子姚弈之子姚闳②趁牛仙客病笃之机推荐自己的父亲(姚弈)取而代之的超常规举措而遭受的惩罚,两《唐书·姚崇传》并没有刻意回避,是否此事过大且事实俱在,不容许轻易地忽视呢?

整体讲,两《唐书·姚崇传》对姚氏及其子嗣的处理,倾向于褒扬和赞誉,但有一定的分寸和尺度,基本属实且比较可信。对姚崇与后人事迹的负面内容,在保证基本史实的情况下尽量给予回避。到了墓志这里,这种回护的描写几乎充斥全文。姚彝、姚异那些违反朝规的行为一概不提,以"不幸早亡"为长子开脱,以"文艺温恭,时推孝友"赞美次子,甚至回避了他的任职。可见,墓志为逝者讳、为尊者讳的习性,在刘氏的案例中再次得以展现。这类情形(诸如墓志主人早期的家世追溯、在世生活中的负面行为等),在(多数情况下)不为外人所知的墓志里,撰者有条件地选择,是很平常的现象,这应当引起我们必要的注意。③

---

① 参见《资治通鉴》卷211"唐玄宗开元四年(716年)十一月"条,中华书局1956年版,第6723页。

② 参见《旧唐书》卷96《姚崇传》记载姚闳系姚彝之子,恐误,中华书局1975年版,第3029页。

③ 比较而言,《资治通鉴》的记述较之两《唐书》更少回护和避讳,说明司马光选取材料处理历史问题时,其客观性和真实性更大一些。

唐幽州雄武军(城)位置再考*

幽州雄武军是唐朝东北边地防御系统中一个较有特点的军事建置。关于雄武军(城)的位置、建设及变迁等情况,文献有蛛丝马迹的零散记载,此前宿白、张建设、程存洁等人的研究也有所涉及,①《文物》2008年第7期刊载的张家口市宣化区文物保管所撰写的《河北宣化纪年唐墓发掘简报》(以下简称《发掘简报》)一文中公布了六方墓志,内有雄武军较多的信息,本文拟在上述诸文研究的基础上,再进行研讨,试图澄清该军城发展变迁中的几个问题。

一

雄武军之初设,据《旧唐书·安禄山传》云:"禄山阴有逆谋,于范阳北筑雄武城,外示御寇,内贮兵器,积谷为保守之计,战马万五千匹,牛羊称是。"②《新唐书·安禄山传》记载:"禄山计天下可取,逆谋日炽,每过朝堂龙尾道,南北睥睨,久乃去。更筑垒范阳北,号雄武城,峙兵积谷。"③《安禄山事迹》卷上说:"尝以曩时不拜肃宗之嫌,虑玄宗年高,国中事变,遂包藏祸心,将生逆节。乃于范阳筑雄武城,外示御寇,内贮兵器,养同罗及降奚、契丹曳落河(蕃人健儿为曳落河)八千余人为假子,及家童教弓矢者百余人,以推恩信,厚其所给,皆感恩竭诚,一以当百。"④《资治通鉴》记载:"李林甫以王忠嗣功名日盛,恐

---

* 本文原载荣新江主编:《唐研究》第16卷,北京大学出版社2010年版,第249—260页;此次刊载对个别词句作了校订。

① 参见宿白:《宣化考古三题——宣化古建筑·宣化城沿革·下八里辽墓群》,《文物》1998年第1期;张建设:《唐代雄武军考》,《历史地理》第十二辑,上海人民出版社1995年版,第208—211页;程存洁:《唐代城市史研究初篇》,中华书局2002年版,第173—174页。

② 《旧唐书》卷200上《安禄山传》,中华书局1975年版,第5369页。

③ 《新唐书》卷225上《逆臣上·安禄山传》,中华书局1975年版,第6414页。

④ (唐)姚汝能撰:《安禄山事迹》卷上,曾贻芬校点,上海古籍出版社1983年版,第12页。

其入相,忌之。安禄山潜蓄异志,托以御寇,筑雄武城(蓟州广汉川有雄武军),大贮兵器,请忠嗣助役,因欲留其兵。"①

上述四条史料共同的地方有:第一,安禄山出自反叛目的修建雄武城。第二,最初建筑的是雄武城,这个"城"在《新唐书》里还用"垒"字描写,意义甚明。第三,两《唐书》记载雄武城的方位是在范阳之北,《安禄山事迹》标注于范阳,《资治通鉴》中则没有标明。现在分别略加阐释。

雄武城修筑的意图很清楚:安禄山为叛逆后有所依托,建雄武城为日后打算,但他建城的借口却是"御寇"。幽州(范阳)节度使防范的对象是奚和契丹,②号称"两蕃"③,因其活动构成对唐河北道的直接威胁,安禄山增设专门性的防御据点,与当地的政治形势是契合的。《安禄山事迹》所记朝廷晋封安禄山东平郡王的文件里对他的职守有明确的认可:

> 开府仪同三司兼左羽林大将军,员外置同正员,御史大夫,范阳大都督府长史,柳城郡太守,(使)持节范阳节度、经略、度支、营田、陆运、押两蕃、渤海、黑水四府处置及平卢军、河北转运并营田采访使,上柱国柳城郡开国公安禄山……声威振于绝漠,捍御比于长城。战必克平,智能料敌。……顷者,契丹负德,潜怀祸心,乃能运彼深谋,果枭渠帅。风尘攸静,边朔底宁。不示殊恩,孰彰茂绩?④

安禄山的主要任务,就是为朝廷防备东北边区契丹、奚人势力对朝廷构成的威胁,所以他在自己的管辖地区内修筑军事工程,应该说是职守之分,无可厚非。从军事建置的角度讲,节度使下"军"制单位(包括城)的设定,是当时普遍的现象。⑤

---

① 《资治通鉴》卷215"唐玄宗天宝六载(747年)正月"条,中华书局1956年版,第6877页。

② 参见(唐)杜佑撰:《通典》卷172《州郡二·序目下》,王文锦等点校,中华书局1988年版,第4481页;《资治通鉴》卷215"唐玄宗天宝元年(742年)正月"条,中华书局1956年版,第6849页。

③ 《旧唐书》卷199下《北狄·奚国传》云:"万岁通天年(696年),契丹叛后,奚众管属突厥,两国常递为表里,号曰'两蕃'。"中华书局1975年版,第5354页。参见《新唐书》卷219《北狄·奚传》,中华书局1975年版,第6174页。

④ (唐)姚汝能撰:《安禄山事迹》卷上,曾贻芬校点,上海古籍出版社1983年版,第8页。

⑤ 此事文献记载甚多,研究成果亦广,此处仅参见王永兴先生《论唐代前期河西节度》《论唐代前期北庭节度》《论唐代前期朔方节度》等文,载《唐代前期西北军事研究》,中国社会科学出版社1994年版,第1—105、245—320页;张国刚:《唐代藩镇研究》(增订版),中国人民大学出版社2010年版,第83—89页。

安禄山设置雄武城自是顺理成章的。问题的关键是他的真实目的不在于防边,而是为自己反叛做准备,他以合法的手段去实现自己的叛乱意图。

雄武军设置的初始不是军,而是城。作为边防单位性质"城"的设置,《新唐书·兵志》说:"唐初,兵之戍边者,大曰军,小曰守捉,曰城,曰镇,而总之曰道。"① 中期以后出现防边的节度使军队,其来源之一就是包括城在内的边镇兵系统,《新唐书·兵志》上文之前就曾说,"夫所谓方镇者,节度使之兵也。原其始,起于边将之屯防者"。当初幽州节镇下辖的军有经略、威武、清夷、静塞、恒阳、北平、高阳、唐兴、横海九军,② 这里没有雄武军,显然,雄武最初设置的是城而不是军,所以不见于上述九军。③ 那么,雄武城具体的设置在什么年代? 上述文献描述为安禄山有叛心之后,按照《资治通鉴》的编排,则是天宝六载(747年)四月之前。④ 又据《唐李永定墓志铭》记载:"至天宝五载,节度使安公以公闲于抚理,差摄妫川郡太守、兼知雄武城使。"⑤ 可知雄武城的设置,要早于《资治通鉴》编排的天宝六载四月,至少在这前一年就有了雄武城的称谓。在新材料出现之前,我们姑且将雄武城的设置定在天宝五载,首任的军事职掌——城使的人选,就是李永定其人。

二

那么,雄武城的位置在什么地方? 上面列举的四种史料,两《唐书·安禄山传》记载为范阳北,算是较为具体的,其他两种《安禄山事迹》只说在范阳,

① 《新唐书》卷50《兵志》,中华书局1975年版,第1328页;参见唐长孺:《唐书兵志笺正》,中华书局1962年版,第33页。

② 参见(唐)杜佑撰:《通典》卷172《州郡二·序目下》,王文锦等点校,中华书局1988年版,第4481页;《资治通鉴》卷215"唐玄宗天宝元年(742年)正月"条,中华书局1956年版,第6849页;《旧唐书》卷38《地理志一》,中华书局1975年版,第1387页。

③ 按幽州节镇属下军(城)之设置,文献前后歧异,需要专门研究,此处只是我提出的一个假说。关于该军镇的辨证,参见唐长孺:《唐书兵志笺正》卷2,中华书局1962年版,第38—42页。

④ 参见《资治通鉴》卷215"唐玄宗天宝六载(747年)正月"条,中华书局1956年版,第6877页。

⑤ 《唐故云麾将军左威卫将军兼青山州刺史上柱国陇西李公墓志铭并序》,载周绍良、赵超主编:《唐代墓志汇编续集》,上海古籍出版社2001年版,第635页。

《资治通鉴》正文则不涉及,胡注则说"蓟州广汉川有雄武军"①。胡三省依据的史料不见记载,但《新唐书·地理志》则云:"蓟州渔阳郡……又有雄武军,故广汉川也。"②然而,《发掘简报》却告诉我们,雄武军的位置是在今河北宣化城一带。③ 如此看来,雄武城出现了两个不同的地点,一在幽州之西北的妫州今河北宣化,另一在幽州之东部偏北的蓟州(治渔阳,今天津蓟县)境内。多数史料的记载均较含糊,只是说到"范阳北"的地步,只有《新唐书·地理志》具体点出蓟州广汉川,④这可能是目前所知最早且确切的说法,《资治通鉴》的胡注应当是延续了这个系统。⑤ 如此看来,传世的有关雄武军(城)的材料,要么语焉未详,要么就是在相关的地理方位上不具体涉及。只有清人顾祖禹在《读史方舆纪要》里将两个地点同时并存下来。他的两种记载,一则在蓟州境内,云:

> 雄武城,在州东北。《唐志》:"蓟州广汉川有雄武城。"天宝六载安禄山筑此城以贮兵器。其后置军使于此,为州境要地。会昌二年(842 年),回鹘部将那颉啜南趣雄武军窥幽州,节度使张仲武遣军败之。广明初卢龙帅李可举奉诏讨李克用,侵蔚、朔等州,克用分兵守朔州,自将其众拒可

---

① 《资治通鉴》卷 215"唐玄宗天宝六载(747 年)正月"条,中华书局 1956 年版,第 6877 页。

② 《新唐书》卷 39《地理志三》,中华书局 1975 年版,第 1022 页。严耕望接受此说,推测 "军当在蓟州之北境"。但他在论述李德裕的《论幽州事宜状》(《全唐文》卷 702,上海古籍出版社 1992 年版,第 3 册,第 3195 页中栏)有关雄武军节度使张仲武行军的路线时,则说"行向幽州,至昌平县,去幽州九十里,却令归镇。此亦军当在蓟州北境之证,否则回幽州不须至昌平县也"。按此事是指会昌初幽州卢龙节度使被杀,驻守雄武军的张仲武受命平乱,张应从雄武军出发,到昌平却受令返回。昌平在幽州西北,按此推测,张的来路应在昌平之西北即妫州而不是幽州之东北蓟州更合乎情理,况且李德裕的《论幽州事宜状》里亦明确提及妫州是幽州军粮的储存处。严说参见:《幽州东北塞诸道三——历代卢龙塞道》,载《唐代交通图考》第 5 卷《河东河北区》,"中央研究院"历史语言研究所专刊之八十三,台北,1986 年,第 1734 页。程存洁《唐王朝东北边城防御体系的形成》涉及的雄武军所在地亦采用《新唐书》卷 39《地理志三》的说法,载《唐代城市史研究初篇》,中华书局 2002 年版,第 172—174 页。

③ 具体位置的考辨可参阅宿白:《宣化考古三题——宣化古建筑·宣化城沿革·下八里辽墓群》,《文物》1998 年第 1 期。

④ 吴松弟在校正这一段时,采用了张建设的说法而没有沿袭《新唐书·地理志》,见氏著:《两唐书地理志汇释》,安徽教育出版社 2002 年版,第 131 页。

⑤ 张建设《唐代雄武军考》(《历史地理》第十二辑,上海人民出版社 1995 年版,第 208—211 页)亦指明了此点。

举于雄武军,即此。①

二则在万全都指挥使司辖区,即唐之妫州界内,云:

> 唐属妫州,光启中始置武州于此,(《新唐书》河东道有武州,领文
> 德一县。《唐纪》:"大顺初幽州帅李匡威之子仁宗为武州刺史,将兵侵
> 河东,为河东将李仁信所杀。"盖武州幽州镇所表置,李克用并幽州始属
> 河东,寻复为刘仁恭所据。)……石晋初入于契丹,改曰归化州,(亦曰
> 雄武军)。②

顾祖禹这两个记载的分量并不一样,他继承了《新唐书·地理志》的说
法,将雄武城置放在蓟州东北,而今宣化界内则是雄武军,这个雄武军也是
归化州的另一个称呼。显然,顾祖禹是将二者并存的。那么,这样的说法能
否成立呢? 我们先考察他所认定幽州东部即蓟州境内雄武城的两个事例的
方位。

按武宗会昌二年(842 年)回鹘将领那颉啜南下进攻雄武的事件,分别见
于两《唐书》的《回纥传》《张仲武传》和《资治通鉴》《册府元龟》等文献,尤以
《资治通鉴》为详。有关那颉啜南下之事件,即回鹘被黠戛斯破后,其内部分
化,有如乌介可汗投奔唐廷的,也有如宰相赤心不满乌介的,身为特勤的那颉
啜拥有赤心余众后,"东瞰振武、大同,据室韦、黑沙、榆林,东南入幽州雄武军
西北界",被幽州节度使张仲武击退。③ 但同一件事在其他文献里就变成了回
鹘军进攻渔阳,如《会昌一品集·幽州纪圣功碑铭》说:"赤心者……俄而负力
怙气,潜图厉阶,为嗢没斯所绐,诱以俱竭可汗,戮于帐下,其众大溃,东逼渔
阳。"④两《唐书·张仲武传》分别称:"时回鹘有特勤那颉啜拥赤心宰相一族
七千帐,东逼渔阳。""会回鹘特勒(应作"特勤")那颉啜拥赤心部七千逼渔

---

① (清)顾祖禹撰:《读史方舆纪要》卷 11《北直二·蓟州雄武城》,贺次君、施和金点校,中
华书局 2005 年版,第 493 页。
② (清)顾祖禹撰:《读史方舆纪要》卷 18《北直九·万全都指挥使司》,贺次君、施和金点
校,中华书局 2005 年版,第 792 页。
③ 参见《旧唐书》卷 195《回纥传》,中华书局 1975 年版,第 5214 页。《新唐书》卷 217 下
《回鹘传下》则记为"南窥幽州",中华书局 1975 年版,第 6131 页。
④ (唐)李德裕撰:《会昌一品集》卷二《幽州纪圣功碑铭》,上海古籍出版社 1994 年版,第
11 页。

阳。"①《册府元龟》的记载同此,但云"有赤心宰相一族东逼渔阳"②。为什么会出现分歧?下文再议。先看《资治通鉴》的记载:

> 回鹘嗢没斯以赤心桀黠难知,先告(天德都防御使)田牟云,赤心谋犯塞;乃诱赤心并仆固杀之,那颉啜收赤心之众七千帐东走。河东奏:"回鹘兵至横水,杀掠兵民,今退屯释迦泊东。"李德裕上言:"释迦泊西距可汗帐三百里,未知此兵为那颉所部,为可汗遣来。宜且指此兵云不受可汗指挥,擅掠边鄙。密诏刘沔、(张)仲武先经略此兵。如可以讨逐,事亦有名。摧此一支,可汗必自知惧。"……那颉啜帅其众自振武、大同,东因室韦、黑沙,南趣雄武军,窥幽州。卢龙节度使张仲武遣其弟仲至将兵三万迎击,大破之,斩首捕虏不可胜计,悉收降其七千帐,分配诸道。那颉啜走,乌介可汗获而杀之。③

诸种史料对那颉啜进攻的具体地点的记载尽管有差异,但他所率部众自西北而东南的方位则是一样的。当时乌介可汗活动的中心是在天德城(今内蒙古乌拉特前旗北五加河东岸),不满他的赤心、那颉啜亦活动于此地,那颉啜自振武、大同、黑沙诸地,自西向东分别途经今内蒙古和林格尔西北、大同,黑沙据研究在振武军北 70 里地,在今呼和浩特北。德宗贞元后,部分室韦人自兴安岭西进至阴山山脉黑沙、榆林之间。④ 按此路线再东南下,依照《旧唐书·回纥传》与《资治通鉴》记载的雄武军和幽州的位置,就只能是雄武军在幽州的西北了。若此,雄武军的所在,应当如同张建设所说的位于幽州之西北才符合情理,⑤换句话说,雄武军的位置应该在幽州西北即文献上记载的妫

---

① 《旧唐书》卷 180《张仲武传》,中华书局 1975 年版,第 4677 页;《新唐书》卷 212《张仲武传》,中华书局 1975 年版,第 5980 页。

② (北宋)王钦若等编:《册府元龟》卷 987《外臣部·征讨六》,中华书局 1960 年版,第 11591 页。

③ 《资治通鉴》卷 246"唐武宗会昌二年(842 年)三月—五月"条,中华书局 1956 年版,第 7959—7962 页。《资治通鉴》此文中的"南趣雄武军",杨圣敏认为"在今北京平谷县北部长城边",即主蓟州说。见杨圣敏校注:《资治通鉴突厥回纥史料校注》,天津古籍出版社 1992 年版,第 285 页。

④ 参见刘美崧:《两唐书回纥传回鹘传疏证》,中央民族学院出版社 1988 年版,第 91 页注(3)。

⑤ 参见张建设:《唐代雄武军考》,《历史地理》第十二辑,上海人民出版社 1995 年版,第 208—211 页。

州界内,这也是顾祖禹推定的第二个方位。

那么,又如何理解上面多数史料中的"东逼渔阳"呢?我认为这样的记载与妫州雄武军并不矛盾,雄武军是具体的指向,而渔阳则是大体的方位,这里的"渔阳"与"幽州"同意,那颉啜攻击的目标就是幽州,所以文献中才出现渔阳的字眼。①

关于广明初卢龙帅李可举奉诏讨李克用的事件,《资治通鉴》记云:

> (僖宗广明元年,880年),庚子,(蔚朔节度使、都统)李琢(又作涿——笔者注)奏沙陀二千来降。琢时将兵万人屯代州,与卢龙节度使李可举、吐谷浑都督赫连铎共讨沙陀。李克用遣大将高文集守朔州,自将其众拒可举于雄武军。铎遣人说文集归国……李克用自雄武军引兵还击高文集于朔州,李可举遣行军司马韩玄绍邀之于药儿岭,大破之,杀七千余人,李尽忠、程怀信皆死;又败之于雄武军之境,杀万人。李琢、赫连铎进攻蔚州,李国昌战败,部众皆溃,独与克用及宗族北入鞑靼。②

另一记载此事比较详细的是《旧唐书》卷19下《僖宗纪》,情形与《资治通鉴》相似。李克用一方据守的是蔚州(治灵丘,山西今地)和朔州(治善阳,今山西朔州)等地,官军李琢部则屯驻代州(治雁门,今山西代县),李可举从东边的幽州西进,吐谷浑赫连铎分布于云中(今山西大同),③双方的位置均在幽州之西,这是确定无疑的。又上文记载李克用派遣高文集驻守朔州的同时,自将兵抗衡由东来的李可举部,其据守的要地雄武军理应在幽州之西或西北,若是在幽州之东北,则与据守的情形不符。战争的情形大体是这样的:高文集驻守朔州后,经赫连铎劝降,高文集转投官军,李克用从雄武军回师讨击高文集,结果被李可举部将韩玄绍拦截在药儿岭一地,李克用兵败,官军又乘胜击败李

---

① 关于"渔阳"意指"幽州"的说法,我同意张建设的推测,见《唐代雄武军考》(《历史地理》第十二辑,上海人民出版社1995年版,第208—211页)一文。

② 《资治通鉴》卷253"广明元年(880年)六月"条,中华书局1956年版,第8226—8231页。

③ 《旧唐书》卷180《李可举传》有"云中赫连铎"的描述,中华书局1975年版,第4681页。

克用于雄武军。药儿岭位雄武军之西,①显然,李克用兵败药儿岭后就折回雄武军,结果又在这里失败,最后被迫北投鞑靼。从这样的方位看,雄武军应该在幽州的西北而不是东北才符合战情。

如此看来,顾祖禹将雄武军方位定在蓟州东北所依据的两条史料并不能证成,相反,倒说明雄武军不在蓟州境内。但《旧唐书·张仲武传》有一段记载中的问题不能回避,传云:"范阳人也。仲武少业《左氏春秋》,掷笔为蓟北雄武军使……(后任幽州大都督府长史)时回鹘有特勤那颉啜拥赤心宰相一族七千帐,东逼渔阳。仲武遣其弟仲至与裨将游奉寰、王如清等,率锐兵三万人大破之。"②这里张任职雄武军的地理方位,明确是"蓟北"。这个"蓟北"与蓟县、蓟州或范阳有什么关系?按《旧唐书·地理志》,唐幽州自沿承隋制后,建置屡有变更。玄宗开元十八年(730年),割渔阳、玉田、三河置蓟州;天宝元年(742年),改为范阳郡;肃宗乾元元年(758年),复为幽州。③ 按蓟县为幽州范阳郡的治所,④蓟州又系开元中期从幽州分离出去的属县组建,这二者虽然不是一回事,但彼此的关系密切,是毫无疑问的。我估计,《旧唐书·张仲武传》的"蓟北"可能与"范阳北"当属同一个意思,原因就在于蓟县为幽州范阳郡之治所。《张传》采用"蓟北"之说,可能是习惯性而非严格意义上的概念,诚如该传下文所谓"东逼渔阳",也是指的幽州而不是"蓟州渔阳郡"的正式说法。又上文李德裕所撰《幽州纪圣功碑铭》亦说张仲武"拔自雄武,授之蓟门",以及《授张仲武东面招讨回鹘使制》中的"回鹘可

---

① 参见《资治通鉴》卷253"唐僖宗广明元年(880年)七月"条胡注,中华书局1956年版,第8231页。因顾祖禹主要将雄武军置于蓟州界内,药儿岭自然也就定位在蓟州之北了,见(清)顾祖禹撰:《读史方舆纪要》卷11《北直二·蓟州雄武城》,贺次君、施和金点校,中华书局2005年版,第494页。这个说法对后世的影响很大,不论是学术界还是一般性的论述,凡有关雄武军、药儿岭的地理方位,大都接受了顾氏的观点,如樊文礼在定位二者今地时分别为河北兴隆县南、北京平谷东北。见樊文礼:《李克用评传》,山东大学出版社2005年版,第45页;周伟洲也将雄武军定位在"今河北蓟县(现为天津蓟县——笔者注)北",见氏著:《吐谷浑史》,广西师范大学出版社2006年版,第179页。我这里同意张建设的辨证,药儿岭与雄武军均在幽州之西北妫州界内。详见张建设:《唐代雄武军考》,《历史地理》第十二辑,上海人民出版社1995年版,第208—211页。

② 《旧唐书》卷180《张仲武传》,中华书局1975年版,第4677—4678页。

③ 参见《旧唐书》卷39《地理志二》,中华书局1975年版,第1516页;吴松弟:《两唐书地理志汇释》,安徽教育出版社2002年版,第194—195页。其他文献亦有记载,但不若《旧志》详尽。

④ 参见《旧唐书》卷39《地理志二》,中华书局1975年版,第1516页。

汗……遣使蓟门"①,这里的"蓟门"同样是指幽州范阳郡,属于习惯性、非正式的称呼。

与第一个推定不同,顾祖禹的雄武军妫州方位的推测,虽然上述传世文献没有直接而明确的记载,但在出土的墓志里却有蛛丝马迹的联系,如《唐李永定墓志铭》记载李氏被安禄山任命的职务是"差摄妫川郡太守,兼知雄武城使"②。按照当时习惯,任职某某郡太守所兼任的军使、城使,后者均在前系州郡之内。李永定兼任的雄武城使应当在妫川郡(妫州)界内。他后来又转任渔阳郡太守、兼知静塞军使,静塞军同样是在渔阳界内。③由此可知,雄武军城应当在妫川郡即妫州界内。又《李公夫人墓志》说她"遂为幽州雄武军人",僖宗中和三年(883年)八月十七日"仓卒于雄武军之私第","葬于雄武军东北五里之原"④。这里的雄武军所在,均得到了《发掘简报》的证实。

根据《发掘简报》记载,在今张家口宣化一带,当地的文物保护部门发现的唐墓多达三十余座,其中有3座为纪年墓葬,从这几处有铭文的墓葬可知,墓主均系雄武军将士和他们的亲属,如果估计不错的话,这里应当就是以军镇的将士为主下葬的墓地。按墓志排列先后,分别是:1.《唐幽州雄武军洪浓郡故杨公茔记并序》(杨钏);2.《唐故节度要藉试太常寺奉礼郎摄雄武军兵曹参军弘农郡杨公墓志并序》(杨少恒);3.《唐雄武军押衙武功郡故苏府君墓志并序》(苏子矜);4.《唐故太原王氏夫人墓志铭并序》(王氏夫人);5.《唐幽州雄武军知军副使试左卫郎将武邑郡殁故苏公墓志并序》(苏全绍);6.《唐幽州雄武军马步都将衙前散兵马使银青光禄大夫检校太子宾客兼监察御史清河郡殁故张公墓志并序》(张庆宗)。其中,1.《杨钏墓志》所记"曾王先祖公大墓……即祔茔雄武军东北□原□卅里上",杨钏葬于"军城东南约三里";

① (唐)李德裕撰:《会昌一品集》卷二《幽州纪圣功碑铭》、卷三《授张仲武东面招讨回鹘使制》,上海古籍出版社1994年版,第10、20页。

② 《唐故云麾将军左威卫将军兼青山州刺史上柱国陇西李公墓志铭并序》,载周绍良、赵超主编:《唐代墓志汇编续集》,上海古籍出版社2001年版,第635页。

③ 参见(唐)杜佑撰:《通典》卷172《州郡二·序目下》,王文锦等点校,中华书局1988年版,第4481页。

④ 《大唐陇西李公夫人墓志铭并序》,载周绍良主编:《唐代墓志汇编》下册,上海古籍出版社1992年版,第2518页。

2.《杨少愃墓志》"以大中六年(852年)正月九日附于雄武军,年居高五十有九,不次之期,殇归大夜","卜得军城东南九百步内";5.《苏全绍墓志》"以其年(乾符四年,877年)十月十七日迁殡于军东西北之原茔域",以及6.《张庆宗墓志》中"以乾符四年□南□□村之茔域"等文记载的"军城","军",就是3.《苏子矜墓志》中的"至会昌四年(844年)十月十二日乃扶灵归于本军合祔葬于雄武军东三里原"和4.《王氏夫人墓志》中的"以大和二年(828年)十一月二日改窆于雄武军城东三里平原"的意思。显然,雄武军军城的确切位置就是《发掘简报》所揭示的今河北张家口市宣化区一带。雄武军所在的今河北张家口宣化区当时属妫州(治怀戎,今北京延庆西南官厅水库中),这里最初设置的是清夷军,管兵万人,马300匹。[1] 雄武城则在妫州城之西部偏北,距离清夷军治所怀戎城尚有一段路程。唐朝在这里设置武州,不过是在晚唐的僖宗光启年间(885—887年)了,治所文德县就在今宣化,[2]此前这里属于妫州范围。这个系统经过五代演变,被契丹的辽朝继承下来。[3]

这样说来,安禄山最早在今宣化设置的是称作"雄武城"的军事机构而不是"雄武军",诸文献中只出现幽州下辖的九军,自然不包括雄武军。后来的雄武军应当就是由雄武城发展和演变的结果。雄武城的驻兵规模有多大? 文献没有清楚的交代,不过,上引《旧唐书·安禄山传》记载的那段话,说有"战马万五千匹,牛羊称是",显然不是雄武城一处,而应指幽州(范阳)整体的情况。原因很简单:仅以距离雄武城不太远的清夷军为例,其所辖军队1万人,配备的马匹虽不见记载,考虑到唐军部署的基本特点即驻守部队,根据常理,应较士兵少得多。较"军"还小的"城"驻防的军队,理应更少。

三

雄武军(城)上面的两处记载,同样有文献的根据,幽州西北妫州今宣化

---

① 参见(唐)杜佑撰:《通典》卷172《州郡二·序目下》,王文锦等点校,中华书局1988年版,第4481页。

② 参见《新唐书》卷39《地理志三》记云:"武州。阙。领县一。文德。"(中华书局1975年版,第1007页)短短数字,没有更多的信息,而且将其置放在河东道内叙述。

③ 参见《辽史》卷41《地理志五》,中华书局1974年版,第510—511页。

的雄武军位置,传世的文献并没有确指,但与前出的墓志有某种联系,张建设一文具体辩驳雄武军非在蓟州界而在妫州之西;宿白先生的文章则确定为今宣化并有军城地址的详细讨论。现在,宣化出土的这些墓葬特别是墓志铭文的记载,使得雄武军的确切位置终于有了直接证明,应当可以盖棺定论了。①那么,《新唐书·地理志》有关蓟州广汉川雄武城的记载是否有所错讹?根据上文的讨论,特别是张建设的考证,可以推出这样的结论,我的观点只不过是附会了宿白先生和张建设的研究。但目前我们还找不出《新志》出错的原因。那么,唐朝是否如顾祖禹推定的同时存在两个雄武城(军),即一在幽州之东北、另一在幽州之西北?这种可能性是不存在的,唐朝幽州(范阳)属下的雄武城(军)只能有一个,但这个城(军)所处的位置可能前后有所变化。②最早建立的是雄武城,其位置即在幽州(范阳)城之东北蓟州的广汉川;后来,雄武城扩大为雄武军,其驻扎地自蓟州东北处迁往幽州(范阳)西北之妫州(妫川郡)境,即今张家口宣化区界内。其位置之所以转变,可能是由"城"到"军"的扩展决定的。

那么,雄武城是从什么时候发展成为雄武军的呢?目前我尚未找到直接的证据。按《新唐书·刘怦传》云:"刘怦,幽州昌平人。少为范阳裨将……朱滔时,积功至雄武军使。"③同书《张仲武传》记:"张仲武,范阳人。通《左氏春秋》,会昌初,为雄武军使。"④朱滔卒于德宗贞元元年(785年),时年40岁,应生于746年即天宝五载。⑤刘怦在朱滔时任职雄武军使,显然朱滔应该掌控幽州(范阳)节镇之时。据《朱滔传》载:代宗大历九年(774年),朱滔"权知幽

---

① 妫州治所怀戎至幽州治所蓟县(今北京城南)大致为210里,参见严耕望:《太原北塞交通诸道》,载《唐代交通图考》第5卷《河东河北区》,台北"中央研究院"历史语言研究所专刊之八十三,1986年,第1391页。

② 按唐朝军制前后变化或地点迁移是个常见的现象,仅幽州所属的渔阳军就是如此变迁,参见严耕望:《幽州东北塞诸道三——历代卢龙塞道》,载《唐代交通图考》第5卷《河东河北区》,台北"中央研究院"历史语言研究所专刊之八十三,1986年,第1732—1734页;唐长孺:《唐书兵志笺正》卷2,中华书局1962年版,第41页。

③ 《新唐书》卷212《藩镇卢龙·刘怦传》,中华书局1975年版,第5973页;参见《旧唐书》卷143《刘怦传》,中华书局1975年版,第3898—3899页。

④ 《新唐书》卷212《藩镇卢龙·张仲武传》,中华书局1975年版,第5980页;参见《旧唐书》卷180《张仲武传》,中华书局1975年版,第4677页。

⑤ 参见《旧唐书》卷143《朱滔传》,中华书局1975年版,第3898页。

州卢龙节度留后"，德宗建中二年（781年），"为幽州卢龙军节度使"①。我们姑且推测刘怦的雄武军使是在朱滔担任节度使的建中二年，则雄武军的建置似应更早一些。②

———————

① 《旧唐书》卷143《朱滔传》，中华书局1975年版，第3897页；参见吴廷燮：《唐方镇年表》，中华书局1980年版，第554—555页。

② 张建设认为"雄武军的设置当在天宝十载（751年）安禄山增领河东节度使，于范阳北筑雄武城后不久"，但此说亦无依凭。见张建设：《唐代雄武军考》，《历史地理》第12辑，上海人民出版社1995年版，第208—211页。

唐后期军镇员属"地著化"问题探索[*]

——以河北宣化纪年墓志为中心

《文物》2008 年第 7 期发表了张家口市宣化区文物保管所撰述的《河北宣化纪年唐墓发掘简报》(以下简称《发掘简报》),内含在当地发掘的六方墓志,引起我们关注的是墓志主人都是雄武军驻镇成员,他们死后就在本地安葬,[①]这与唐朝有关丧礼条例之返迁祖籍地安葬的习惯相悖,这一现象在唐朝后期不是个别而具有普遍性,说明当时社会发生了与此前时代有别的变化,值得我们再做研究。有关这一问题,美国学者谭凯曾撰写专文予以分析,[②]其他学者也不同程度、不同层面地有所涉及,[③]本文即就雄武军诸案作为剖析对象,通

 * 本文曾以《唐后期军镇员属"地著化"问题探索:以河北宣化纪年墓志铭为中心》为名,发表于王承文、林有能主编:《纪念岑仲勉先生诞辰 130 周年国际学术研讨会论文集》,中山大学出版社 2019 年版,第 368—378 页;此次刊载对副标题略有修改,并对文中个别词句作了校订。另,本文于近期一次学术研讨会上蒙冯培红教授评议,他亦指出不少问题,尤其引证墓志录文中存有疑误之处多所辨识,特此致谢!

 ① 我将这种现象称为"地著化",意思是外来者因仕宦、充军等在某地长期居住,死后就地安葬,经此数代经营,遂成为当地之"土著"或"世居"者。参见李鸿宾:《墓志铭映印下的唐朝河北粟特人"地著化"问题——以米文辩墓志为核心》,《暨南史学》第十辑,广西师范大学出版社 2015 年版,第 23—42 页。

 ② Nicolas Tackett, "Great Clansmen, Bureaucrats, and Local Magnates: The Structure and Circulation of the Elites in Late-Tang China," *Asia Major*, 3rd ser. 21. 2 (2008), pp.101-152. *The Transformation of Medieval Chinese Elites*, Ph.D.diss.New York, Columbia University, 2006.

 ③ 本文讨论的内容是雄武军军官(及其夫人)因仕宦安守其地的问题,涉及的层面有唐后期节度军队"地著化"所反映的军队制度的变迁、地方势力与周边民族势力的崛兴、朝廷控制与地方分立之矛盾、中原文化与河北胡化之对峙等。这些内容中外学术界多有研讨,近年的研究更加重视墓志石刻资料,结合传世史料对具体家族成员的细节做精深揭露,取得了不俗的成绩。上述诸项研究成果丰硕,主要有孙国栋:《唐宋之际社会门第之消融——唐宋之际社会转变研究之一》,载《唐宋史论丛》,上海古籍出版社 2010 年版,第 271—352 页;严耕望:《唐代府州僚佐考》《唐代方镇使府僚佐考》,载《唐史研究丛稿》,香港新亚研究所 1969 年版,第 103—236 页;[日]礪波護:《唐代使院の僚佐と辟召制》,载《唐代政治社會史研究》,京都同朋舍 1986 年版;王寿南:《唐代藩镇与中央关系之研究》,台北大化书局 1978 年版,第 247—272、311—370 页;陈寅恪:《唐代政治史述论稿》,

过该军的"地著化"分析河北道北部作为朝廷边地的农耕、游牧混合之地的政治军事布局安排之特点,及其衍生的社会文化变迁的趋势与类型,进而回应学术界以往研讨此类问题所波及的如陈寅恪先生的河北胡化与长安、江南分野以及内藤湖南首倡的"唐宋变革论"等问题。

一

为方便起见,我先根据《发掘简报》将六方墓志中的相关内容摘录如下(标点符号系我新增):

1.杨钏:"祖华……奉祖随官荣任,即祔茔雄武军东北□原□卅里是也。父前任本军故左清道率府兵曹参军,讳暄,行笔清高,芳名远著;风义取则,月轮彩空;乡贡立事,明经出身,即先□□应也。我公前节度驱使官、太常寺奉礼郎,后任衙前亲事兵马使、管桃林镇将、太中大夫、试殿中监,讳钏,受训立身,当年美正;一习乡传之教,守贞八品之名;侍主同金石之坚,文武俱闲……以乾符六载(879年)春三月九日、受年卅有七不次之期,终于平州桃林镇私弟(应

上海古籍出版社1982年版,第128—159页;樊文礼:《试论唐河朔三镇内外矛盾的发展演变》,《内蒙古大学学报(哲学社会科学版)》1983年第4期;方积六:《论唐代河朔三镇的长期割据》,《中国史研究》1984年第1期;谷霁光:《泛论唐末五代的私兵和亲军、义儿》,《历史研究》1984年第2期;吴光华:《唐代幽州地域主义的形成》,载淡江大学中文系主编:《晚唐的社会与文化》,台北学生书局1990年版,第201—238页;[日]堀敏一:《藩镇亲卫军的权力结构》,索介然译,载刘俊文主编:《日本学者研究中国史论著选译》第4卷《六朝隋唐》,中华书局1992年版,第585—648页;张国刚:《唐代政治制度研究论集》,台北文津出版社1994年版,第157—206页;郑炳俊:《唐代藩镇州县官的任用》,《东洋史学研究》第54辑,1996年版;张泽咸《唐代阶级结构研究》,中州古籍出版社1996年版,第158—201、240—266、391—400页;石云涛:《唐代幕府制度研究》,中国社会科学出版社2003年版,第208—310页;王永兴:《唐代后期军事史略论稿》,北京大学出版社2006年版;黄正建主编:《中晚唐社会与政治研究》,中国社会科学出版社2006年版;张国刚:《唐代藩镇研究》(增订版),中国人民大学出版社2010年版;唐长孺:《魏晋南北朝隋唐史三论——中国封建社会的形成和前期的变化》,中华书局2011年版,第228—456页;张达志:《唐代后期藩镇与州之关系研究》,中国社会科学出版社2011年版,第46—165页。更详细的内容可参阅胡戟主编:《二十世纪唐研究》,中国社会科学出版社2002年版,第50—58、101—103、117—120、130、136、808—811页,因该书成于众人之手,具体撰著者不具注。另一部分与本文有关的是近年发表的利用出土墓志研究的成果,其中比较典型的除上面谭凯的论文外,毛汉光先生对墓志进行了系统整理,其中《唐代统治阶层下降变动之研究》(《人文及社会科学》第3卷第1期,1993年)、《唐代统治阶层父子间官职类别之变动》(《中正大学学报》第4卷第1期,1993年)与本文所论尤有关联。其他墓志的研究详见下文的讨论中。

作'第'——笔者注)也……日月以卜,扶护于本茔,岁在己亥夏四月廿五日,龟兆处宜蒿里路盈礼葬之丹兆所诘亏军城东南之原约三里所。"

2.杨少愃:"我公杨氏,讳少愃,菀氏夫人以咸通十一年(870年)四月三日合附同棺也……曾王父讳邑,祖讳者之,行叶清高,芳名远着(应作'著'——笔者注),风义取则,月轮彩空。考讳迁林……我公少习专经,长弘维教;乡贡立事,明经出身……当年八品……倏忽以大中六年(852年)正月九日附于雄武军,年居高五十有九……日月以卜,权痊于堂,岁在壬申子时;二月戊戌朔廿三日庚申,龟兆庆宜蒿里路盈礼葬我公之丹兆所语填寂众之厝也,其兆卜得军城东南九百步内所置。"

3.苏子矜:"府君,武功郡人也……祖讳休,公即前晋定国侯之蔓孙也,公性好闲游,高步塞北,不仕公署,养神丘园,灌育狂歌,尽其寿矣。府君讳子矜……幼列军职,至贞元中迁于雄武押衙、云麾将军、守左金吾卫大将军……四十年间不亏法则,洎乎年耄,辞仕归宁,不图不谋,乃寝乃疾,享年八十二……于是军吏挥泪,五服增哀,会昌二年(842年)七月廿九日大殁,终于幽州蓟县界卢龙坊之私弟(应作'第'——笔者注)也,至会昌四年十月十二日乃扶灵归于本军,合祔葬于雄武军东三里原,礼也。夫人太原王氏,先以孤葬。有嗣子二人,长曰行简,节度堂前亲事将、银青光禄大夫、检校太子宾客;次曰存简,马军突将、游击将军、守左武卫大将军。"

4.王氏:"夫人族本太原,即汉司徒王龚之苗裔也,曾高百代,备于谱谍,略而不书,年才箕翚(似为"笄鬓"),洲(应为"淑")德以配君子,即武公苏君。起家立鹊巢之功,事夫有文姜之德,齐眉齐体,以礼以宾,三十余祀。令子二人、女四人,男则诗书幼习,女则闺壸不渝,并继室他门;武列荣班,文能礼节……居无何,以元和九年(814年)九月二日疾,殁于广边军私第,呜呼!享年卌有四,以大和二年(828年)十一月二日,改窆于雄武军城东三里平原,礼也。嗣子长源,次子长顺。"

5.苏全绍:"公讳全绍,幽州雄武军知军副使、试左武卫郎将。皇考讳如林,不仕……(公)声逾太守,名荐元戎,时遇涿州故刺史兼御史中丞李公,葺军之日,特为上论,迁授当军知军副使。才逾二纪,励志三移,怕法远财,亲功好义,正于修进,忽掩泉台,享年五十有二,以乾符四年(877年)五月廿一日……以其年十月七日迁殡于军东西北之原茔……夫人太原王氏,结发之亲,不尽偕老……

嗣子室女八人,行简、行立、行友、行纲,女十二娘、十三娘、大贵、小贵。"

　　6.张庆宗:"讳庆宗,幽洲雄武军马步都将、衙前散兵马使、银青光禄大夫、检校太子宾客、兼监察御史。先考讳曜……(公)以会昌初载,于雄武军遇雷霆震集,日月竖新,捧白刃以竭诚,展赤心而尽节。策□□先,张太尉燕国公降赴大燕,化行寰宇,始职亲事兵马使,续以于旒,复逾周朔,抠阐委重,密地宠深,旋又□□□而妙□,迁转瀛州马军大将,历过九镇四十余秋,名高塞上……又署衙前☒军马步都将,实谓衣锦荣乡……享龄七十有六,缠绵疾瘵,☒符三年四月十七日掩(应为"奄")归……以乾符四年(877 年)☒南□□村之茔域。"

<h1 style="text-align:center">二</h1>

　　根据《发掘简报》的介绍,这六方墓志中,杨钏、苏子矜、张庆宗三方系正式挖掘所得(王氏墓志未作交代);杨少恒墓志系发掘杨钏墓葬时征集;苏全绍墓志系收购,出土于宣化城东北坡地,与苏子矜墓有一定关系。我们先对墓志涉及的若干任职进行研究,再作其他讨论。

　　第一是杨钏。根据墓志,其祖华死后即安葬于雄武军东北墓地,生平不详。其父暄充任雄武军左清道率府兵曹参军,墓志说他"行笔清高,芳名远著",表明他是雄武军之文职官员。按唐自采纳科举之后,进士科受社会倾重自不待言,明经科地位下滑也为时人所知,[1]但这主要就以长安洛阳两京为代表的朝廷中心区而言,[2]至于边鄙之地,读书人或以读书为务者,尚不能与两京中心地带相颉颃。[3] 后期有一种现象,即在内地考取名第无法就任者,常常

---

　　① (五代)王定保:《唐摭言》卷 1《述进士上篇》云:"永徽前,俊、秀二科,犹与进士并列。咸亨之后,凡由文学一举于有司者,竞集于进士矣。"至有"三十老明经,五十少进士"之喟叹! 黄寿成点校,三秦出版社 2011 年版,第 3—4、6 页。

　　② 参见吴宗国:《唐代科举制度研究》,辽宁大学出版社 1992 年版,第 274—278 页。

　　③ 此地如陈寅恪先生所说,系胡风甚盛之处,青壮年骑马射箭而不知孔孟,颇为常见。参见陈寅恪:《唐代政治史述论稿》,上海古籍出版社 1982 年版,第 25—28 页。但情况亦非每个人都如此,(北宋)李昉等编著《太平广记》卷 70 引《北窗琐言》曾记载:"张建章为幽州行军司马。尤好经史,聚书至万卷。所居有书楼,但以披阅清净为事。"张国风会校,北京燕山出版社 2011 年版,第 825 页。

外出屈赴藩帅府第就职,①如人们熟知的韩愈送友人北上渔阳即为显例。② 宋人亦言:"唐世士人初登科或未仕者,多以从诸藩府辟署为重。"③但杨暄的"明经出身"可能不在这个范围里,因他的父亲安葬于雄武军,似乎表明杨暄也同样在当地生活,他的明经出身并非表明他另求职任转赴雄武,应系本地属性。

至于杨钏其人,他充任的军职先是节度驱使官,后任衙前亲事兵马使、桃林镇将。这里重点讨论驱使官和桃林镇将二职。驱使官一职在其他墓志中也多有出现,如刘建墓志的撰写者郭洪的职务"宣德郎、前节度驱使官、试左卫兵曹参军"④;敬延祚墓志的撰写者张宾亦为节度驱使官;⑤王公晟之次子宏雅,"授以文职,优之渐鸿,补充节度驱使官"⑥;冯广清的志文记载其子"入事旌旄,便蒙驱荣,授义昌军节度驱使官"等。⑦ 这里的驱使官,张国刚将其列为藩镇宦官监军使手下的卑职吏员,属"小使"之列。⑧ 此前明确讨论的是严耕望先生的《唐代方镇使府僚佐考》一文,认为唐初既有此类称号,其职能据《新唐书·朱滔传》《五代会要》等,协助长官"供左右驱使之谓",系节度使下文职僚佐的基层人员。⑨ 石云涛据此又将文职属员划分为四个等次:第一个等次

---

① 参见张国刚:《唐代藩镇使府辟署制度》,载《唐代藩镇研究》(增订版),中国人民大学出版社 2010 年版,第 132—144 页。

② 参见陈寅恪:《唐代政治史述论稿》,上海古籍出版社 1982 年版,第 26—27 页。

③ (宋)洪迈撰:《容斋随笔·容斋续笔》卷 1《唐藩镇幕府》,孔凡礼点校,中华书局 2015 年版,第 227 页。

④ 贞元 089《唐故行涿州司马金紫光禄大夫彭城郡刘(建)公墓志铭》,载周绍良主编:《唐代墓志汇编》下册,上海古籍出版社 1992 年版,第 1899—1900 页。

⑤ 中和 005《唐故幽州随使节度押衙遥摄镇安军使充绫锦坊使银青光禄大夫检校国子祭酒兼御史中丞上柱国平阳郡敬(延祚)府君墓志铭》,载周绍良主编:《唐代墓志汇编》下册,上海古籍出版社 1992 年版,第 2509—2510 页。

⑥ 咸通 083《唐故幽州随使节度押衙正议大夫检校国子祭酒兼侍御史上柱国太原王(公晟)府君夫人清河张氏合祔墓志铭》,载周绍良主编:《唐代墓志汇编》下册,上海古籍出版社 1992 年版,第 2243 页。

⑦ 大中 017《唐故冯(广清)府君墓志铭》,载周绍良主编:《唐代墓志汇编》下册,上海古籍出版社 1992 年版,第 2264 页。

⑧ 参见张国刚:《唐代藩镇宦官监军制度》,此据氏著:《唐代藩镇研究》(增订版),中国人民大学出版社 2010 年版,第 198 页。

⑨ 按严耕望罗列文职僚佐秩序依次为副使、行军司马、判官、掌书记、参谋、支使、推官、巡官与馆驿巡官、衙推、孔目官、府院法直官、要籍、逐要、驱使官、随军·随使·随身、傔人与别奏。参见严耕望:《唐代方镇使府僚佐考》,载《唐史研究丛稿》,香港新亚研究所 1969 年版,第 177—236 页。

由副使、行军司马和判官构成,其次为掌书记、参谋、支使;再次为推官、巡官;驱使官则与衙推、随军、要籍、孔目官等属于卑职之列。① 按《通典》所记节度使下属"有副使一人,行军司马一人,判官二人,掌书记一人,参谋无员,随军四人"②;《新唐书》:"节度使、副大使知节度事、行军司马、副使、判官、支使、掌书记、推官、巡官、衙推各一人,同节度副使十人,馆驿巡官四人,府院法直官、要籍、逐要亲事各一人,随军四人。"③这两部文献涉及节度使属员均未提及驱使官,说明其地位如同上述学者所云,为基层缘属之故。④ 不过,晚唐的《李府君墓志》所记为我们了解驱使官提供了文献没有的情况,其中有这样的记载:

> 年及弱冠,投笔从戎,去宝历初(825 年),都护张公司空以公凤蕴干能,克勤奉职,补署散驱使官。至大和中,节度使李公仆射补充正驱使官。后去开成三年(838 年),中都护刘太保改署节度要籍,迄今累至随军之职。⑤

李府君初仕散驱使官,递进为正驱使官,然后是要籍、随军,这个记载与《通典》排列合拍,而与《新唐书》及严耕望的排列有所出入,严先生将随军列在要籍之后,而此墓志正好相反,似应以墓志记载为确。⑥

桃林镇将一职,⑦依张国刚的说法,藩镇内部军制一般由方镇治所的牙兵(衙军)、下属各支州驻兵和州下各县军镇三个部分组成。⑧ 按《新唐书·兵

---

① 参见石云涛:《唐代幕府制度研究》,中国社会科学出版社 2003 年版,第 277 页。

② (唐)杜佑撰:《通典》卷 32《职官十四·州郡上·都督》,王文锦点校,中华书局 1988 年版,第 895 页。

③ 《新唐书》卷 49 下《百官志四下》,中华书局 1975 年版,第 1309 页。

④ (宋)王溥:《唐会要》卷 79《诸使下》在叙述各地节度使属员时亦不曾涉及驱使官之职,见该书中华书局 1955 年版,第 1445—1455 页。

⑤ 大中 119《唐故振武节度随军登仕郎试左武卫兵曹参军上柱国李府君墓志铭》,载周绍良主编:《唐代墓志汇编》下册,上海古籍出版社 1992 年版,第 2344 页。

⑥ 有关驱使官的新近研究,参阅李文才、曹万青:《唐代驱使官渊源考论——兼论汉魏南北朝"干"的起源及性质》,《扬州大学学报(人文社会科学版)》2017 年第 2 期;李文才:《"安史之乱"以后唐代驱使官之分类及时代分布》,《陕西历史博物馆馆刊》第 23 辑,三秦出版社 2016 年版,第 10—18 页。

⑦ 按"桃林镇"一名,似不见于唐传世文献。墓志记载为平州所属。查《新唐书》卷 39《地理志三》,中华书局 1975 年版,第 1021 页。平州下辖卢龙、石城、马城三县,内含爱川、周夔、温昌、茂乡四镇(城);墓志记载的桃林镇位于平州,文献不载。

⑧ 参见张国刚:《唐代藩镇研究》(增订版),中国人民大学出版社 2010 年版,第 83—89 页。

志》，唐朝军队有边地驻防系统，即军、守捉、城、镇等级。① 镇又分上中下三等，主事者称镇将，次为镇副，下有仓曹参军、兵曹参军、佐、史等属员；镇将的品级从正六品下至正七品下。② 这是唐前期的情况，它隶属于朝廷，承担防边任务。后期节度使壮大成为主掌军队事务的单位，因与朝廷关系差别不等而被学者划分成不同的性质和类型，③但作为地方藩屏维系政权的法理职责，则是一贯的。后期诸镇隶属于节度使，但节度使与州之间，从制度上是两种不同的体制，前者为军队、后者为行政，职责明确。此处桃林镇按照学者们的划分，应当就是节度使属下的军队建置，即如严耕望先生所谓的"外镇诸职"④。杨钧充任的桃林镇将，应属节度使属下的县镇一级将领。⑤ 日野开三郎曾说自宪宗削藩之后，镇的管属转为州刺史，节度使不再专属，⑥镇从此就（通过州刺史）转归于朝廷。但从本文讨论的桃林镇及下文涉及的内容看，这些层级的镇将似乎仍在节度使的掌控之下（详后）。

第二是杨少愔。杨的墓志值得注意的是，一是其曾祖、祖、父均无官职记载，志文称他们"行叶清高，芳名远着（著），风义取则，月轮彩空"。二是杨本人"乡贡立事，明经出身……当年八品"，说明他成年后以明经入仕，与其先人不同，墓志题头"摄雄武军兵曹参军"，表明他已成为该军重要一员。

第三是苏子矜。志文记载，说他"幼列军职"，至贞元（785—805 年）中迁于雄武押衙、云麾将军、守左金吾卫大将军。押衙又作"押牙"，按胡三省的说法是"尽管节度使牙内之事"⑦，是节度使的亲随侍从，严耕望先生将其置入使

① 参见《新唐书》卷 50《兵志》，中华书局 1975 年版，第 1328 页。

② 参见（唐）李林甫等撰：《唐六典》卷 30《三府都护州县官吏》，陈仲夫点校，中华书局 1992 年版，第 755 页。

③ 参见［英］崔瑞德：《唐代藩镇势力的各种类型》，张荣芳译，《大陆杂志》第 66 卷第 1 期，1983 年；张国刚：《唐代藩镇类型的分析》，载《唐代藩镇研究》（增订版），中国人民大学出版社 2010 年版，第 42—59 页。

④ 参见严耕望：《唐代方镇使府僚佐考》，载《唐史研究丛稿》，香港新亚研究所 1969 年版，第 211 页。

⑤ 参见张国刚：《唐代藩镇研究》（增订版），中国人民大学出版社 2010 年版，第 86—89 页。

⑥ 参见［日］日野开三郎：《五代镇将考》，索介然译，载刘俊文主编：《日本学者研究中国史论著选译》第 5 卷《五代宋元》，中华书局 1993 年版，第 73—104 页。

⑦ 《资治通鉴》卷 216"唐玄宗天宝六载（747 年）十二月己巳"条胡注，中华书局 1956 年版，第 6887 页。

下武职行列,并有详细讨论。① 按《新唐书·三宗诸子传》记云:"(宗室李珍)与蔚州镇将朱融善,融尝言珍似上皇,因有阴谋,往语金吾将邢济曰:'关外寇近,京师草草,奈何?'济曰:'我金吾,天子押衙,以死生从,安自脱?'"②邢济充任的金吾卫将军职责是"掌宫中及京城昼夜巡警之法,以执御非违","凡车驾出入,则率其属以清游队建白泽旗、朱雀旗以先驱,又以玄武队建玄武旗以后殿,余依卤簿之法以从。若巡守师田,则执其左、右营卫之禁"③。可知金吾将军就是护卫皇帝的亲随。押衙比附金吾将军,就是节度使之亲随。苏子矜之"雄武押衙",表明他是雄武军头领的亲信。"幼列军职"说明他从小就进入军队,未如杨少恒那样经过明经一类的选拔;他之入伍,按《文献通考》的说法是"唐有天下,诸侯(此处指藩镇节度使)自辟幕府之士,唯其才能,不问所从来"④,亦属于张国刚归纳的布衣入幕之列。⑤ 墓志说他"四十年间不亏法则,洎乎年耄,辞仕归宁,不图不谋",正与"士之偶见遗于科目者,亦未尝不可自效于幕府取人之道"⑥相互验证。显然,苏子矜作为雄武军的一个重要将领,彰显可示。张国刚说,押衙属于节度使信任的属下,晚唐时常赋予支州刺史或外镇军将,苏子矜应属后者。⑦

其长子苏行简,任职节度堂前亲事将,次子苏存简是马军突将。这里的节度堂前亲事将,应似文献中节度使属下的"十将"之流。⑧ 按《资治通鉴》胡注曾谓"十将,军中小校也"⑨。马军突将亦与此类似,应是骑兵中之基层将领。

---

① 参见严耕望:《唐代方镇使府僚佐考》,载《唐史研究丛稿》,香港新亚研究所 1969 年版,第 228—233 页。

② 《新唐书》卷 81《三宗诸子·李珍传》,中华书局 1975 年版,第 3602 页。

③ (唐)李林甫等撰:《唐六典》卷 25《诸卫府》,陈仲夫点校,中华书局 1992 年版,第 638 页。

④ (元)马端临撰:《文献通考》卷 39《选举考十二·辟举》,中华书局 1986 年版,第 368 页下栏。

⑤ 参见张国刚:《唐代藩镇研究》(增订版),中国人民大学出版社 2010 年版,第 132—134 页。

⑥ (元)马端临撰:《文献通考》卷 39《选举考十二·辟举》,中华书局 1986 年版,第 368 页下栏。

⑦ 参见张国刚:《唐代藩镇研究》(增订版),中国人民大学出版社 2010 年版,第 101 页。

⑧ 参见[日]渡邊孝:《唐藩鎮十將攷》,《東方學》第八十七辑,1994 年版,第 1—16 页。

⑨ 《资治通鉴》卷 240"唐宪宗元和十二年(817 年)二月"条胡注,中华书局 1956 年版,第 7730 页。

纵观苏氏一家，父子三人均在雄武军中充任节度使属下不同层级的武职，父亲的职务高于二子，押衙属节度使亲信，三人以军队为家，如同上文所称"不亏法则""不图不谋"，心系军旅，说明这个家族与雄武军结合一体同甘共苦，至为典范。

第四是苏全绍。墓志记载他任职幽州雄武军知军副使。雄武军系由雄武城发展而来，该城由安禄山充任节度使时设置，由城发展为军的具体时间虽然不明，但建中二年(781年)刘怦就已充任雄武军节度使一职，说明该军建置应在此前。① 雄武军系节度使属下外军镇之列。② 按军之建置始于唐前期，节度使系统形成后，原本防边的军连同其他戍边部队遂归属所在地区的节镇。《唐六典》记载节度使属下之建置，其中幽州节度使统辖经略等十军，③但未含雄武军，其时该军尚未设置，④宋人修纂的《新唐书·兵志》属于事后总结，范阳所在自然包含雄武军。⑤ 按《唐六典》"诸军各置使一人，五千人已上置副使一人"⑥，苏全绍的知军副使即属此列。

第五是张庆宗。墓志说他任职雄武军马步都将、衙前散兵马使。都将一职，按严耕望先生的解释就是都知兵马使的简称，又称都头、都校。⑦《旧唐书·刘悟传》说刘为淄青节度都知兵马使。元和末，宪宗下诏诛李师道，刘悟率众响应，"众咸曰：'善，唯都将所命！'"⑧都知兵马使分布于节度使各层次

---

① 参见李鸿宾：《唐幽州雄武军(城)位置再考》，《唐研究》第16卷，北京大学出版社2010年版，第249—260页；亦收录于本书。

② 参见张国刚：《唐代藩镇研究》(增订版)，中国人民大学出版社2010年版，第84—85页。

③ 参见(唐)李林甫等撰：《唐六典》卷5《尚书兵部》，陈仲夫点校，中华书局1992年版，第157—158页。

④ 雄武城初设似在天宝五载(746年)(参见李鸿宾：《唐幽州雄武军(城)位置再考》，《唐研究》第16卷，北京大学出版社2010年版，第249—260页)，《唐六典》成书于开元二十七年(739年)(参见(唐)李林甫等撰：《唐六典》书前《〈唐六典〉简介》，陈仲夫点校，中华书局1992年版)，它修纂时尚无雄武城一事。

⑤ 参见《新唐书》卷50《兵志》，中华书局1975年版，第1328页。

⑥ (唐)李林甫等撰：《唐六典》卷5《尚书兵部》，陈仲夫点校，中华书局1992年版，第158页。

⑦ 参见严耕望：《唐代方镇使府僚佐考》，载《唐史研究丛稿》，香港新亚研究所1969年版，第211—215页。张国刚沿承其说，见《唐代藩镇研究》(增订版)，中国人民大学出版社2010年版，第94页。

⑧ 《旧唐书》卷161《刘悟传》，中华书局1975年版，第4230页。

军队之中,其职为要,重在掌握所在军队之兵权。张庆宗充任的是雄武军马步都将,意味着他主管这支军队的骑兵和步兵,属于节度使之亲信。衙前散兵马使一职,"衙前"系使府之谓,①散兵马使是节镇属下一般将领,张国刚认为它具有阶官性质。②

张庆宗"会昌初载,于雄武军遇雷霆震集,日月竖新,捧白刃以竭诚,展赤心而尽节。策□□先,张太尉燕国公降赴大燕,化行寰宇,始职亲事兵马使……迁转瀛州马军大将……又署衙前□军马步都将"。会昌元年(841年)的"雷霆震集",是指卢龙军节度使史元忠被乱军所杀引起的一系列行动。代史之后的是陈行泰,但他随后亦被杀,牙将张降自立。雄武军节度使张仲武起兵攻击张降,同时派吴仲舒上奏朝廷,称:"(陈)行泰、(张)降皆游客,故人心不附,(张)仲武幽州旧将,性忠义,通书,习戎事,人心向之。"③李德裕主政的朝廷遂授之卢龙留后,张仲武平定幽州内乱后升任卢龙节度使。志文中的"张太尉燕国公"就是张仲武,他指挥平定卢龙内乱,并协助朝廷防守被黠戛斯攻灭了的回鹘残余势力,这在文献中多有记载。但两《唐书》张仲武本传说他官至司徒、中书门下平章事,④墓志的上述描述与文献有别,似为俗称。志文里的张庆宗"捧白刃以竭诚,展赤心而尽节",表明他跟随了张仲武而仕途遷升,从亲事兵马使转任瀛州马军大将、衙前□军马步都将,可谓"荣华富贵"了。

三

前述六方墓志志主的去世,最早者是苏子矜之夫人王氏,卒于元和九年(814年);最晚者杨钘于乾符六载(879年)离世,大致属于唐后期至晚期这一阶段。墓志的特点,表现在它们出自邻近葬地,志主均系属雄武军,是同一军

---

① 参见严耕望:《唐代方镇使府僚佐考》,载《唐史研究丛稿》,香港新亚研究所1969年版,第214页。
② 参见张国刚:《唐代藩镇研究》(增订版),中国人民大学出版社2010年版,第101页。
③ 《资治通鉴》卷246"唐武宗会昌元年(841年)十月"条,中华书局1956年版,第7956页。
④ 参见《旧唐书》卷180《张仲武传》,中华书局1975年版,第4679页;《新唐书》卷212《张仲武传》,中华书局1975年版,第5981页。

队将士死后又同葬一簇的案例。这种现象在中唐以后并非个别而颇有普遍性,其意义已超出了墓葬自身的限域。那么,我们应从什么角度予以理解和阐释呢?

根据他们所在的军事组织,人们更喜欢从唐后期节度使军镇,尤其它所在的卢龙、幽州这个与朝廷关系不睦展现的河北藩镇割据的现象加以考量,这是最能吸引学者的注意力所在。从崔瑞德、张国刚等有关藩镇类型的框架性建构,到李碧妍河北"化外之地"的具体考察,再到冯金忠河北藩镇的专门而集中化的探求,①河北作为陈寅恪那代学者刻画的游离于朝廷控制之外、胡风盛行的割据性的整体形象,已经被具体考索呈现出来的诸多差异性相貌所替代,②这应归功于中外同人的持续努力。就本文探索的雄武军依托的幽州・卢龙镇而言,松井秀一的《卢龙藩镇考》是较早对其行政结构和经济基础进行全面而细致研讨的专论,③李碧妍继之又从纵向的演变进行了整理,这在众多对河北藩镇及其与朝廷关系做整体考察的论述中为我们提供了尤为清晰可见的幽州镇自身的演化理路,可谓独辟蹊径。但这些研究,无论是就藩镇与朝廷的交往,还是对藩镇内部的结构、权力博弈、彼此关联等的分析,都是置放在后期中央与河北地方双极对抗角色的政治性框架内予以考虑的。这应当是那个时代场景的"真实"写照。然而本文关注的问题则是这些军士们集约化安葬背后蕴藏的"地著化"现象的意涵。

"地著化"就是本土化、在地化,指外来者在某地经过一段时期的生活而安居其地,随之蜕变成为本地人,这里关注的重心是其发展和演变的过程。④

前述六方墓志中,杨钏墓志记载他的家族"连枝百代,奉祖随官荣任,即祔茔雄武军东北",其父系雄武军兵曹参军。杨少恒家族亦"连枝伯(百)代,

---

① 参见[英]崔瑞德:《唐代藩镇势力的各种类型》,《大陆杂志》第 66 卷第 1 期,1983 年;张国刚:《唐代藩镇研究》(增订版),中国人民大学出版社 2010 年版,第 42—59 页;李碧妍:《危机与重构:唐帝国及其地方诸侯》,北京师范大学出版社 2015 年版,第 296—355 页;冯金忠:《唐代河北藩镇研究》,科学出版社 2012 年版。

② 参见毛汉光:《论安史之乱后河北地区之社会与文化——举在籍大士族为例》,载淡江大学中文系主编:《晚唐的社会与文化》,台北学生书局 1990 年版,第 99—111 页。

③ 参见[日]松井秀一:《盧龍藩鎮攷》,《史學雜誌》第 68 编第 12 期,1959 年,第 1—36 页。

④ 有关"地著化"的研究,参见李鸿宾:《墓志铭映印下的唐朝河北粟特人"地著化"问题——以米文辩墓志为核心》,《暨南史学》第十辑,广西师范大学出版社 2015 年版,第 23—42 页。

奉祖随官荣任"。苏子矜郡望武功,他"性好闲游,高步塞北""幼列军职";其夫人王氏"起家立鹊巢之功,事夫有文姜之德",她之身处雄武军,系随夫君而行。苏全绍墓志虽没有出处之载,但志文中"时遇涿州故刺史兼御史中丞李公,葺军之日,特为上论,迁授当军知军副使",可知他系外来者。张庆宗家族的出处墓志没有确指,但他的先祖不显、父亲亦无任职则是明确的。这六方墓志提供给我们的确切信息就是,他们并非雄武军本地出身而属于外来者,其差别则是步入当地时间的长短和缘由的不一,且其家世的追溯普遍空洞而玄妙,甚至有"连枝百代,奉祖随官荣任"这种程序化的词语。① 这种词语(如杨钊、杨少愷志文中的"高辛氏之苗裔、叔虞之胤绪、晋武公之子,遂封号于洪浓郡司空",苏子矜之先"前晋定国侯之蔓孙"等),表现的是他们的家世源远流长且负有名望,这在大族势力彰显的魏晋南北朝和隋唐时代,成为普通家户提升门第的普遍做法,但事实则无足凭信。

　　唐朝大族势力的兴衰演替,一直是学界持续关注的焦点,不论是陈寅恪所谓的武则天上台以山东势力抵消关陇贵族集团的论述,②还是内藤湖南贵族势力的退出迟至唐朝解体的描写,③抑或姜士彬(David G. Johnson)主张的大族与唐朝的相伴随,④大族(贵族)通过在朝廷任职产生的政治影响力和聚族而居的社会功能,在唐朝即使后期所遗存的声望,仍不可低估。但这是就整体情况而言,具体到唐朝后期诸如两京、中原乃至江南各地,其分布和影响则因地而异。谭凯(Nicolas Tackett)的作品专就大族势力在唐朝的流变和晚期的走向消亡,依托墓志并结合传世文献所作的研究,进一步厘清和揭示了其整体命运。他研究的一个中心论点就是,在两京因种种缘故承受不了压力的大族,

---

① 有关志文中程序化词语的采纳,参见李鸿宾:《粟特及后裔墓志铭文书写的程式意涵——以三方墓志为样例》,载荣新江、罗丰主编:《粟特人在中国:考古发现与出土文献的新印证》,科学出版社2016年版,第176—190页;李鸿宾:《墓志书写的模式:唐朝国家权力的支配性作用》,载《纪念胡如雷先生诞辰九十周年学术研讨会论文集》,中国社会科学出版社即出。

② 参见陈寅恪:《唐代政治史述论稿》,上海古籍出版社1982年版,第18—19、21—23、48—49页。

③ 参见[日]内藤湖南:《概括的唐宋时代观》,黄约瑟译,载刘俊文主编:《日本学者研究中国史论著选译》第1卷《通论》,中华书局1992年版,第10—18页。

④ 参见[美]姜士彬:《中古中国的寡头政治》,范兆飞、秦伊译,仇鹿鸣校,中西书局2016年版,第160—198页。

通过官职的迁转徙往外地,亦成为他们维系自身命运的一种手段了。① 在这种背景下再考虑雄武军将士们的出身与地位,我们就会发现他们与所谓大族——不管他们持续荣光还是走向没落——均无任何瓜葛。上述墓志有关他们家世的湮没无闻,足以证明他们并非列属大族之辈;相反,他们多系大族以外的"寒门",在唐代的社会阶层分类中,他们应属通过军队服役而谋生的那类人群,特点是"皆成父子之军,不习农桑之业。一朝罢归陇亩,顿绝衣粮"②,以至于穆宗的"销兵"命令下达后,"军士落籍者众,皆聚山泽为盗"③,说明他们已丧失了军职以外的生存能力。④

穆宗《德音》指明的"父子之军""不习农桑之业",透露出军队的职业化倾向,《德音》说这是天宝以后形成的现象。从逻辑上讲,军队的职业化应始于节度使军队驻扎常态化与固定化之时。众所周知,河北诸镇的形成是朝廷与安史叛军妥协的结果,河北节镇的自行割据又促进了这种固态化倾向,与驻扎化相伴随的则是军队的地方化。⑤《新唐书·兵志》描述的"府兵法坏而方镇盛,武夫悍将虽无事时,据要险,专方面,既有其土地,又有其人民,又有其甲兵,又有其财赋,以布列天下"的情景,⑥其说法虽出自为总结历史经验和教训的宋人之口,但将兵员与土地结合在一起成为节度使向朝廷叫板的依凭,这也与人们理解的后期以河朔为主的抗拒型藩镇的特征颇为相符。换言之,这些

---

① 参见 Nicolas Tackett, *The Destruction of the Medieval Chinese Aristocracy*, Cambridge (Massachusetts) and London: Harvard University Press, 2014。

② (宋)宋敏求编:《唐大诏令集》卷65穆宗《叙用勋旧武臣德音》,洪丕谟等点校,学林出版社1992年版,第331页。

③ 《资治通鉴》卷242"唐穆宗长庆二年(822年)二月"条,中华书局1956年版,第7808页。

④ 雄武军军士"地著化"是唐朝中期以后文武分途致使行伍职业化的产物。应当说,职业化、世袭化与本土化之间存在着逻辑性关联。参见 Fang Cheng-hua, *Power Structures and Cultural Identities in Imperial China: Civil and Military Power from Late Tang to Early Song Dynasties (A. D. 875-1063)*, A Dissertation Providence, Rhode Island, May, 2001, pp.309, 315。汉文本见方震华:《权力结构与文化认同——唐宋之际的文武关系(875—1063)》,社会科学文献出版社2019年版。

⑤ 孟彦弘对此的解释是:平定安史之乱的过程中,军队"地方化"的趋势是以食出界粮、行营及军政合一为表征进而形成军费供给、军队组织、军队与地方关系(包括兵员来源)的制度化展现出来的。其转变端肇于节度使兵制之形成,臻至于两税三分之确立。地方化的形成,也就意味着兵员构成的本地化。参见孟彦弘:《论唐代军队的地方化》,《中国社会科学院历史研究所学刊》第一集,社会科学文献出版社2001年版,第264—291页。

⑥ 参见《新唐书》卷50《兵志》,中华书局1975年版,第1328页。

藩镇之所以能够与朝廷颉颃而立,如宋人所言,"(节帅)遂擅署吏,以赋税自私,不朝献于廷。效战国,肱髀相依,以土地传子孙,胁百姓"①。除了凭借自身的经济实力之外,属员的凝聚是节帅的重要依托,属员之所以能够鏖结于节帅周围,就在于那些出自本土或依赖地方而父子相继、世代为兵者的拥赞。人们熟知的魏博节帅田承嗣就"盗据相、魏、澶、博、卫、贝等六州,召募军中子弟置之部下……年代浸远,父子相袭,亲党胶固"②。这些军中子弟既是节度使对抗长安的资本,也是他们自身不断被更换或被取代的决定性力量。节帅与其拥趸的结合,促使藩镇自身实力的强化,其内部结构、与地方社会的密切联系,早已为学界所关注,③雄武军六方墓志的描述再次坐实了人们对河朔藩镇已有的认识。

然而,它对本文的意义不在于整体性而在于河朔诸镇内部之间出现的差异及其因缘,诚如李碧妍讨论的那样,其差异的揭示早已突破了以往"铁板一块"的刻板印象。④ 雄武军所依托的幽州,地处中原农耕的边缘、接近游牧势力而承担着守边防御的重任,其内部结构、地域结构、与长安关系之维系,均与魏博、成德有显著差别。在本文看来,主要的差异表现在如下两个层面。

首先,是幽州内部的权力构成及其所处的区位特点。按照冯金忠的理解,幽州镇早期就形成了以幽州和卢龙各自为准的独立格局,二者虽被并置在一个节镇系统内,但它与魏博、成德那种节帅属下州县的垂直式架构有所区别。他将幽州镇称为"二元体制",但因卢龙人少、经济基础薄弱,天平遂朝向了幽州。⑤ 值得注意的是,幽州镇150年的时间里,发生了20多起变乱,30人相继成为节帅,⑥其权力争衡使得它无暇顾及外部而深陷自我的消耗之中。

其次,与此相对应的另一种消耗节镇的力量,是节镇属下其他支系的强势

---

① 《新唐书》卷210《藩镇魏博传》,中华书局1975年版,第5921页。

② 《旧唐书》卷181《罗威传》,中华书局1975年版,第4692页。

③ 参见[日]堀敏一:《藩镇亲卫军的权力结构》,索介然译,载刘俊文主编:《日本学者研究中国史论著选译》第4卷《六朝隋唐》,中华书局1992年版,第585—648页。

④ 参见李碧妍:《危机与重构:唐帝国及其地方诸侯》,北京师范大学出版社2015年版,第250—379页。

⑤ 参见冯金忠:《唐代河北藩镇研究》,科学出版社2012年版,第3—17页。

⑥ 参见李碧妍:《危机与重构:唐帝国及其地方诸侯》,北京师范大学出版社2015年版,第336页。

对幽州本部构成的威胁。张庆宗墓志言及的雄武军使张仲武上奏朝廷讨平叛乱后,他随即受命主掌幽州节镇。他之成功,就在于本地出生,"老于戎事,性报忠义"①,于幽州有深厚的群体基础,这与他之前的陈行泰、张降那些过客不可同日而语。而张所在的雄武军地处幽州北部,系防御众多外族的前沿,军事地位之凸显,亦促使这一带所谓"山后地区"的位置遽然上升,②由此起家的张仲武之主宰幽州,被认为是开启了外镇军人主掌幽州节镇的"转向标"③。张的兴起,正在于他本土当地的出身乃至势力的聚集,这一点从他的父亲任职于幽州本地、他的儿子张直方继续任职幽州的祖孙三代鏖结一事中得到深刻的印证。④ 不仅如此,传世文献和出土的墓志资料中有关包括幽州在内的河北乃至其他地区节镇之军士,上下相乘、聚地而居的现象十分普遍,谭凯利用墓志资料考察两京以外随官任职并流落于地方社会的个人、群体的研究,证明唐后期(多系有政治和社会影响的人户、官员等精英群体)人员分流的诸多倾向,⑤是否可以说,后期的唐朝,当高门大族聚集两京的同时,更多的人和家族则随着担任官职的需求而迁转于赴任的场所,并以居官的州县为死后安葬的归属,应当是更为常见的现象。本文讨论的雄武军将士墓地和墓志的集中出现,则从依附于节度使军将的角度,提供了他们通过从军谋讨生活的方式,如何从外来者蜕变成为驻军之地的常客,再变成为本地"土著"的典型案例。这六方墓志志主之所以能够前后延续,就在于他们出自同一支驻军,这个地点处于为朝廷戍边、防御外敌的前哨阵地,这正是幽州镇区别于承德、魏博的所在;反过来说,也正是有这些戍边任务在肩,雄武军军士的本土化才得以实现。

---

① 《旧唐书》卷180《张仲武传》,中华书局1975年版,第4677页。

② 关于山后地位之要,参见任爱君:《唐末五代的"山后八州"与"银鞍契丹直"》,《北方文物》2008年第2期。

③ 李碧妍:《危机与重构:唐帝国及其地方诸侯》,北京师范大学出版社2015年版,第348页。

④ 参见《旧唐书》卷180《张仲武、张直方传》,中华书局1975年版,第4677—4679页;《新唐书》卷212《张仲武、张直方传》,中华书局1975年版,第5980—5981页。

⑤ 参见 Nicolas Tackett, "Great Clansmen, Bureaucrats, and Local Magnates: The Structure and Circulation of the Elite in Late-Tang China," *Asia Major*, 3rd ser. 21. 2(2008), pp.101-152。

四

"地著化"的本质是外来者融入本土社会并成为其一员的现象,这个现象背后隐藏的是王朝国家与社会这对恒久关系博弈的一个场面,在晚唐的表现,则是以国家对社会整体控制能力的下降乃至丧失为趋势的。雄武军的"地著化",只有放在唐朝社会形势前后变化的框架下,其意义才能得以突显。这里有两点值得考虑:

第一,在一个社会异常分化背景下建构起来的旨在强盛王朝的意识内,追求国家合法性地位确立的重要方式,就是国家与诸民族(族群)的统一。唐太宗、高宗前后以瓦解东西突厥并征服东西两翼(辽东及朝鲜半岛、西域腹地天山南北)构建帝国,当这一帝国整体相貌形成之时,也就是唐朝合法性地位确立的开始。这似乎成为3世纪20年代东汉王朝瓦解后秉持内法外儒观念那些统治集团的夙愿。然而唐朝通过征服周边四域形成空前帝国所付出的代价,它自身虽然能够承受,但并不意味着强盛局面维系的成本也同样能够担负得起。① 自从高宗仪凤年间(676—679年)吐蕃与唐朝的激烈交战宣告唐朝的攻势战略解体之后,② 为保卫中原核心腹地而构建的节度使防卫系统,又被安禄山利用促发了三镇连兵的反叛,结果是:虽然中央费尽精力压制了叛乱,却无力再展雄图重现盛世。叛乱对唐朝造成的致命冲击是,它瓦解了一统性王朝的政治结构,打破了中央政府对全国各地的有效控制。随之出现的是朝廷所能指挥的地区仅限于关中、江南等地,以河北为代表的地区则自行其是。这意味着中央集权与地方分权成为后期政治运行的一个突出的现象或曰张力。更重要的是,这种政治权力结构的改变也直接影响了社会结构。

唐后期社会发展衍变的趋向是什么?这有助于我们理解雄武军军士"地著化"自身场景的同时,还能揣摩它所依托的社会局势的趋向,并由此揣测出它所在地区于王朝整体运作中的特性及其成因。由此出发,也能使我们考察

---

① 参见李鸿宾:《唐朝前期的南北兼跨及其限域》,《中国边疆史地研究》2016年第2期;又见本书。

② 参见唐长孺:《唐代军事制度之演变》,初刊《武汉大学社会科学季刊》,1948年12月,又载《山居存稿续编》,中华书局2011年版,第329—352页。

晚唐社会历经五代的嬗替演变成北宋发展的一般性趋势。只有这样观察，雄武军特性的价值和意义才能凸显出来。历史情境的细节之所以吸引人，除了细节提供的场景外，更加光鲜耀眼的，是细节里边展现出来的一般性趋势和特征。那么，雄武军处在后期社会什么样的境况中，它又映现出什么样的趋向呢？

就中央与地方的关系而言，唐朝前后期经历了一个由内重外轻向外重内轻转变的过程。后期的关系大体上就处在地方分权并对抗中央集权的状态，具体表现在藩镇与长安朝廷的矛盾斗争之中。就幽州而论，这种关系又牵涉朝廷御边所针对的契丹、回鹘及东北其他民族、部族势力，这些势力均脱离朝廷的羁控而成为异己的政治对手，并多与朝廷抗争博弈，所以中晚唐的河北幽州节镇，它与朝廷的关系除了上述中央集权与节镇分权这对矛盾外，还涉及以朝廷为代表的唐与周边外族势力的内外矛盾和博弈。幽州在这两条线索当中，对内，它面临的是壮大或至少维系自身的势力（分权）以避免遭受朝廷更多的牵制；对外，它又承担着防御外族势力的攻击，保护长安朝廷边地安全的责任。在长安朝廷、外族势力、自身依托这三者关系中，幽州节镇的位置通常使它处在周旋于朝廷、外族之中，尤其体现在它与朝廷关系的处理之上。由于安史旧部盘踞河北故地多年并有深厚的地方基础，幽州与唐廷实际上已经发展成为如何在斗争当中获得自身最大的利益以保持一种微妙的平衡，正是这种平衡，才使得幽州的地位长期维持。

第二，以雄武军为代表的"地著化"背后无疑隐藏着一个地方性势力的存在，其存在本身就是本土化的反映。这就涉及上文我们理解唐朝后期社会的一个核心问题，即朝廷与地方社会之间的关系。唐朝前期地方社会的主宰势力即所谓大族，他们延续了魏晋南北朝尤其东晋皇权不振现状下对各自所在地区施以控制和影响的传统。大族对地方的控制和主宰，又主要是通过家族配合朝廷及其下属州县对地方社会施行的管理、税收与司法约制等方式实现的，他们填补了朝廷上述势力伸展而下但尚未到达社会基层层面的"空白"。然而后期唐朝大族势力逐渐消泯所造成的悬缺，必然由其他势力所填补。一个值得注意的倾向就是，大族消泯导致的空缺，一方面由各地普通的民户尤其掌握权职而地位擢升的势力（他们随后通过科举考试等途径发展衍生出了"士绅"等新贵阶层）所弥补，另一方面则由驻扎在地方的军事力量所填补，更贴切地说后期唐朝的地方社会是由这两种阶层汇合的势力所掌控。上述六方雄武军墓志映现的军士本土化及其蕴含的"本土"势力,正是这种趋势的具体体现。① 然而进一步追问的或者是它们所展现的意义则在于:这些填补大族势力空缺的军士"地著化"势力与科举晋身的势力因其活动的空间差异而呈现出区域性分布的特点。雄武军夹处长安朝廷的东北部边缘地带与外族势力之间,他们所浸染的浓厚的尚武精神和气质,将他们塑造成了具有与中原内地诸种分化势力(尤其文人士绅)差别明显的"边地"的性格特质。身处这种诸多势力交织互动的夹处地带,作为替朝廷戍边保护内地的雄武军军士,他们隶属并跟随朝廷固然是分内职责,然而一旦朝廷威权不再,遭受内外势力冲撞挤压的当地人群,当他们自身不能或无力自保之时,依托投靠任何眼前的强权势力,便成为他们获得生存的"恰当"选择。这种现象绝非个例而属一般。② 虽然本文讨论的时限尚在唐朝的统辖之内,但揆诸后事,雄武军所在地区随后成为晚唐五代之间激荡于中原朝廷与河北的地方势力,乃至卷入契丹之辽与党项西夏诸势力的争衡角逐之中,其地位的悬置转换,可谓瞬息万变。之所以如此,乃是由其地处边缘、夹于诸势力之特性所决定的。然而这一地带的人群在那个时代诸多势力的争衡博弈中扮演了什么角色和具体的发展演变乃至归属,这是一个饶有兴味的问题,但却需要另文解释。

---

① 就墓葬安置的格局而言,上述六方墓志(根据《发掘简报》)只是宣化城外唐代三十余墓葬的一个组成部分。这六方墓志依托的墓葬分属各个家庭,虽然不乏聚族而葬的分布,但雄武军军士死后安葬此地的格局,与大家族系聚族而葬的风格显然有诸多差异。换言之,雄武军军士之安葬应属以各自家庭为核心的聚集安葬,其墓地展现的是服役单位的聚集;而大族的安葬体现的则是家族势力的汇聚。二者安葬的风格恰是大族向个体家庭转移现象的映照。

② 参见李鸿宾:《交叉区民众心态之研讨——以唐朝长城区域为例》,载邢广程主编:《中国边疆学》第 2 辑,社会科学文献出版社 2014 年版,第 200—219 页;亦收录于本书。

唐史研究新范式出现的可能性*

——全球史语境下的唐朝视角

一

唐史研究的传统,在中国大陆和香港、台湾地区以及海外华人学术圈子里,一直以考证为主,采用版本、校勘、音韵、训诂等方法,对史料进行分析;大致就个体问题入手,澄清其渊源、发展与变迁过程、结局和影响等诸层面,目的是搞清楚历史的真相。① 这个研究的范式是建立在历史真相可以通过一定的研究手段获得认识(或复原)的基础之上的。具体说,历史复原的主要手段就是对文献本身经过去伪存真的辨正与分析,通过对文献的解读而获得。这是我们所说的历史研究的通则。② 这种范式在中国古典时期发展到高峰,即清朝的乾嘉考据学派的兴盛;20 世纪新史学出现后直到今天,传统的考据学加上西方学术思想和理论的羼入,形成了中国主流的历史研究范式,即以理论为指导,通过文献的识读,去揭示历史原貌。③

这里对"范式"做一点定义:所谓"范式"④,是指历史学研究中形成的一种认知方式,并以一定的研究方法为手段达到研究的特定目标,由此形成的一

---

* 本文曾以《从全球史语境看唐史研究新范式出现的可能性》为名刊载于《陕西师范大学学报》(哲学社会科学版)2018 年第 3 期,又收录于《高等学校文科学术文摘》2018 年第 4 期"学术卡片"栏目,第 204 页;此次刊载采纳最初拟定的题目,并对文中个别词句作了校订。

① 参见黄建淳:《砂拉越华人史研究》,台北东大图书股份有限公司 1999 年版,第 13 页。

② 近代德国兰克史学流派的主要观点亦建基于此。

③ 参见王学典:《二十世纪后半期中国史学主潮》,山东大学出版社 1996 年版,第 97—140 页。

④ 参见[美]托马斯·库恩(Thomas S.Kuhn):《科学革命的结构》,金吾伦、胡新和译,北京大学出版社 2003 年版,第 40—47 页。

套规则。① 以传统考据为主的史学范式,如上所述,其规则是:认为历史存在着真相,真相是可以重新获得认识的。历史研究,就是通过对文献的解读,去认识历史原貌。

日本的唐史研究,其方法与中国大同小异,走的也是以文献解释探求历史真相的路径,他们研究的问题深入细致,形成了京都和东京等不同的学派,前者重视具体问题的考订,后者侧重于理论观照下的具体研究。② 整体看,日本唐史研究的路数与中国差别不大。欧美的唐史研究则延顺其西学长久以来的阐释路数而与东方的中、日有较大的差异。其研究的范式不像中、日那样完全对文献进行解读,而是在材料的支配下,通过某种理论的指导建构唐史的认识框架,他们更关注历史文献背后隐藏的信息。如果说欧洲早期的汉学还比较关注传统文献解释的话,那么现今美国有关唐史乃至中国史的研究,则是在社会学、人类学等学科方法理论的参与下,透过文献去认识背后的思想和社会意识,这是他们更为关注的面相。其他学科与方法对历史研究的渗透甚至支配,是美国唐史研究范式的基本特点。③ 这个特点也正是对欧洲从早期希腊罗马,经中世纪经院神学到文艺复兴直至近代所贯通的思辨性阐释传统的继承,虽然中间有无数的变更和创新,尤其方法论的不断嬗替,但通过研究追寻背后的意念始终处于支配地位。正因为这个特点十分突出,近代以来中国学术的发展亦深受影响而呈现新的、目前也在不断流变的面貌。

① 研究的范式实际上是方法论问题,专门对此进行讨论的,可参见黄宗智主编:《中国研究的范式问题讨论》,社会科学文献出版社 2003 年版;尤其可参考杨念群:《美国中国学研究的范式转变与中国史研究的现实处境》,载黄宗智主编:《中国研究的范式问题讨论》,社会科学文献出版社 2003 年版,第 289—314 页。

② 这只是就其情况大而略之,至于是否存在着这样的分类或干脆没有区别的必要,日本史学界亦有争论。有关这方面汉语圈的研究成果,可参见钱婉约:《从汉学到中国学:近代日本的中国研究》,中华书局 2007 年版,第 4—55 页;严绍璗:《日本中国学史稿》,学苑出版社 2009 年版,第 449—480 页;刘正:《京都学派》,中华书局 2009 年版;高明士:《战后日本的中国史研究》,中西书局 2019 年版,第 3—12、34—109 页。

③ 有关欧美研究中国古代史的方法、范式、学派风格等,中国大陆方面的研究成果可参见胡志宏:《西方中国古代史研究导论》,大象出版社 2002 年版;陈君静:《大洋彼岸的回声:美国中国史研究历史考察》,中国社会科学出版社 2003 年版;朱政惠:《美国中国学史研究——海外中国学探索的理论与实践》,上海古籍出版社 2004 年版;陆扬:《清流文化与唐帝国》,北京大学出版社 2016 年版,第 333—367 页。

二

就方法论而言,中、日学者在唐史方面的共性非常明显,基本沿承了乾嘉治学路数,但也受到 20 世纪西学冲击之后的新方法影响,进而形成实证研究。欧洲汉学的唐史,同样关注唐朝的社会、政治、军事,但出自欧洲社会本身的文化背景,他们更关注唐人的思想、宗教和精神意识。美国的唐史研究充满了社会学、人类学的观察方法,用现代人文、社会科学的理论支配或渗透唐史,是其基本特征。他们与中国、日本学者的研究方式固然千差万别,但中外学者研究共同的地方,主要是就唐史论唐史,观察的角度多置放于唐朝本身。那么,如果我们换个角度,或者采用所谓全球史语境下的观察视角来研究唐史,是否可行呢?

首先我们要清楚,什么是"全球史视野"。

按我的理解,所谓"全球史视野",是以我们所在的这个星球为考察视域,将中国史的研究置放在整个世界范围内,做通盘考量。它的展开,最早由美国学者提出,①观察角度的全球化视野,是其根本特点。

全球史的研究角度,今日已成为一个崭新的观察方法。它区别于以前的史学研究,就在于以往的研究多建立在特定地区或特定国家而形成单体式的考察和论述,譬如中国史的研究就是中国本身各个层面或领域的诸面相,与两河、尼罗河、恒河、地中海流域的其他国家没有必然的联系。中国研究的情形如此,其他地区、其他国家的处理同样彼此孤立、互不相连。这种建立在王朝文明体基础上以自我为中心的考察,是人类文明发展走向的基本路径。至少从两河流域的苏美尔文化及其城邦政治体之发展,到随后崛起于欧亚大陆、北非等地的各个王朝,就其建构的国家体而言,均以各自的行政统治为核心(更多地采纳皇权或王权的形式)、以一定限度的人群为依托对象并以特定区域为旨归而呈现出形成、发展与消亡的景象。近代以来由欧洲首创又流布于全世界的民族国家的模式,则将王朝国家人群、地域的游移和交往更加清晰地界

---

① 美国学者研究的具体名称叫"全球史",参见刘新成主编:《全球史评论》第一辑,商务印书馆 2008 年版,第 1—4、23—39 页。

定并不断地印刻在人们的头脑之中。这种以自我为中心的王朝架构直接影响且支配了人们以自我为中心的思考方式,在这种史观的遮罩下,古代东西方的交流,譬如丝绸之路及其发挥的作用,无非就是以通道的方式联结两端或中间的若干点域,本质上仍旧是各个国家和地区自身历史的发展演变。

与此对应,全球史提供的视野则打破了地区、国家各自独处的封闭格局。从这样的视野里观察历史,第一,展现的是人类及其活动与其所依托的空间之关联。作为自然的组成部分,人类虽然因自身的繁衍和生产使他脱离了自然,但他不能不依靠自然而生存,于是人与自然的关系就成了我们了解人类历史的基本面相,这个面相支配了其他一切场景。第二,展现的是人群与人群之间的关联。与上述场景相对应,人群与自然打交道构成了他们的初始生活的形态,但人群自身之间同样具有相互联系的特性。这是因为人以群居的属性决定了他们的生活离不开彼此的交往,于是社群关联就成为人类历史的另一个活动中心。部落、部落联盟、酋邦、早期国家、成熟国家等政权组织的建构,都是人们据以活动和依托的维系方法或手段,这样的组织与特定地区的结合,便成为人们生活的基本形态。于是人群、社会组织与自然环境三者之间就形成人类历史纵横拓进的基本情形。全球史语境的考察,就是超越社会组织对特定人群的制约,将三种关系置放在整体架构之内予以考量,由于它突破了国家和社会的限制,它关注的重心亦由特定区域的国家转向了人类共同面临的问题。简而言之,这种视角从观念上解构了传统王朝的单一属性,从具体王朝和地区的羁绊下突破出来,建立了一套全球各国家、地区之间的有机脉络,从而赋予互动整体化的观念。在这一框架下,我们看到的各个国家、地区之间的历史,呈现着彼此相交、互为关联而非局促在王朝国家限制下的面貌和特点。

其次,"全球史视野"出现的近代契机。

在学术界,试图突破单个国家和地区进行历史研究的趋势早已有之。这个趋势在西方表现得更加明显。从古代希腊和罗马国家、王朝的演变开始,欧洲人的视野便突破了自身的限度,向地中海及其周围世界扩展,尤其与近东、北非、中东乃至东方国家的交往联系,从而构筑了古代欧亚各区域之间的诸种关系的网络。地理大发现之后,特别是工业革命引生的资本主义生产规模的扩大化,又诱发了欧洲国家向全球的扩张,突破了旧有的洲域格局,掀起了"全球化"浪潮,世界体系随之逐步形成,这成为近代社会最突出的特点。

与此对应,古代中国走的道路则与欧洲地中海世界迥然有别。中国早期出现的政权和王朝均以黄河中下游为中心,逐渐扩大成以农耕为特征的发展类型。秦朝依据农耕经济建构的集权式一统化王朝,开启了与世界其他地区王权政治相近但又十分特殊的道路,以稳居东亚广袤农耕地带并由此向周边扩展而将游牧、半农半牧和渔猎游耕地区纳入其中,形成了东亚皇权政治国家的发展模式。此后中国王朝顺次拓展的目标,就是如何将农耕周边地域(主要通过将周边人群纳入政权统辖范围的方式)聚合到这个体系之内,从而逐步扩大,形成兼跨长城南北、农耕游牧一体化的王朝帝国。[①] 这种王朝发展的形式,是以一个统治集团为起家核心、占有特定地区为统治核心,如此面向四方宰制全国,进而构成王朝的整个体系。在此框架内,汉人群体及其活跃的中原汉地是王朝之依托;周边四维的非汉系群体及其活动之外围地带则是王朝强盛之条件。族群及地域的核心与周边组合的二元制体系,是王朝架构的基本特征。[②] 中国王朝国家两千年发展的旨向,如同"滚雪球"一般慢慢扩大,[③]于清朝康雍乾拓展之后臻至完成。[④] 在这个二元制帝国的外围,分布着若干势力较小的国家和政权,它们与王朝帝国通过朝贡(或封贡)关系构成了东亚

---

① 对此问题最新的、有权威性的解释,可参见许倬云:《我者与他者:中国历史上的内外分际》,生活·读书·新知三联书店 2010 年版;吴稼祥:《公天下:多中心治理与双主体法权》,广西师范大学出版社 2013 年版。

② 参见李鸿宾:《中国传统王朝国家(观念)在近代社会的变化》,载《民族史研究》第六辑,民族出版社 2005 年版,第 1—13 页;李鸿宾:《传统与近代的对接——从地域和民族角度论述中国传统王朝的近代境遇》,载耿昇等主编:《多元视野中的中外关系史研究:中国中外关系史学会第六届会员代表大会论文集》,延边大学出版社 2007 年版,第 49—57 页;李鸿宾:《"二元制构造"下的唐朝华夷观及其变化》,载陈尚胜主编:《儒家文明与中国传统对外关系》,山东大学出版社 2008 年版,第 118—128 页;李鸿宾:《王朝国家体系的构建与变更——以隋唐为例》,载孙家洲、刘后滨主编:《汉唐盛世的历史解读——汉唐盛世学术研讨会论文集》,中国人民大学出版社 2009 年版,第 165—175 页。

③ 用"滚雪球"词语描述汉民族发展壮大的过程,是学术界比较公认的说法。20 世纪 50年代中期以后讨论汉民族形成的问题时就广泛地运用起来了。20 世纪末期再次讨论这一问题主要出自民族史学界,尤其受人类学的影响。具体的成果当以徐杰舜主编的《雪球——汉民族的人类学分析》(上海人民出版社 1999 年版)一书为典型。

④ 参见于逢春:《论中国疆域最终奠定的时空坐标》,《中国边疆史地研究》2006 年第 1 期。

文明核心圈,即所谓东亚世界体系。①

　　显然,这个体系超出了地域广阔、人口众多的中国王朝的范围,在欧亚大陆东部形成了不同层面的政治体之多方的联系、互动,但若与工业革命引生的民族国家冲出欧洲奔向全球开创的局面相比,仍旧是区域性或封闭性的形状。我们看到,在中国王朝的外围,似乎没有另一个王朝足以与它并列或抗衡,唯一例外的就是崛起于蒙古高原的匈奴与随后持续出现的鲜卑、突厥、回鹘等以游牧(或耕牧兼具的)帝国为形式驰骋于草原的势力,到成吉思汗时则壮大扩张至欧亚大陆所能够得到的地方。② 虽然它突破了中世纪任何王朝国家的统辖领域,但诉求于强力征服的特性使得它的扩展仍旧脱离不了人类古老的弱肉强食的套路,并不具备引领世界发展走向的动力。与之并立的以积累储备文明著称的中国王朝或与之类似的其他帝国,均以自身为旨归,以虽有广泛开拓但终究限于特定地域的模式呈现于世界各地。这表明,传统王朝发展的道路,本质上是个一体(元)化的国家道路,支撑它的意识形态及其观念,就是如何确定并巩固这样的王朝道路,它自身很难存在超越其规制的任何思想或理念。所以,就全球史思路内在的逻辑而言,突破王朝国家的工业革命引生的超越洲域而达世界的近代国家的发展,冲击着旧有世界格局之时将国际化、全球化以及相应的观念带入这个世界之中,二者关联的特性,彰显无遗。

　　最后,当下"全球史视角"的意义何在?

　　今日提出的全球史视角,是在新形势下出现的一股学术思潮,其研究始于美国学术界。此前,西方学术界也曾出现过以全球为研究领域的历史学,譬如汤因比(Arnold J. Toynbee)的《历史研究》,将全世界划分成诸多不同的文明

---

　　① 参见[美]费正清(John K. Fairbank)编:《中国的世界秩序:传统中国的对外关系》,杜继东译,中国社会科学出版社 2010 年版,第 1—13、277—293 页。此后海内外学术界就此问题展开讨论并持续至今,似成为了解资本主义发展之前东亚社会彼此联系的一个十分突出的面相。虽然学者从不同层面考察、观点各异,但此种框架的构建则为各家所认可,进而成为展现近代之前世界格局东亚特征之一种途径。最新的研究成果可参见王贞平:《唐代宾礼研究:亚洲视域中的外交信息传递》,中西书局 2017 年版。

　　② 参见[法]勒尼·格鲁塞:《草原帝国》,魏英邦译,青海人民出版社 1991 年版;[日]杉山正明:《游牧民的世界史》,黄美蓉译,中华工商联合出版社 2014 年版;[日]杉山正明:《蒙古颠覆世界史》,周俊宇译,生活·读书·新知三联书店 2016 年版;[日]冈田英弘:《世界史的诞生:蒙古帝国的文明意义》,陈心慧译,北京出版社 2016 年版;[美]梅天穆:《世界历史上的蒙古征服》,马晓林等译,民主与建设出版社 2017 年版。

体系予以描述。① 如上所述,西方学术的全球史视角是在近代打破地区差别的格局下出现的,它是资本主义全球化的发展在学术上的表现。到了 21 世纪,各个国家和地区经济贸易贯通性发展,全球化已成为趋势,任何国家和地区若与其他国家、地区区隔,其发展就无从指向,所以全球化首先表现在经济贸易的相互依托之上。其次,思想文化的观念亦突破自身畛域,彼此交接吸纳、互通有无,联系日趋密切,自我特性不断遭到周边或异地风潮的侵袭激荡而随之应对和调适,在这种境态下思想文化多样性的交流互动,便催生了全球史观的浮现。就学术传承而论,近代以来的西学思潮在走向世界影响欧美之外的同时,其学术界自身仍新旧转替,思考和研究的方式层出不穷,推动了学术整体的迈进,全球史观之首现于美国,正是这种学术理路递进的反映。

事实上,全球史观源自西方还是东方,这不是问题的实质所在。如上所述,伴随这种史观,世界性彼此联系与互动的加强促使这个星球网络性和结构性的笼罩才是其立脚的根本缘由。换句话说,只要这种联系能够存在并持续加强,全球史观的价值和意义就会立足和凸显。与之对照的例子就在古代,封闭而隔绝的、以自我为中心的政治体需要的则是固化自身的思维,即使如此,古典王朝的坐大,也时时刻刻地催逼出各种超越其自身限域的观念和意识。那么,面对这种新视角,唐史研究如何有新的拓进,抑或发展出新的思考范式呢?

三

如上文所示,所谓范式,就是一套认知方式和研究规则。就此而论,我们认为全球史境遇下的唐朝新视角及其形成的新认知是可以成立的。到目前为止的唐史研究,基本上是建立在王朝国家的基础上立论并加以研讨的,不论中国大陆、香港地区、台湾地区,还是海外的华人学术圈,他们着眼的唐史多从王朝自身的角度出发,在论述唐朝与周围世界或其他王朝的交往联系时,同样也

---

① 参见[英]阿诺德·汤因比:《历史研究》,郭小凌、王皖强等译,上海人民出版社 2010年版。

建立在这个基础上。日本、欧美诸国的唐史研究,其方法虽多有变化,但以唐朝为最终目标的考虑,与中国文化圈的关注殊途同归。与此对应,全球史视野的观察角度,则与以王朝为中心的考察形成了鲜明的对照:这个角度下的唐朝,是以人类整体历时性阶段的一个共时性组成部分的形象出现的。具体说,至少有以下两个角度可做考察的参照。

第一,全球史视角下的古代王朝,唐朝是以一个雄踞东亚而兴盛的面貌展现的。限于当时生产力的水准,各地之间的交通、联系处于自我封闭之下,王朝国家的兴衰大致属于自在行为。虽有丝绸之路贯通中西,唐朝首都或其他城市亦有诸多外国和其他地区的使节商旅穿梭其间,甚至有世界都城之誉,但这些均系个别事例而非整体关联。事实上,7—10世纪的全球各王朝国家尚处于独自拓展的状态,以此描述其特征,并非虚言。丝绸之路所展现的并非东西彼此互通,而是以各自特定地区段接式的"偶发"观照,才将彼此独立的区块承接起来。近代以前时期国际交往较多的地区,应属欧、亚、非三洲交界的地中海世界,那里的交往频繁密切,借助于特定的地理条件和地缘政治的便利而臻至完型。① 处于远东区域的唐朝,多与周边相近者如草原的突厥、回纥(鹘)、东北诸势力,西部吐蕃、吐谷浑、党项,乃至西南之南诏等密切连接。尽管如此,我们所看到的整体情形,也多是以具体王朝为中心展开的交往,其特征则是周边亚层势力围绕一个中心王朝进行彼此或多边的互动。②

倘若从全球史的观察角度出发,我们对同样的问题就可能会产生新的甚至新思维似的理解。在这种语境下,各地区的王朝国家,虽然它们处于自在的环境之中,但我们的观察则突破了这种限制,将其外在各自独特活动内存的跨越式关联予以清晰地揭示,从而在考察东方唐帝国内部出现的种种动向的同时,中亚的游牧与绿洲定居社会的活动,波斯帝国与西亚阿拉伯势力扩展之关联,乃至地中海周围东罗马和拉丁基督教社会各自的政治、经济、军事、宗教、

---

① 参见[法]费尔南·布罗代尔(Fernand Braudel):《菲利普二世时代的地中海和地中海世界》上卷,唐家龙、曾培耿等译,商务印书馆1996年版。

② 参见[日]堀敏一:《隋唐帝国与东亚》,韩昇、刘建英译,云南人民出版社2002年版。

文化的交往呈现何种相貌或状态等,也同样进入我们的视野之中。① 全局性、综观性、联动性的考察,是我所理解的全球史视角的特点所在。这种视角与其说重视史实本身,不如说更强调观察的角度和方法。这实际上涉及一个古老的学术问题:历史自身的状态与我们如何认识这种事实之间到底存在着什么样的关系? 经典实证主义史学的价值就在于通过文献自身可以获得研究对象的真实相貌,然而人类学(甚或后现代主义视角)的考察却告诉我们,这种相貌只不过是历史真实状态的某种程度或某些层面的反映,它是被书写者操控的,它所揭示的是人们选择好了的那些层面。在此种视角下,文献史学的局限性被暴露无遗。虽然如此,它旨在揭示真实相貌的诉求仍然激励历史学家不断追寻那个曾经存在过的场景。而试图构建孤立状态下全球各种场景相互联动的历史画面,进而揭示人类社会在彼此互不相干的境域下其各自生产活动如何通过彼此交接而互联,又是怎样随着生产力的提高而加大交往的步伐,并突破区域限制与远方异质文明接触联系所形成的全位审视的图景,它至少从弥补或填补单一而刻板的传统视角这个层面上,提供了更多接近史事不同面相的观察手段。

第二,如果从欧亚大陆两极的发展路径着眼,东西方曾分别经历了地中海周围的罗马帝国与黄河长江流域的秦汉王朝一统化的拓展步伐,只是后来彼此走上了分化与聚合的不同道路。为什么会出现如此迥然有别的现象? 这是一个耐人寻味而有吸引力的问题。② 至少就东方特定的地理环境而言,它建基于生计形态差异上的南北两种政治体的交往、冲突引生的彼此互动,可能是一个颇有解释力的回答。这个角度的立足点就是欧美学术界长期关注的欧亚

---

① 譬如艾兹赫德(S. A. M. Adshead)撰写的 *Tang China: The Rise of the East in the World History* (New York: Palgrave Macmillan, 2004),将唐朝的政治、经济、社会、思想文化各方面的发展与印度、伊斯兰世界、拜占庭帝国乃至拉丁基督教世界一一对比予以描述,他构建的世界主要文明体同异之诸面相的图景,与传统的王朝历时性的考察相对照,揭示了这些文明体共时性各自存在的鲜明特征,更有助于"现场"式地观察同一时代不同王朝的相貌。这种描述背后蕴含的就是全球史观念。

② 参见赵鼎新:《国家、战争与历史发展:前现代中西模式的比较》,浙江大学出版社 2015年版;[美]许田波:《战争与国家形成:春秋战国与近代早期欧洲之比较》,徐进译,上海人民出版社 2018 年版。

大陆整体视野中的农耕与游牧的东西、南北互动。[①] 在这一过程中,游牧社会草原高地特有的生态环境为其纵横东西的帝国扮演的角色之所以引人瞩目,乃在于均质化的草原为游牧势力壮大之后的均质性发展提供了广阔的空间,从古典早期崛起于欧亚大陆东部漠北纵深地带的匈奴,中经鲜卑、柔然、突厥、回鹘,这些步入政权建设的大型游牧势力,无不践行着一条从蒙古高原崛起、再向西部拓进而贯通草原东西南北的兴亡之路。[②] 继其之后的蒙古势力则从东北亚内地开拔,扩及欧亚大陆东西南北,以至于形成了一个不只超越单一性王朝,而且跨越洲域、盛况空前的帝国,成为古典王朝国家发展的巅峰。[③] 它的重要性还在于至少在某种程度上刺激和影响了肇端于意大利的文艺复兴及此后产生的工业革命与其开拓的现代世界的步伐。

与草原东西交互影响的同时,欧亚大陆南北的交往亦贯穿了王朝时代的前后。尤其引起我们注意的东部地区,自从秦汉王朝相继拓展于中原农耕之际,草原也兴起了囊括纵深地带的匈奴帝国,南北对峙的格局由此确立。东汉帝国的解体与此前匈奴的衰弱及其北匈奴的西迁,成为古典时代后期欧亚大陆变迁的重大事件。随后鲜卑、嚈哒、柔然、突厥要么驰骋于草原与中原对峙,要么南下进入农耕地区,要么奔向西域,这亦成为魏晋南北朝时期交往混杂的新特征。隋唐王朝重新统一农耕地域之后的重任,便由唐太宗、唐高宗征服东西突厥等草原势力,进而整合东西南北为一体的王朝架构所承担。[④] 唐朝整合的意义就在于:它结束了以秦汉与匈奴为表征的欧亚大陆东部农耕帝国与草原游牧势力长期对峙、分合的局面。这种整合虽然以中原王朝征服草原的

---

① 这方面的研究,学界有很多成果,重要者可参见:Sechin Jagchid and Van Jay Symons,*Peace*,*War*,*and Trade along the Great Wall*:*Nomadic-Chinese Interaction through Two Millennia*,Bloomington and Indianapolis:Indiana University Press,1989;Reuven Amitai and Michal Biran(eds.),*Mongols*,*Turks*,*and others*:*Eurasian and the Sedentary World*,Leiden-Boston:Brill,2005;Zsombor Rajkai and Ildiko Beller-Hann(eds.),*Frontiers and Boundaries*:*Encounters on China's Margins*,Wiesbaden:Harrassowitz Verlag,2012;Jonathan Karam Skaff,*Sui-Tang China and Its Turko-Mongol Neighbors*:*Culture*,*Power*,*and Connections*,*580-800*,New York:Oxford University Press,2012.

② 参见王国维:《观堂集林》卷 13《史林五·西胡考下》,中华书局 1959 年版,第 611—616 页。

③ 参见[日]杉山正明:《蒙古颠覆世界史》,周俊宇译,生活·读书·新知三联书店 2016 年版,第 53—56 页。

④ 参见李鸿宾:《唐朝前期的南北兼跨及其限域》,《中国边疆史地研究》2016 年第 2 期;又见于本书。

方式实现,维系的时段亦不超过 50 年,但若从南北互动的角度重新审视,并结合此后草原游牧势力崛起并向周边扩展所形成的元朝和清朝模式的跟进,我们看到,正是在康雍乾时期,南北两大异质性生计的诸多族群势力并置在一个王朝帝国之内的步伐得以完成。① 从这个结局再揆诸唐朝,它沟通南北的作用似乎清晰可见:它是继秦汉之后第一个向草原拓进的汉人王朝。此前的秦曾有此意图,但被崛起的匈奴所阻碍,最终以构筑长城而南北分隔;汉朝强盛后亦有军事进拓草原的举措,并打通东西两翼,然而亦未能有效地保持住北上的步骤;唐以后的宋、明诸朝,同样止步于长城沿线以阻隔双方。只有中间的唐通过南北的并入而将长城地带的"阻隔"悬置半个世纪,它的意义不啻展露于"包容"南北的能量之内,更重要的是为随后草原、东北势力崛兴并建构南北一统化王朝的努力奠定了基础。②

四

全球史的视角亦能为学者提供一个重新审视过往的尺度,增进对人类文明的深刻认识并以相互之间的欣赏、分享和接纳替代彼此的贬低、冲突和排斥。人类的历史发展证明,步入近代以后,东西方文明各自发展的独立道路就被全球一体化的浪潮所冲击。今日世界各地区各国家之间政治、经济、贸易、文化、信息的交流构成的繁密联系,早已突破了民族国家架设的畛域,任何国家倘若脱离与其他国家地区的接触就难以生存,更无从发展。建基于此的史学思维,不可能不受其影响而对以往历史进程的审视采纳新的、视野更为开阔的角度,从而予以新的认识和理解。

我所理解的全球史视角下的唐史研究,最关键的就是研究者所具备的学术眼光和观察问题角度的转换,特别是支配这种视角和眼光背后开放观念的确立。就唐朝而言,它兼容众多民族(族群)、文化而建构跨越长城南北的异质化王朝,又通过诸如丝绸之路与各方远域交往联系,这使它一直以国力兴盛、视野开阔、兼纳并蓄的形象享誉中国历朝历代乃至当今的国人之中。它疆

---

① 参见于逢春:《论中国疆域最终奠定的时空坐标》,《中国边疆史地研究》2006 年第 1 期。
② 参见李鸿宾:《中华正朔与内亚边疆——兼论唐朝北部长城地带的意涵》,《学术月刊》2017 年第 2;又见于本书。

域幅度之广、民族成员之众、与外界沟通之频繁,亦以此之局面而刻入史册。①
与之对应的秦汉,其发展的水准尚在初始草创;后来的元、清(尤其前者),疆
域虽超出有余,但文化兼纳的程度与社会整合能量的展现,似乎尚有未逮。更
能展示唐人观念意识的,是他们内外畛域的开阔,"胡""汉"的文化分合,使它
高居中国古典时代的"开化"之境而显现。②

唐朝在自身所处的历史空间中发挥出超越自身范围的效能,在与传统学
术结合并纳入现代分科的专业体系之后,其研究遂演变成为国际性之显学,这
亦使研究者着眼于中外互动并致力于国际化水准之提升,其中的中外交流、中
西交通、敦煌吐鲁番学的国际化审视尤令人瞩目,这不啻为今人全球史视角下
再度审核中国古史提供了一个成功的范例并夯实了基础。如前所述,我们所
说的唐史研究的全球史视角在研究者的考察中表现为具有全局性观念和意
识,以往成功的范例如余英时先生在中学传统和西学视野融透之上对中国
士大夫(知识人)和中国政治文化所作的超越常人探寻般的判识,张广达先
生在中西学术视域下对唐史、中外交流史所作的个案考察内涵丰富、内外兼
济逾于同侪的境界,均为新范式的建立提供了可资参考的经验。与此对应
的欧美汉学和中国学研究,依托于久远的西方阐释学的传统及其积淀的丰
硕学养,在以包括唐朝在内的中国历史文化为对象的研讨中,以中、西两个
同异互参的对照性考量的尺度,就中国历史诸问题的探索呈现出的那种图
景之丰富、理解之深刻,足以证明异类的、自外于我的观察何其重要!

揆诸以往,唐史学界中外联系本已深厚,在此基础上续增学人国际化之交
往,拓展全球史新境界从而构筑新范式,不仅可能性兼具,而且势在必行。至
于如何进行、具体情况怎样,则仁者见仁、智者见智,需要深入思考、长期摸索,
这方有待于同仁的持续努力。

---

① 参见[美]谢弗(Edward H. Schafer):《唐代的外来文明》,吴玉贵译,中国社会科学出版
社 1995 年版,第 13—91 页。

② 唐人胡汉(民族)观自身随着形势的变化有重大的转变,具体参见傅乐成:《唐代夷夏观
念之演变》,原载《大陆杂志》25 卷 8 期,1962 年;《唐型文化与宋型文化》,原载《"国立编译馆"馆
刊》1 卷 4 期,1972 年。二文又收入傅乐成:《汉唐史论集》,台北联经出版事业公司 1977 年版,第
209—226、339—382 页。

二、学术评论

全球视野中的唐朝崛起 [*]

——S.A.M.艾兹赫德《唐朝中国:世界历史中的东方崛起》伸议

2004 年由纽约 Palgrave Macmillan 出版的新西兰坎特伯雷大学历史学 S. A.M.艾兹赫德(以下简称"艾氏"或"作者")教授撰著的《唐朝中国:世界历史中的东方崛起》(以下简称"该书")一书(S. A. M. Adshead, *T'ang China: The Rise of the East in the World History*, New York: Palgrave Macmillan, 2004),是众多西人关注中国历史文明进程作品中值得提出并令我做评述的一部。

我阅读域外作品的兴趣主要出自为学术研究提供汉文未能保存的信息和为观察思考提供中国自身所不具备的新视角这两个层面。后者至少成为我近年阅读和关怀的集中点,此书无疑是这个关注点中的产物。作为以中国自身为对象进行研究的学者,在我看来,"本土"知识有了一定程度的储备之后,从另外的角度再观察自身本已熟悉的研究对象,常常会带来新的感觉。所谓盲人摸象,内外兼通,完整的形象庶几近之。话虽老生常谈,但若能长久关怀且持之以恒,内中蕴藏的意涵和味道便可"渐入佳境",我读是书便有如此的感觉。

一、该书的主要内容

首先对该书的篇章内容略作交代,然后再谈我的感想。

该书共计六章。第一章"争议:东方崛起之前"由"弗兰克有关世界秩序的观念""对弗兰克世界秩序概念的批判""西方的优势"三节构成。该书作者

———————————

[*] 本文原载余太山、李锦绣主编:《欧亚学刊》新 7 辑,商务印书馆 2018 年版,第 236—246 页,此次刊载将原文繁体字改为规范简体字,又对文中个别词句作了校订。

向来有从宏阔场域观察中国的习惯,应属西方学界包括全球史在内的宏大叙事的流派,以唐朝为聚焦从不同场景考察其相貌的该书叙事,只是其观察的一个"中观层面"。作者撰写该书之意图,旨在回应另一位西方左派学者弗兰克(Andre G. Frank)的观点。[①] 在那部著名的(汉译本《白银资本:重视经济全球化中的东方》)著作中,弗兰克将1500年以后的世界由欧洲支配的框架转写为至少在产品交换所引生的商业扩张意义上的以亚洲为轴心的中国支配的模式。换言之,工业革命前的世界性经济,中国的地位凸显于西方,但他并不接受公元500—1000年世界框架内唐朝崛起的地位。这是促成艾氏撰写本书的重要动机。

　　具体而言,艾氏将弗兰克(以下简称"弗氏")的观点归纳为6个层面并逐一反驳。第一,弗氏主张世界秩序呈体系,但艾氏认为问题的意义则是它在什么程度上形成了世界秩序。第二,艾氏虽然认可弗氏将世界体系视作全盘性的观点,但问题的关键与其说在这里,不如说它具有对构成世界体系诸要素施加决定性影响的意识所体现出来的权力。第三,弗氏强调世界的整体性主要表现在经济、重商主义和金本位等层面,但作者指出就500—1000年这个阶段而论,世界秩序中的知识和文化,尤其是宗教(及其体制)施加的影响更为重要,也更有意义。第四,弗氏认为世界体系存在着中心,但作者从规则和实践两个层面予以否认:体系并不一定有中心;将中心附加于经济或其他体系之内,只有比喻的价值而已。第五,作者认为弗氏所谓中国是这个体系中心的说法,只不过是一种再界定,不论事实本身是什么,这种称谓都在不同程度上用一种老套路将中国塑造成亘古不变的历史,而这正是汉学家们数代以来试图掩盖的。第六,对弗氏所谓世界体系呈循环状态的描述,艾氏认为,关键的环节是这种内生循环的概念能否精准地描述长时段和更为宽广而波动的历史。

　　总之,虽然作者并不接受弗氏对世界秩序所作的上述6个层面的分析,但它却成为作者分析唐代中国崛起于500—1000年案例的促动因素。

　　第二章"政治:唐朝的创造能力"由"隋—唐的再建构""银色光泽的唐朝复兴""抗拒革命的宋朝""与西方的对照"四节组成。作者从隋唐再统一、唐

[①] Andre Gunder Frank, *Re-Orient*: *Global Economy in the Asian Age*, Berkeley: University of California Press, 1998. 汉译本即[德]贡德・弗兰克:《白银资本:重视经济全球化中的东方》,刘北成译,中央编译出版社2008年版。

朝中兴与宋朝的拒斥革命的历时性进程,勾画了唐朝在当时世界上突出的位置。促使这种地位擢升的重要因素则在于中国政治体系的创造能力。与此对应,欧亚大陆其他地区的印度、伊斯兰世界、拜占庭帝国乃至拉丁基督教世界则分别呈现出较少的、被动的、迟滞的甚至没有进展。在政治发展的带动下,唐朝中国的经济、社会和知识文化也都呈现出多方面的演化。艾氏甚至据此推测:倘若没有政治上的成就,经济发展创造的财富可能就会消散,社会秩序就会被打乱,知识价值的驱动也随之边缘化。

艾氏认为隋唐再统一和兴盛的功绩建立在隋朝文帝、炀帝和唐朝高祖、太宗、武则天及玄宗统治的基础上,经过他们的前后经营,中国的政治拓进不论在空间,还是精致化的层面,均已超越其他王朝而臻于那个时代的巅峰,并形成了世界主义的、多元文化的、有序的精英统领的王朝盛相,由此成为由它构建的世界网络的核心。

第三章"经济:中国走向世界中心"由"中国经济增长的氛围:500—1000年""中国经济增长的动力:500—1000年""中国经济增长的管理:500—1000年""跨经济之比较:500—1000年"四节组成。艾氏认为第一个千年的后半段特别是唐玄宗时期,中国的经济无论总产值还是人均产值,其发展的速度和规模都促使中国第一次走向了世界的中心。更为重要的是,中国经济发展之特征亦取决于与南北印度、伊斯兰世界、拜占庭帝国和拉丁基督教世界的对比,它超越了上述地区而成为牵引世界经济的动力。中国的经济为什么有如此突出的表现并且超越其他地区呢?艾氏着眼于社会环境、动力牵引和管理能力三方要素。社会环境方面,艾氏认为中国所处东亚大陆自然环境中诸如气候、土壤等较为有利,与世界其他地区相比病菌对中国社会造成规模性的迫害较少,乃至卫生保健做得较为出色,等等,这些都为中国经济的发展提供了保障和条件。有关中国经济增长的动力,艾氏从技术的改进、从事农业生产的意识和兴趣入手,指出以粟麦为主的北方尤其是以灌溉著称的黄河流域的粮食生产转往长江流域更加高产的稻米地区,南部地区随之得到更为广阔的开发,成为经济发展的驱动要素。技术手段的改进,一方面体现在中国自身的发明和创造(包括具体器具和其他技术)之上,另一方面也体现在不断地吸收其他地区先进的方法和手段(亦含有具体器具和其他技术)。对生产施行有效的经济和行政管理,不论是唐前期还是后期,都在国家和私人层面中的宏观与微观生产领域里有各种展现。高效率的惯行，是中国经济发展步入高速轨道运行的一个促动因素。

第四章"社会：多样化的中国"由"经济与社会的交接""社会活动的基质：家庭与友邻""中国婚姻的人类学解释""非亲属的制度建设：多重关联""跨社会之比较：500—1000 年"五节组成。在这个阶段中，中国的社会经历着一个由单纯状态朝向多样化和聚合方向发展的趋势，到玄宗朝时遂臻于世界范围的极盛相貌。这种历经隋唐的复兴而形成的局面遭到安史叛乱的破坏、五代纷乱的滋扰乃至北宋的再度修整，多样性虽然受到诸多阻遏，但其余续仍存留于后。社会发展的多样化与精致化远远超过了人们的预料，浸润唐朝经济的空前发展、社会活动的多元汇聚、婚姻的选择与良善关系的维护，以及非亲族制度的设立、不同族群关系的处置等，成为作者与印度、伊斯兰世界、拜占庭帝国、拉丁基督教世界等进行对照的重要参照，呈现出居处世界中心的唐朝社会所具有的含括广袤的特性，进而增进对唐朝中国崛起之厚度的体认。

第五章"非凡的才智：错综复杂的多重性"由"中国士大夫的多重组合""中国知识人的多样化""欧亚知识阶层之比较：500—1000 年"三节组成。如果说唐朝能够走向世界舞台中心的动力源自其自身的政治创造力，那么，在艾氏看来，思想意识复合式的多元化则使它居于中心位置的巅峰，二者相互支撑。政治的创造力为经济发展和社会稳定提供了坚实的基础，思想意识则为观（概）念提供了语义规范，为交流和行为赋予符号与媒介，并为其合法性提供了调适的场所。这种由儒学、道教和佛法聚合而成的精神文化与祆教、景教、摩尼教、犹太教和伊斯兰教等呈现的主体、非主体二者并存的多元信仰，其蕴意并非同一甚至歧义相左，然而在唐朝却能够做到二者兼具而相互呈现，虽然其间不乏冲突和碰撞。唐朝中国这种颇为彰显的以知识阶层为主体的智识文化，无论其遮覆的广远还是施加的影响，均于玄宗当政时达到高潮。同时期的其他文明体，譬如印度，这两个层面均缺少深度；伊斯兰世界则是多元化大于复合性；拜占庭帝国反其道而行，聚合性大于多元化；拉丁基督教世界在这两个层面均无佳善的表现。

第六章"转向西方：回流与预测"则由"政治：1000—1500 年""经济：1000—1500 年""社会：1000—1500 年""智识阶层：1000—1500 年""预测"等

部分构成。艾氏再度回应弗兰克以与该书开篇论旨做衔接。通过前述四章唐朝中国呈现的成就使其凸显于世界之中心的描写，艾氏将唐朝尤其玄宗时代所凝聚的政治经管技术、经济发展之成果、社会之精致复杂和智识文化之创新，比附于当下的美国之地位。随后，艾氏又从政治、经济、社会和智识阶层四个层面对公元1000年至1500年之间的东西方进行了对比。与前述不同的则是，这个时段拉丁基督教的西方世界，历经地理大发现、文艺复兴、启蒙运动和工业革命，在吸收东方和其他地区文化的基础上开拓出了新的境界而走向了兴盛，东方则呈下落之状态，然而艾氏仍对第三个千年之际中国的重新崛起寄予厚望。

二、该书的观察视角

（一）中国本土以外考察的视角

唐朝作为西方学术观察的对象，是包裹在他们考察中国整体历史的框架内运作的；作为断代史意义上学理性研究的唐朝，其独特的命运不过始于二战以后。① 尽管如此，经过数十年的浸润，欧美学者就唐朝诸多层面的钻研使其形成了有自身特点的范式和套路，美国更有专注于此的《唐研究》刊物发表相关的成果以助其势。艾氏此书作为专门讨论唐朝地位的定性研究，置放于这一领域亦无不可。然而艾氏的出发点却不在唐朝研究这一专业层面之上。从他回应弗兰克《白银资本：重视经济全球化中的东方》的初衷看，他是从全球史的角度就中国某一特定时期的整体或某些面相所作的中观或宏观式的考察。② 这是我对该书的基本定位，我对此的评论亦由此而展开。

西学观察视角的长处，就在于庐山内部看惯了的未必知晓其外在相貌和特征所导致的缺憾，由此得以递补。就唐史而言，中国学者关注自身内部的细

---

① 参见陆扬：《清流文化与唐帝国》，北京大学出版社2016年版，第333—367页。

② 艾兹赫德撰写的著作主要有《中国盐政管理的现代化》(*The Modernization of the Chinese Salt Administration*, *1900-1920*, Cambridge, MA: Harvard University Press, 1970)、《世界历史中的中亚》(*Central Asia in World History*, New York: St. Martin Press, 1993)、《欧洲和中国的物质文化：1400—1800》(*Material Culture in Europe and China*, *1400-1800: The Rise of Consumerism*, UK: Palgrave Macmillan, 1997)等，他撰写的这些作品，多系从世界或至少从西方世界的角度进行的宏观层面的考察。

节层面,透过文献和考古遗物爬梳整理所揭示的具体相貌及其所作的阐释,可谓殚精竭虑,无所不及。但自身看自己的"偏狭"亦随之而现甚至无从弥补,这正是西学和西人观察的价值所在。艾氏对唐朝中国政治、经济、社会和知识文化乃至知识阶层特性所作的揭示,正是建立在与印度、伊斯兰世界、拜占庭帝国和拉丁基督教世界四个文明体对应层面的比较之上的。中国以外地区同时期各自的演进与发展的诸多面相及其特征的描述,多为从事那些特定地域学者的研究所专擅,如同唐史里各自的分工之类,内存的畛域和限度将学者"套牢"在自己的框架之内而悬隔有别。这种画地为牢的研治虽如此之精深细致,但却代替不了文明体演进过程中彼此之间的关联、互动及其呈现出来的整体相貌的观察;打通具体朝代进行对比性的思考,其方法的多样化及由此拓展出的宽广视野,亦非前者所能取代。若从这一视角揆度,艾兹赫德熟悉的领域正是我所欠缺的,他论述的重要价值亦多集中于此便昭然若揭了。①

(二)全球史观察的视角

这是艾兹赫德撰述该书的一个基本出发点。它强调的是共时性的考察,以与历时性的思索形成对照,并弥补后者之缺憾。历时性之所以重要,取决于观察者的后续位置,即对观察者而言,我们无法回到唐朝的那个状态,它已如既往成为历史,我们只能从后来(或当下)追溯往昔,如同从结局回溯过程一般,属于后见之明的考虑。于是,历史的演进便成为人们熟知且乐此不疲的追索。考察唐朝及其具体情节的特性,依托的主要手段就是它的前后比较,历时性的参照遂成为人们关注的普遍方法。② 唐史学家们对唐朝特性的认识,亦多从它在中国历史发展过程中整体地位的角度着眼,这便是典型的表现。③ 无论如何,历时性考察的意义主要是从善于议论的后人角度考量的,它的价值与其说是唐朝自身,不如说是后人赋予它的。关注的焦点乃在于后人自身而

① 共时性观察和处理的手段之所以比历时性的前后联系复杂,在于后者纵观性的考察需要的技术手段和工具种类具有相近性。换言之,研治秦汉史与研究隋唐史所需要的文献(本)分析和史料处理等方法及手段究其根本并无二致;然而从研究隋唐转换到对同时期的印度、伊斯兰世界、拜占庭帝国乃至拉丁基督教世界进行考索和研讨,不仅存在观察视角和方法的转换,更重要的是史料阅读和检讨所依托诸种语言的掌握和熟悉的程度非常人所能及。

② 参见杨联陞:《国史探微》,新星出版社2005年版,第14—42页。

③ 参见胡戟:《关于唐的时代历史定位》,载胡戟等主编:《二十世纪唐研究》,中国社会科学出版社2002年版,第18—24页。

非唐朝，其缺憾显而易见。

对唐朝本身而言，其特性和意义在它与同时期与之相异的同侪的对照中显现，共时性观察的价值因而得以彰显。就此而论，共时性观察似乎更看重观察对象的自身，或彼此的相互关联。我们看到，无论是中国王朝自身历时性的考察，还是横向共时性的审断，历史都是作为研究者观察的对象而存在，观察的角度和方式成为"客体"（对象）与观察者之间的沟通环节，这是我们考量的重心，通常以"范式"呈现。以一个或若干朝代政治人物的活动和国家事务构成王朝核心史的撰述，成为以司马迁《史记》和希罗多德《历史》为代表的古典时代考察此前与当下历史书写的典型范式。20世纪前期兴起于法国的年鉴学派，则将帝王将相以外的芸芸众生及其波澜不惊的长时段的日常生活纳入历史学家考量的视野，进而改变并扩展了旧有的观察形成了新范式。① 二战之后兴起的世界史乃至全球史、新全球史观察范式的突出特点，则在于突破了以自我为中心的地区史和民族国家笼罩下的国别史的窠臼，将世界的全部纳入考虑的视野做整体性观察。三者的区别如同布鲁斯·马兹利什（Bruce Mazlish）所说，世界史重在囊括一切，全球史强调世界上无所不在且日益增强的相互关联和依存，新全球史聚焦于全球化的当下进程。② 这打破了以往那种彼此割据、独立、并置和缺少联动的独自性观察的局限。如果说，苏联科学院主编的《世界通史》和汤因比、沃勒斯坦等人的著作是将世界历史作为各自区域里以独立为基轴的整体考察对象来书写的话③，那么，以麦克尼尔（William H. McNeill）为代表的全球史的撰述则开启了将世界各地区、各国家

① 这一流派比较典型的作品是布罗代尔的《地中海与菲利普二世时代的地中海世界》（唐家龙等译，商务印书馆2013年版）和《十五至十八世纪的物质文明、经济和资本主义》（顾良、施康强译，商务印书馆2017年版）等。

② 参见[美]布鲁斯·马兹利什：《世界史、全球史和新全球史》，赵婧译，载刘新成主编：《全球史评论》第2辑，中国社会科学出版社2009年版，第13—18页。

③ 参见苏联科学院主编：《世界通史》（汉译本共计13卷），多人翻译，第1—8卷，生活·读书·新知三联书店1959—1976年版；第9、10卷，吉林人民出版社1975、1978年版；第11卷，生活·读书·新知三联书店1984年版；第12、13卷，东方出版社1987、1990年版。[英]阿诺德·汤因比：《历史研究》，郭小凌、王皖强等译，上海人民出版社2010年版。[美]伊曼纽尔·沃勒斯坦：《现代世界体系》（全3卷），罗荣渠等译，高等教育出版社1998、2000年版。就原文出版的年代而言，应以汤因比、苏联科学院《世界通史》和沃勒斯坦先后排列。

纳入彼此联系和相互影响叙述框架的新范式。① 诚如奥斯特哈默所说,它更强调不同社会和文化的重叠及彼此的关联,强调诸种流通及其过程中的变异,有去除以地域为中心话语叙述的意愿和突破民族主义言说框架的企图。② 值得指出的是,艾兹赫德这部作品的写作思路,恰恰受到包括麦克尼尔《西方的兴起:人类共同体史》著作的激发,这不仅在该书的序言中有明确的反映,③更重要的则体现在他将唐朝中国与印度、伊斯兰世界、拜占庭帝国、拉丁基督教世界四个文明体诸多层面的一一对照的书写之中。④ 这种观察问题的视角,对传统断代史研究的隋唐五代史而言,同样具有启发和促动意义⑤,目前国内这方面已有相应的尝试和因应。⑥

三、唐朝中国的重要特征

如上所言,该书从四个角度讨论唐朝中国的崛起,值得关注的是,艾氏将政治的创新能力置放在经济发展、多元社会和知识才智之前予以彰显。在我看来,这绝非是作者自然或一般性排比而属有意为之。中国学术界看待自己

---

① 有关全球史范式形成的标志性作品,学术界有不同的说法。其中威廉·麦克尼尔(《西方的兴起:人类共同体史》上下册,孙岳等译,中信出版社 2015 年版)和斯塔夫里阿诺斯(Leften Stavros Stavrianos)(《全球通史:从史前史到 21 世纪》上下册,第 7 版修订版,董书慧等译,北京大学出版社 2006 年版)是两个不能忽视的人物,其作品在学术界有广泛的影响。此处采用刘新成的说法,参见刘新成主编:《全球史评论》第一辑,商务印书馆 2008 年版,第 23—39 页。

② 参见[德]于尔根·奥斯特哈默(Jürgen Osterhammel):《世界的演变:19 世纪史》(全 3 册),强朝晖、刘凤译,社会科学文献出版社 2016 年版,中文版序,第 1—6 页;"绪论",正文第 1—13 页。

③ S.A.M.Adshead, *T'ang China: The Rise of the East in the World History*, New York: Palgrave Macmillan, 2004, Preface, p.xi.

④ 全球史观对美术史的研究也产生了影响,诚如巫鸿所说:"这是因为到现在为止中国美术史主要还是自己做自己的,西方美术史家也是如此,对自己的研究领域十分熟悉,对外面的却不一定知道多少。现在出现了这样的'全球美术史'的潮流去打破这个壁垒,把眼界开得大一点,拓宽自己的视野。这是个好事情。"参见巫鸿:《全球景观中的中国古代艺术》,生活·读书·新知三联书店 2017 年版,第 276 页。

⑤ 参见李鸿宾:《从全球史语境看唐史研究新范式出现的可能性》,《陕西师范大学学报(哲学社会科学版)》2018 年第 3 期;亦见于本书《唐史研究新范式出现的可能性——全球史语境下的唐朝视角》。

⑥ 参见王永平:《面对全球史的中国史研究》,《历史研究》2013 年第 1 期;王永平:《从"天下"到"世界":汉唐时期的中国与世界》,中国社会科学出版社 2015 年版。

历史进程的主流观点,即王朝国家的发展与衍化,基本上是以政治包裹或支配的形象展现出来的。在历史学家们的眼界中,皇帝主导、以宰相为首的中央——地方行政机构协助与支撑所形成的中央集权式的王朝国家①,构成了秦始皇王朝直至满族贵族统辖的清朝这2100余年中国历史的突出特点。② 政治支配一切,亦成为了解古代中国一个十分突出的面相。③

与此对应,在西人的眼界里,支配性的政治权力同样成为他们了解和观察东方中国的突出视角。其中颇为典型的是德裔美国学者魏特夫(Karl A. Wittfogel)撰写的那部虽饱受争议但甚有影响的《东方专制主义:对于极权力量的比较研究》一书。④ 魏氏将包括古代中国在内的东方社会的政治结构归结为"专制"属性,这是因为其广阔的耕地开垦与治水灌溉之间存在着因果关联,从事这项活动需要超越地区和地方社会之上的控制能力和政治权力,以君主为轴心的专制主义遂得以产生并成为东方社会构成的核心要素。⑤

魏氏所论针对的是19世纪包括马克思在内的西方有关东方亚细亚生产方式的争议。他的著作甫—出版就引起西方学界的广泛关注⑥,且议论纷纷、褒贬不一,然而"东方专制主义"这一命题却成为西方描述亚洲尤其是古典中国国家结构的一般性特征而广泛流布。这在当下美国学者弗朗西斯·福山

---

① 对中国王朝政治结构及其特点有针对性做理论层面且持批判精神的研究,当以王亚南的《中国官僚政治研究》(中国社会科学出版社2009年版)为突出;刘泽华的《中国的王权主义——传统社会与思想特点考察》(上海人民出版社2000年版)则从思想与社会层面论述了王权政治的特性。

② 按照阎步克的说法,以皇帝专制、中央集权、官僚政治、儒家正统和士大夫政治这几个层面为特征构成的局面是中国王朝发展呈现出来的"常态"。参见阎步克编著:《波峰与波谷:秦汉魏晋南北朝的政治文明》(第二版),北京大学出版社2017年版,第1—15页。

③ 正因为如此,邓广铭先生将职官制度与年代、目录、历史地理一道视为研究中国古史的四把钥匙,职官制度所蕴含的政治对古代中国相貌之重要性的揭示于此可见。

④ 〔美〕卡尔·A.魏特夫:《东方专制主义:对于极权力量的比较研究》,徐式谷等译,中国社会科学出版社1989年版。

⑤ 魏特夫在全书(《东方专制主义:对于极权力量的比较研究》,徐式谷等译,中国社会科学出版社1989年版)中将世界划分为东西方两个层面讨论专制主义,有关中国的部分散见于各处而未单独成篇,这与他对世界各王朝国家做对比性考察的分析理路密切相关。

⑥ 中国学者受魏特夫治水学说影响较早的是20世纪20年代留学美国的冀朝鼎,他依此讨论形成"中国历史上的基本经济区"的说法,即通过灌溉与防洪工程及运渠建设探讨这种经济区的发展及其特点,进而构建出农业中国历史发展的基本轮廓。魏氏学说对他产生的学术影响见诸其著作《中国历史上的基本经济区与水利事业的发展》之序中。该书汉译本由朱诗鳌译,中国社会科学出版社1981年版,第6页。

(Francis Fukuyama)的《政治秩序的起源:从前人类时代到法国大革命》一书中亦有反映。该书专门辟有"东方专制主义"一章,作者提出四个问题,即西方将中国列为"东方专制主义"是否成立? 中国制度的合法性何在? 中国的皇权是否有限制? 就仁政而言,中国为世界提供了什么教训?① 福山据以论断中国专制主义的根基建立在国家、法治、负责制政府这三个维度之上。他分析了远古时代至18世纪后期法国大革命的历程,据以考察中国的重要特性,就是"它成功发展了统一的中央官僚政府,管理众多人口和广阔疆域,发明一套非人格化和基于能力的官僚任用制度"②,即以行政控制能力衍生的强大国家,是中国王朝称雄于世的根基所在,亦成为后人认识中国特性的依凭和基础。这种能力,说白了就是"东方专制主义",二者表里内外且殊途同归。

无独有偶,成书于此前的英国历史学家芬纳的《统治史》巨著,亦将纷纭并争的中国王朝视为古典时代诸国权力构建运行体系中以君主为核心的行政统治权力强化的典范。较诸其他王朝而言,中国王朝宫廷的权力很少遭受其他权力限定甚至没有约束,可谓皇权独大;同时又受到专业训练的领奉薪酬的官僚阶层和同样条件的常备军按照理性原则组织起来的以维护政体运行并强化统治的支持。③ 这种体制开端于秦汉而强盛于隋唐。经过汉朝解体以后动荡不定的纷乱而重新集结的隋唐王朝尤其后者,在以专业化和精细化为目标的以强化行政为核心的统治能力恢复之后,"即便是阿拉伯和拜占庭帝国能够在一两个方面可与之相当(这是值得怀疑的),它们也难以在总体上达到唐帝国的水平。正是这些特征使得唐帝国的官僚机构成了统治史上的一个真正的创新"④,并成为后续1000多年王朝帝国政权沿承的楷模。

另一位在西方学术界具有影响力的学者艾森斯塔德(Shmuel N. Eisenstadt),则从社会学结构功能的角度将对历史上中国特性的认识同样置

---

① 参见[美]弗朗西斯·福山:《政治秩序的起源:从前人类时代到法国大革命》,毛俊杰译,广西师范大学出版社2012年版,第286—311页。
② [美]弗朗西斯·福山:《政治秩序的起源:从前人类时代到法国大革命》,毛俊杰译,广西师范大学出版社2012年版,第21页。
③ 参见[英]塞缪尔·E.芬纳:《统治史》卷一《古代的王权和帝国——从苏美尔到罗马》(修订版),王震、马百亮译,华东师范大学出版社2014年版,第79、92页。
④ [英]塞缪尔·E.芬纳:《统治史》卷二《中世纪的帝国统治和代议制的兴起——从拜占庭到威尼斯》,王震译,华东师范大学出版社2014年版,第163页。

放在官僚体制帝国的框架之内①,不过这并非中国所独享。事实上,集权性的帝国王朝几乎伴随着人类古典历史发展的全部过程,其类型和种列分疏差异亦为常态。中国区别于其他帝国的特性,则是建立在"天命"领受之下"合法性"君主统治的基础上。他将中国统治集团追求的目标,裹挟在文化价值和思想取向所宣示的文明进步中。而能承载如此重任的,就是儒家士大夫集团及其反映出来的意识形态式的文化诉求。这种"文化取向的中华帝国发展的模式"就是他对中国王朝帝国形态的勾画。②

值得关注的是,艾氏所描述的文化取向的中国王朝之特性,是建立在以农业为基础的经济结构之上。大河流域、平原和丘陵虽广布于王朝统辖之内,但却饱受水旱之灾,水利的兴修和治理遂成为农业丰收得以保障的前提;而农业与水利的密切结合,需要超越性的政治统治力加以协调,由此构建的权力关系之超越和集中便成为中国王朝帝国运作的突出特点。③ 这里同样映现出魏特夫的观点,所谓水利引生的"东方专制主义"的论述影响之广布和深远于此可见!

上文所述,无论是魏特夫、芬纳的历史学讨论,还是艾森斯塔得的社会结构功能说抑或福山的政治学阐释,他们着眼的都是从历史中众多国家和王朝前后变迁乃至同时并存即多维的角度对中国王朝进行定位和探索。与此对应,艾兹赫德的这部作品,更是将唐朝作为分析的对象而从中国众多的王朝里单独抽列出来,与同时代世界其他地区的王朝或成型的文明体做共时性比较,进而描述其特性、价值与贡献。如前所列,该书关注唐朝的政治、经济、社会与智识或知识阶层等各种层面,但艾氏将政治发展视为唐朝崛起于东方的基础,即使遭遇安史叛乱对中央朝廷造成的强烈冲击之后,艾氏眼中的唐朝中国仍然为当时的世界提供了足以值得称誉的统治模式。

何以有此说法呢?

---

① 参见[以色列]S.N.艾森斯塔德:《帝国的政治体系》,阎步克译,贵州人民出版社1992年版,译者序,第2—4页;正文第13页。

② 参见[以色列]S.N.艾森斯塔德:《帝国的政治体系》,阎步克译,贵州人民出版社1992年版,第232—235页。

③ 参见[以色列]S.N.艾森斯塔德:《帝国的政治体系》,阎步克译,贵州人民出版社1992年版,第38页。

艾氏对比了唐与四个王朝或文明体之后,认为至少在政治尤其治理这个层面,与唐朝中国相比,印度社会几乎没有取得进展,伊斯兰世界不容乐观,拜占庭帝国了无新意,拉丁基督教世界的进步则有待未来。以唐朝为核心的公元500年至1000年之间的这个阶段,中国政治多重发展的意义不仅在于它历经330多年的纷乱争竞之后获得了再一统的复兴并随之恢复了中心属性的地位,而且唐朝中国更是通过它有效的行政治理,将那个时代世界的天平从西方拉向了东方。之所以能做到这一点,正是在隋文帝、炀帝,唐高祖、太宗、武则天和玄宗六位君主当政下前后不断努力的结果。这段时间内,中国的创造能力堪称举世无双。它对知识和智慧的向往与追求、政治决断的审慎与权衡、程序运作的得体与合宜,乃至国家与政府之间的协调呈现的特质、世界主义的内外互动等,在唐玄宗当政之时都有突出的展现,以至于它成为那一时代制度性建设中的典范而被世界所公认。

在艾氏看来,政治虽然并非意味着一切,它的价值也曾在经济、社会作为基本要素的研究中一度被低估,但若缺少政治的发展和调节,经济创造的财富就会消散,社会建构的秩序就会被打破,智识导引的判定亦会走向歧途。唐玄宗时期的中国政治取得的成就,与印度、伊斯兰世界、拜占庭帝国和拉丁基督教世界相比达到的高度,吸引了周边及远域诸国的统治成员和使节,使其驰骋于朝拜长安之途而络绎不绝:历史上,这是中国第一次成为世界政治关注的中心。①

艾氏之所以将唐朝单独列出以凸显它在中古世界发展史上的地位,应当就是对上述要素进行的总结和评断所致。这固然是他回应弗兰克观点所作的申述,但更重要的,它也是诸多王朝和国家发展演化的纵向历程与共时格局的横向对照中的逻辑延伸。他此前出版的《世界历史中的中国》这部作品,将唐朝所处的公元400年至1000年的那个时代置放在汉至20世纪70年代中国近2200年的历程中予以考察,揭示出唐朝在同时期居于"世界的中心"而与此前中国"世界的一部分"此后"世界的中轴""世界的地平线""世界中的世

① S.A.M.Adshead,*T'ang China:The Rise of the East in the World History*,New York:Palgrave Macmillan,2004,Preface,pp.66—67.

界""两个世界之间"悬隔有致,①其地位可谓前无古人、后无来者。这应该是该书独自定位唐朝中国逻辑延伸的意义所在。

虽则如此,唐朝的凸显固然可以单独成为论述的主旨,但这种地位的特性仍旧建立在中国王朝自身连续性的基础之上,从王朝发展连续性的角度考察其中任何一个朝代的价值和意义,是中国学者的普遍诉求。其中余英时先生的考察尤值得关注。他曾透露自己做学问的初衷,就是从历史延续和断裂的交织过程中追寻中国文化的前后承传及其特点所在。他将焦点集中于政治文化的演进范围。② 王赓武先生的《五代时期北方中国的权力结构》一书是他分析晚唐至五代后期这段时间中国的政治权力结构走向分化随后又朝向一统格局转变的作品,作者关注的是即使在分裂的形势下中国又如何恢复到一统格局的动因和变迁的过程,仍然聚焦于一统化的延续。③

就此而言,延续性观察中国王朝之特性的视角,亦为包括艾兹赫德在内的西人学者所倾注。从他众多著作宏阔视野的考察中,连续性和整体性的着眼构成了他研究的核心;同样,在上述著作中,他从纵向理解中国历史变迁的过程,在分析中古时期(或中世纪)东西方呈现出不同的发展路径时特别强调:在西方,古老的帝国(尤指西罗马帝国)衰落之后再也没有振兴起来,而中国自汉帝国灭亡之日起,就不断衍生出一体化的博弈并最终以隋唐的复兴而收场,其一统化的局面较诸前朝更加雄阔。就此而论,欧洲此后的道路呈断裂态势,中国则不断地走向连续和扩展。欧洲的社会力量强于政治势力,而中国则反其道而行:国家的势力远在社会之上。④

① 参见 S.A.M.艾兹赫德:《世界历史中的中国》,姜智芹译,上海人民出版社 2009 年版。这是该书英文第三版的汉译本,第一版于 1988 年出版后,曾由郑大华校注、任菁等人翻译,定名为《中国在世界历史之中(公元前 200 年—公元 1976 年)》,河北教育出版社 1993 年版,该书作者汉译为阿谢德。

② 参见余英时:《史学研究经验谈》,上海文艺出版社 2010 年版,第 76—83 页。

③ 参见 Wang Gungwu, *The Structure of Power in North China during the Five Dynasties*, Kuala Lumpur:University of Malaya Press,1963;王赓武:《五代时期北方中国的权力结构》,胡耀飞、尹承译,中西书局 2014 年版。英文第一版后 40 年之久的 2007 年,该书再版时,作者便将名字改作 *Divided China Preparing for Reunification*:883-947(Singapore:World Scientific Publishing Company),凸显了断裂之中的连续性。

④ 参见 S.A.M.艾兹赫德:《世界历史中的中国》,姜智芹译,上海人民出版社 2009 年版,第 62 页。

值得我们关注的是,艾氏就中国历史脉络所作的总结,一是王朝的延续,二是国家权力的凸显。他虽然没有具体论述二者的关联,但捡诸国内外学界有关中国王朝恒久延续的要因,王朝的连续之能生发,国家统合的能动性是其中重要的维系力量。我在论述构建纵贯农耕与草原二者为一体的唐前期一统化王朝及其存续不足 50 年即告解体的局面时曾说过,"中原汉人为主体建构的王朝若要向周边异质地带扩展并含括多族群国家之建设,应当说它具备了建构的实力,但却缺少长久维系和稳固帝国的能力"①。唐朝从农耕地带统合异质性草原地区的能力包括统治集团的政策及其执行力、军事部署与调动的能力和后勤物资供应的保障等综合要素,但政治决定力量的强大无疑是其中的关键环节。唐朝的兴盛与前后王朝之得以延续,这一案例强烈地透露出:倘若缺少国家统治的能力,一切都无从谈起! 艾兹赫德对中国王朝的前后承传尤其唐朝中国崛起于东方并成为世界之中心地位的讨论,无论纵向还是横向,都为世人了解中国之特性,提供了东西对比的宏阔视野。这是我阅读该书的一个鲜明的感受。如果说他就中国王朝延续性所作的讨论具有了解这一特性功能的话,那么对擅长从这一角度观察中国自身的学界而言尚属"锦上添花";然而若从谙熟西方文明进程并将中国王朝尤其该书谈论的唐朝置放在全球特别是与西方同类政治体作对比性观察这个层面考量,他的研究对不熟悉这方面专业的中国学人而言,就不啻为令人感兴趣、颇为新颖的观察中国特色的视角了,虽然从中西双方对比性进行探索的路径在中国学人中早有萌生。②

---

① 李鸿宾:《唐朝前期的南北兼跨及其限域》,《中国边疆史地研究》2016 年第 2 期;又见于本书。

② 中国学人从东西方对比的角度研治历史学的案例,较早有雷海宗,限于时代和环境的制约,他并没有中西对比性的专著问世,但他一生涉猎的中西历史之研讨,影响了一代又一代学人。此后较著名的学者则有刘家和,《古代中国与世界——一个古史研究者的思考》(武汉出版社 1995 年版)应系他中西历史对比研究的范例;邢义田专就秦汉与罗马帝国旨向进行的讨论亦著称于学术界。近年以社会学研治为职守的赵鼎新亦出版《国家、战争与历史发展:前现代中西模式的比较》一书(浙江大学出版社 2015 年版),其撰述针对中西历史路径之歧异,有回应西方学界的旨趣所在;随后出版的 The Confucian-Legalist State:A New Theory of Chinese History(Oxford:Oxford University Press,2015)纵贯两周王朝(聚焦于春秋战国诸国)之变迁,同样应对西方有关中国脉络的研讨而展开。就学术旨趣而言,赵氏的新近著作回应西学似更在一个频路之内。

汉学研究的硕果*

——《撒马尔罕的金桃：唐代舶来品研究》书介

《撒马尔罕的金桃：唐代舶来品研究》(*The Golden Peaches of Samarkand：A Study of T'ang Exotics*)一书，作为美国汉学家薛爱华(Edward H.Schafer)(又译作爱德华·谢弗)众多学术研究成果中的一种，不仅映现了作者在中外物质交流研究领域中的突出成就，而且也作为这个领域的扛鼎之作载誉中外学界。其汉译本的问世，出自中国知名学者吴玉贵之手([美]谢弗：《唐代的外来文明》，中国社会科学出版社 1995 年版)，其译文不仅优雅精练，而且原文所述之错谬又经译者多加修改厘定而臻至完善，以此享誉汉文世界。基于该书的学术盛誉与当下"一带一路"畅行所引生的社会之关联，修订本又于 2016 年 4 月推出(社会科学文献出版社)，成为一部原本只限于学术界内部研读旨趣的作品转型进入大众社会而被世人所接纳的典范。

那么，这部作品谈论的究竟是些什么内容呢？

一

该书按章节排列，先后描述了大唐盛世、人群、家畜、野兽、飞禽、毛皮和羽毛、植物、木材、食物、香料、药物、纺织品、颜料、工业用矿石、宝石、金属制品、世俗器物、宗教器物和书籍等各项内容。大体包含唐朝社会、人群与具体的物质产品三个层面而以后者为重。显然，这部作品研究的是 7—10 世纪域外的各种成品进入唐朝内地并被唐人接受的物质层面的交流史，这些物品采用当

---

* 本文曾以《折射情感与精神的物质交流史》为名发表于《解放日报·解放书单》2016 年 8 月 12 日，因受版面限制，只截取 1700 余字，这里将原文呈现于读者，以表达我的初意。

下时髦的话语即属"进口产品"。说它是一部物质史毫不为过,但若仅仅如此理解又似乎脱离了作者撰述的宗旨。

作者不厌其烦地选择各类物品进行追踪似的考证和探索,与其说重在物品自身,不如说透过物品的阐释去揭示享用物品背后的人及其意图和思想感情。在作者眼中,这些舶来品之所以有魅力,恰恰就在于唐人对它们缺少认识而产生了幻想,这也是该书取名"撒马尔罕的金桃"之缘故。那个产于西方境域的"金桃"予唐人以无限的陌生和新奇,致使后者浮想联翩,遂将当地人再熟悉不过的水果纳入幻梦之中,于是,物品的魅力就转换为人们(受众)的心态、思想和情感的组合。具体到离我们今日千百年之久的唐朝,更在于这些物品透过当时政府的法令和公文、官方举行的仪式,乃至那个时代文人创造的诗赋、传奇的文学作品等表现出来的外来的生命价值,其外来的生命价值在这些文字的表述中,不仅赋予了唐人充满着理想形象的意涵,而且给后人乃至今人带来物品消散之后所产生的丰富的憧憬:纯粹的物质产品,遂嬗替而转变成了精神寄望。如同作者所言,"与其说它们属于物质世界,倒不如说它们属于精神世界"①。这便是该书的真谛所在。

二

薛爱华这部书的意义,还展现在作者的学术品味之中。

西人了解和研究中国,就"地理大发现"以后而言,大致经历了传教士猎奇、探险者践行和学院派研讨几个阶段。传教士对东方的探索是在以欧洲为中心的西方向世界拓进的步伐中开始的,在以传布基督教(各支派)于东方各地的同时怀有"涉猎"之心对他们途经地区的文化和历史加以描述,形成了较有系统的东方印记,其宗旨还是回溯到基督教自身。探险者之步入中亚和远东,则标志着西方对包括中国在内的东方历史文物进行考察和调研阶段的开始,进而升华为专业性的研究。东方作为有别于西方的客体化对象被纳入到西方的知识界特别是学术界领域,则以大学的专业设置及其展开的研究为标识,从 20 世纪初叶一直盛行于当下。这应是西方的东方学研究的一般性进

---

① 该书"导论"第 31 页。

路。与此对应的,则是西方的汉学还有一个从欧陆转往北美的趋向,20 世纪中叶以后,以费正清为代表的以研究中国为鹄的,在美国发生了汉学被中国学替代的路径转换,意味着对文化中国,譬如语言、历史、宗教、文学、艺术等具有凸显特点的东方文明的关注被替代。中国学关注现实中由政治、军事、技术产业这些国计民生所形塑的中国——作为与欧洲特别是美国主导的国际社会的客体对象,成为北美尤其美国学术研究的旨趣,这意味着汉学已转变成为中国学了。

薛爱华这部作品展示的核心,应当是欧洲汉学传统的产物。他虽在美国受教育,但是在中国学学派形成之前,他身上体现的是汉学从欧洲转向美国的那个历程印痕,从他的指导教师卜弼德(Peter A. Boodbegr),到影响他的伯希和(P. Pelliot)、马伯乐(H. Maspero)、劳费尔(B. Laufer)等人,我们看到的是汉学在他身上的彰显。这些耳熟能详的西方一流汉学家,在他们的心中,中国是以文化的东方相貌呈现在世人面前,这些汉学家关注的重点亦在中国和东方文化的各层面;又因研究的内容复杂且古今贯通,研究中国的重要手段之一,就是对东方各种不同语言(当然也包括西方自身的各类语言)的掌握和谙熟,并以此为不可或缺的工具去解释中国和东方的文化(诸层面)。可以说,构成汉学家的特质,除了对东方文化具有"享受式"体验之外,就是对语言文字的多途径领会,而这往往是他们东方文化体验的前提。我们看到,汉学的这些"要素"在薛爱华的身上同样表现得十分鲜明。顺便一说,学术界熟知的 20 世纪中国学人的典型代表陈寅恪教授,就是系统接受欧美汉学训练的东方学家式的学者,①与薛爱华等汉学家不同的是,陈出自中国,他们的差别,在我看来仅此而已。

三

正是出自将中国历史文化作为"体验式"观察的对象,所以与"中国学"比较起来,它似乎含有更丰富的"人情味",这也是汉学的一个传统。薛爱华的

---

① 对陈氏学术渊源的系统性研究,可参阅王震邦:《独立与自由:陈寅恪论学》,台北联经出版事业股份有限公司 2011 年版,第 61—85 页;陈怀宇:《在西方发现陈寅恪:中国近代人文学的东方学与西学背景》,北京师范大学出版社 2013 年版,第 100—164 页。

这部作品,描述了唐朝接受外来物品呈现的每个具体的细节,除了为今人品读做进一步研究提供参考之外,该书更令人感悟的就是作者描述的场景所赋予唐朝的那种精神和气质,而这集中在"人"的身上,这也是作者一再声称他描写的(物品)与关注的(精神)并非一致的缘故。换言之,这部书使我们感怀深切就在于它揭示出 7—10 世纪东方唐朝对异己的外来物品所秉持的宽纳心态。在作者的笔下,唐朝无疑是以兼容、接纳、往还、开放的形象宣示于时代的,唐人(无论公私、集体或个人)以仪轨、描写等展现各类物品所流露出的新奇、神异的表情,亦深深地影响了物品消散之后的人们的信念,从而将外来物品所折射的唐人形象与物品呈奉者和携带者之间双方或多方的文化意蕴传递给了后世乃至当今。我想,这才是该书的价值所在,至少我阅读后的感觉就是如此。

《隋唐政治、制度与对外关系》书后[*]

朱振宏教授新作《隋唐政治、制度与对外关系》（以下简称"朱书"）（台北文津出版社有限公司 2010 年版）是作者的论文合集，分别由《隋炀帝储位问题研究》《"唐高祖称臣于突厥事"的再检讨》《唐太宗"渭水事件"论析》《论贞观十三年（639）"九成宫事件"及其影响》《唐代"皇帝·天可汗"释义》《"桃花石"与"天可汗"》《唐代羁縻府州研究》《隋唐辍朝制度研究》《隋朝中央涉外机构及其与朝鲜三国使节往来之研究》和《东突厥启民可汗阿史那染干出身小考》10 篇论文组成。因作者的研究范围与我本人有部分的重合，出自兴趣，有几篇文章我以前既有拜读，此次一并领略，更有感受。

首先，对文集这种形式，我是持赞赏态度的。单篇文章能够写出，一般性的要求是篇篇要有新意，将它们组合在一起，对作者撰写和研究的领域能有一个集中的了解。其次，以往的学者（特别是名家），他们一生的学术研究，大都是以论文集的形式表现出来的，如陈寅恪、唐长孺、周一良等先生，莫不如此。所以我对论文集的形式一直心存好感。然而，最近若干年大陆学术界，特别是评审（价）机制，有一种倾向，就是重视专著而忽视论文集的价值，给我的印象似乎是文集这种形式本身的学术含量就小于专著。在我所阅览的作品范围内，就不止一次地看到以专著的形式隐含论文集这种"挂羊头卖狗肉"不伦不类的现象。实际上，明明白白地以论文集的方式将自己的研究成果贡献于学术同人，是最好的方式。自然，这与以专著形式发表自己观点的作品是两码事。基于此，我对朱振宏教授这部集子的兴趣就体现在形式与内容两个层面，形式问题相对简单，就此打住，以下我关注的则是其书的内容，分成以下几个

---

* 本文中古史编委会编：《中国中古史研究》第 10 期，台北兰台出版社 2010 年版，第 287—299 页；此次刊载将繁体字改作规范简体字，并对原稿个别之处作了校订。

部分谈感受。顺带一说,下面的评论不是全方位和周详的设置,按照道理讲,最好的方式就是对全书整体做通盘的判断,但于我而言,选择其间若干感兴趣的话题言说,似乎更能反映我读其书的切实体会。就读书自身的追寻而论,读者对其中的问题,往往是那些自己比较关注的地方才能引起共鸣,所以我对朱书所做的评论,不是整体、全面性的,而是就其中的若干部分进行评论。

一

如书名所示,作者讨论的政治、制度与对外关系,就内容的分类讲,实际上就是事件与制度两部分。我读后的感觉,作者在这两个方面的研究,都有自己擅长的地方,尤其表现在前者。有关政治事件的研究,我举以下数例。

第一,《隋炀帝储位问题研究》。

此文涉及的是隋朝炀帝储位设置的问题。此事关乎王统承续之合法性与否,向来为皇室、宫廷和朝臣所关注,历朝历代不知多少帷幄筹谋精力于此,同样也成为学者极力关心和讨论的焦点,如同清代雍正储位成为学术钻研之焦点一般。[1] 在本篇里,作者的基本观点是:炀帝登基以后,本来也是册立好了皇太子的储位,然而,太子杨昭因病去世后,储君一位遂悬滞下来,终炀帝之弑,一直没有很好地解决。朱振宏研究的新意在于,炀帝曾经属意并扶持过次子杨暕为储君人选,但他不法骄奢的行为令炀帝颇为失望,遂转向杨侗和杨侑,但也没有解决问题。炀帝被杀后,反隋群雄为争夺帝位正统,又分别册立杨隋宗室诸成员各自为帝,成为他们争权夺位的砝码,直到李渊建唐消灭其他势力、李世民北讨东突厥时宗室杨政道归唐,炀帝储位之争的闹剧遂告完结。此文给我较深的印记在太子杨昭之死的缘由分析上。

杨昭之死,传世文献虽多有记载,但却殊为简略,至今晦暗不明。司马光《资治通鉴》《考异》不采纳杨昭被毒杀之记载,[2]朱振宏认为可取。他透过各种史料分析杨昭之死实有三个原因:其一,杨昭的身体原本就不好,可能患有

① 参见王锺翰:《清世宗夺嫡考实》,原载《燕京学报》第 36 期,1949 年;《清史杂考》,中华书局 1963 年版,第 147—193 页。

② 参见《资治通鉴》卷 180 "隋炀帝大业二年(606 年)七月"条,中华书局 1956 年版,第 5625 页;朱书第 9 页注释 36。

宿疾;其二,炀帝与杨昭的关系不亲密,杨昭不怎么受父亲待见;其三,杨昭朝拜炀帝于洛阳时水土不服,积劳成疾,后可能延误病情而致死。作者分析,杨昭自出生到大业二年(606年)朝拜炀帝的23年间,始终居处长安,从长安到洛阳,一路奔波,使原来身体欠安的他,倍感疲倦;加上公务繁忙,水土不服,心情不畅,生病后又被延误,"导致杨昭病情延误而薨卒"(该书第9页,以下凡引该书时径写页码)。在作者看来,第三个因素实缘于前两者,倘若没有平素的疾病和心理的障碍,洛阳水土不服、积劳成疾恐不能致他于死的境地。我认为,这样的分析是比较贴切的。顺便一说,历史的真相只有一种,如同杨昭之死的因由,只能有以某种因素为主的一说,而不能诸说并存。之所以出现诸多说法,是因为文献记载缺失,后人无从得其确解,才有各种猜测。既然是推测,就看谁推测的理据充足。朱氏所持的三个因由,我以为相较于诸前贤是有推进意义的。目前所见,有关杨昭之死的解释,当以此为周详。

第二,《唐太宗"渭水事件"论析》。

有关唐太宗与东突厥可汗之间的"渭水事件",也是唐初史事中一个颇令学者感兴趣的话题,同样因史料的阙佚而难辨真伪,尤其是具体的细节无法辨析得解,然而这也更为今人所关注。作者撰写《唐太宗"渭水事件"论析》的目的,就是企图揭示隐藏其中的内情。这篇文章的具体内容我不详论,我所感兴趣的是"渭水事件"反映的突厥南下采取对唐进攻以及作者对其南下态度所做的解释。关于历史上北方游牧势力频繁南下之由,学术界曾经进行诸多细致的讨论,其因缘波及政治、经济、贸易、军事乃至文化等诸多领域,[1]作为南下原因静态化的分析,这些综合性的解说对我们了解游牧势力南下无疑是有说服力的,但是它不能代替游牧势力每一次南下的具体解释。所以,对这次颉利可汗南下的"渭水事件",需要的是有针对性的、具体的解说。作者所做的就是这种尝试。

朱振宏教授认为颉利可汗南下的根本缘由,是唐朝与突厥关系性质的改变。具体说就是唐朝改变了此前依托并遵奉突厥的政策,构成了对突厥传统地位的挑战和威胁,引起突厥的强烈不满。作者说:"东突厥侵唐还有一个重

---

[1] 参见萧启庆:《北亚游牧民族南侵各种原因的检讨》,原载《食货月刊》复刊第1卷第12期,1972年;《元代史新探》,台北新文丰出版公司1983年版,第303—322页。

要的原因,就是唐朝对东突厥政策的改变。……李渊在起兵前,亦向东突厥称臣结好。随着国内割据势力逐一消弭,唐高祖在对待东突厥的外交政策上开始转变。"(第109页)我之所以对此印象深刻,是因为我在阅读思考这个问题的时候,所持的分析与朱振宏教授的论点几近相同,只不过我没有作为一个问题探询下去。该书讨论的程度,表明作者对此是颇下了一番功夫的。他举两方面的证据说明这种政策的转变。其一,唐朝对东突厥的外交礼仪发生了与此前不同的变化。例如,突厥始毕可汗之死报丧唐廷,高祖特为之废朝三日,并派遣内史舍人郑德挺携绢帛三万段前往吊唁。可是随后的处罗可汗之死时(武德三年,620年),高祖废朝的天数由三日减为一日,也没有遣派专门的使臣前去凭吊。另外,双方使臣的礼节尤其是唐臣对突厥的礼仪,也由谦恭转变为强硬。如高祖派往突厥的使节朝拜颉利可汗,李瑰拒绝跪拜,只行"长揖"之礼,颉利大怒,这与李渊初起之时对突厥可汗"貌恭""不失蕃臣之礼"的态度形成了鲜明的对照。① 其二,唐朝居然又开始拉拢西突厥以抗衡东突厥。从唐朝的角度讲叫"远交近攻""以夷制夷",但对东突厥而言,明显是对其权威的蔑视。唐朝采取的加强关中、河东地区的防务,以及从事屯田、于边区构筑防御工事、重建十二军系统、对东突厥官方联系的称呼由上对下的诏敕代替此前的"某启"等,这些都是针对东突厥而采取的措施,特别是十二军的建置,是以东突厥作为第一假想敌而看待。正是有这些政策、方针和措施的改变,东

① 作者于此文后就太宗对待突厥礼仪态度由弱转强的分析也较有见地。在作者看来,"渭水之盟"的内容,除了人们熟悉的唐朝通过贡献金帛财富于突厥以换取颉利退兵的允诺,进而订立盟约,确立太宗与突厥首领私人之关系外,此盟文尚包含突厥企图恢复先前唐称臣的那种关系的诉求。而此种关系正是唐廷坐大以后极力要摆脱的。正如作者文中议论的那样,"唐高祖自武德八年(625年)以来对东突厥的外交政策进行一连串的改变,包括拒绝东突厥和亲之请、重置中央'十二军'、改国书为敕诏等,希冀由原先以下对上的臣属身份,转变为以上对下的君臣关系"(第127页)。但这种关系改变的努力在"渭水之盟"的过程中几乎又丧失掉了。原因不难理解:太宗玄武门事变之后甫即就位,唐廷内局仍有变数,突厥大兵即南下直逼都城,两军对阵,唐朝这一方显然是仓促应付,实力未逮,太宗不得已采取守势,暂时屈辱求和,遂将此事件视为耻辱。这也为后来太宗征服东突厥称雄北亚埋下伏笔。整体来看,朱振宏教授在此书相关的文章里,在陈寅恪、李树桐等前辈学人研究的基础上,就唐称臣突厥一事于其强势之后试图扳平双方关系并企图建立以上视下的联系所做的探讨,是其着力的重点,亦属文章的精彩部分。我读此书至今虽有一段时间,具体细节已湮没不清,但此种印象还是颇为深刻的。如果说陈寅恪等先生解释了唐朝初起之时向突厥称臣一事的话,那么,唐朝又如何企图改变这种被动地位所做的调整,则是朱振宏教授关注的重心。他在这方面所做的解释,我认为在目前的学术界研究中是比较到位的。

突厥意识到唐廷已经失去了过去对自己尊重的态度,它在亚洲的霸权开始遭受威胁,其地位受到空前的挑战,东突厥对唐朝的态度于是逆转,乘唐廷内部矛盾丛生甚至危机的时候就频频发兵南下。"渭水事件"就是突厥态度转变的直接结果。对这个论述,我是基本赞成的。我自己的研究也告诉我,不论是唐朝以前的隋朝,还是唐朝自身,南部出现的一统化王朝对突厥而言不啻是一个颇有挑战性的威胁。突厥的建立早于隋唐,隋唐以前的长城南部地区,是由分散的势力和弱小的朝代所控制的,它们仰承突厥之鼻息,受突厥之支配,隋唐之崛起,打破了突厥一统天下的局面,它们的坐大,特别是对突厥态度的转变,是突厥不能认可和接受的。南下威胁或胁迫隋唐,挽回突厥帝国的威信,重树其霸权,是历任可汗的政治追求。"渭水事件"突厥南下的缘由从这样的背景里去追寻,应当有较强的解释力。

第三,同上文中有关安元寿发挥作用的分析也颇有见地。

现存的文献记述太宗于渭水便桥处与突厥颉利可汗隔水交谈的情景,一般说是与高士廉、房玄龄等六人前往,并"独留与颉利语"。作者利用出土的《安元寿墓志铭》则揭示了文献缺载的信息,即太宗与颉利可汗单独会谈时还携同一名武将——粟特人安元寿。太宗为什么舍弃那么多武艺高强、忠心耿耿的将领而独具只眼于安元寿呢? 作者指出有两个因素:其一,安元寿早在武德五年(622年)时就已进入秦王府任职右库真,在"玄武门之变"中戍守嘉猷门,保护秦王府。他的武艺之高强,得以印证。安元寿之所以跟随太宗单独会面颉利可汗,显然有卫士护守的因素在。另一个解释更有说服力,那就是安元寿的粟特人身份更容易获得突厥人的好感和信任,他充当太宗与颉利可汗交谈翻译的便利条件是其他汉人将领所不具备的。作者的这个解释是建立在当前学术界有关粟特与突厥密切关系的基础上的。就我所知,粟特人与突厥人之关系,近年来大陆与海外学术界进行了卓有成效的研究,内容越来越具体和细致。[①] 作者在分析安元寿独自跟随太宗会晤颉利的情形时,就吸收了前人和时贤有关粟特人与中原王朝交往、粟特与突厥密切关系的研究成果,以此作为安元寿深受太宗信任的背景,这种演绎的分析方式,有效地解释了安元寿与

---

① 参见荣新江:《粟特地区》,载胡戟等主编:《二十世纪唐研究》,中国社会科学出版社2002年版,第268—269页;荣新江:《北朝隋唐粟特聚落的内部形态》,《中古中国与外来文明》,生活·读书·新知三联书店2001年版,第111—168页。

太宗的关系,我认为同样有较大的说服力。

另一点也顺带提及。史籍所载与太宗共赴渭水同颉利可汗打交道的六骑,传世文献记载有侍中高士廉、中书令房玄龄、尚书左仆射萧瑀和将军周范四人。作者推测应当再加上安元寿和右监门卫中郎将李孟常。安元寿的情况如上所述,李孟常之参与,也是从《李孟常碑并阴》中"岂止渭桥下拜"一句推测而来的,虽无确证,亦可聊备一说。这样,渭水六骑协同太宗赴会颉利可汗的具体人员就比较清晰了。

第四,《论贞观十三年(639)"九成宫事件"及其影响》。

这也是研究唐朝政治事件的一篇显示功力的作品。这篇论文吸引我的地方是作者对事件所做的梳理。我以前在写作《唐朝朔方军研究》时,曾经讨论了东突厥败亡后唐太宗君臣如何安置突厥降户的问题,[①]当时是将此事作为唐朝控制北方草原游牧势力并兼统长城南北的盛举置论,多从羁縻府州正面作用的角度着眼,对唐太宗安置突厥的举措亦给予积极的评论,对"九成宫事件"反映的太宗对突厥态度乃至政策的调整等未予充分的关注。朱氏此文,正可弥补我的疏漏。朱文着意之点,即将事件的来龙去脉做一索解。他的基本看法是:"九成宫事件"是指贞观十三年(639年)四月唐太宗第四次行幸期间发生的以突厥贵族阿史那结社率为首的叛乱事件。阿史那结社率于贞观三年(629年)即东突厥灭亡之前就随同东突厥突利可汗归附唐朝。后结社率与突利构怨,他便诬告突利谋反,被唐太宗所轻视。结社率心生怨恨,利用太宗出幸九成宫的机会,拥立突利之子阿史那贺逻鹘为主,打算乘晋王李治外出大门四开的时候突击入宫。但李治并没有按时出宫,结社率久等不及,擅自率部下闯宫,被宿卫军士击败,他与部众盗马北逃,欲亡奔突厥故土。不久后,叛乱者被捕,结社率被杀,贺逻鹘因非主谋而从轻发落到岭南。

作者认为,"九成宫事件"并没有改变唐太宗的突厥政策,但在两个方面也产生了程度不等的影响:其一,促使皇帝加强宫寝城池的安全保卫工作。其二,调整针对东突厥降户的政策,册立阿史那思摩为可汗,将突厥部落从关内道的丰州河南地迁往黄河南岸,防御薛延陀,也顺带减少这些降户对京畿北部

---

① 参见李鸿宾:《唐朝朔方军研究——兼论唐廷与西北诸族的关系及其演变》,吉林人民出版社2000年版,第14—20页。

构成的潜在威胁。

二

有关制度性论述的新意之处，主要体现在以下几个方面：

第一，《唐代"皇帝·天可汗"释义》。

此文同样是在吸收前人研究成果的基础上发掘新意而形成的论述，前人涉及此议题的罗一之、罗香林、谷霁光、李树桐、刘义棠、林天蔚、章群、姚大中等诸家之说尽纳其中。作者通过对《通典》《会昌一品集》《唐会要》《旧唐书》《新唐书》《资治通鉴》等史料的细致考订，认为唐太宗被尊为"天可汗"最早的时间应当是贞观四年（630年）四月戊戌日（初三），太宗登长安城顺天门接见被俘的突厥可汗颉利之际，西北诸蕃酋长、首领于此时尊奉太宗此一圣号。至于贞观二十年（646年）太宗平定薛延陀之后铁勒十一部尊奉的"天可汗"一事，文献上似乎有两次"天可汗"的出现，有学者否认第一次之尊而强调第二次。作者则认为第一次的尊奉实际上没有明确的部族记述，贞观二十年所指的则是铁勒系统的十一部落，"或许此乃两批不同之部落，分别于贞观四年四月三日及贞观二十年九月上尊太宗为'天可汗'。或者是贞观四年，太宗被上尊'天可汗'，及至贞观二十年，平定薛延陀后，铁勒十一个部落，请唐置官，愿意内属，加入'天可汗'体系（第187页）。作者在此基础上又伸论："天可汗"一名并非太宗一人所独享，也非唐朝皇帝所独有，当游牧势力君王强盛之时，他们均采用此号。唐朝"皇帝·天可汗"的含义表现在：对内称皇帝，对外称天可汗，唐朝天子是西域、北荒诸民族共同的君长。

第二，《"桃花石"与"天可汗"》。

该文中有关"桃花石"西文来源的语意学知识我没有学养，不好置评，我所关注的同样是作者对"桃花石"一词来源的梳理与词义的解释。作者该文强调的中心，就是汉译"桃花石"的来源应当从突厥语词汇中寻找，这就是"tabyac"或"Taugast"（此词系出自6世纪末拜占庭史学家泰奥菲拉克特·西莫加特（Théophylacte Simocatta）所著《历史》一书），这个词汇影响到以后的阿拉伯、回鹘的书写文献。之所以源自突厥，是突厥与唐朝联系密切、接触频繁，而突厥采用此种称呼实则受到粟特的影响。突厥与粟特之关系紧密，足以支撑这个推测。此词之含义是"伟大而古老"或"古老而强大之国"。至于此词之渊源、文意之确切判定,有待专门通晓这种语言专家的介入。

第三,《唐代羁縻府州研究》。

关于唐朝羁縻府州的研究,也曾为学术界所关注,且多有成果问世,若要再向纵深拓展,唯有指望类似吐鲁番新出文献或墓志的星散资料的披露,方有可能。尽管如此,在前人研究基础上再有所推进的可能性也不应被排除掉。此文亦专门讨论唐朝之羁縻府州,我阅读后感觉作者的新见表现在第270—271页的描写上。这个问题涉及唐朝羁縻府州治理的特殊性。在唐史学术界,人们通常将唐太宗根据不同民族(族群)采取不同措施的行为归咎为政府民族政策的包容和宽怀的大度上,有关的论述所持的观点大同小异,将这样的政策和姿态视为中国古代王朝时期的典范而褒赞。[①] 朱文与此不同的地方,是他将羁縻府州这套宽松而保留民族自身习俗的方式,放置在唐朝控制下的农耕与游牧两个不同文化的场景中立论。他认为,唐太宗被游牧势力奉为天可汗之后,"皇帝·天可汗"的称谓合一使得最高统治者同时被传统的农业地区的民族——汉人和游牧地区的非汉人——游牧人共同奉为合法的统治者,正因为有如此差异的地区和民族(族群),才有不同的治理方式。这种角度的立论,使我们对羁縻府州的理解向纵深发展走了一步。

说到这里,我自己此前对这个问题亦曾萌生一个想法,虽然不成熟,但也拿出来向作者与读者请教。汪晖教授曾指出清朝政府控制全国后,其发展的一个明显的指向就是同质化或均质化,用他的话语表示,就是:"在地位稳定之后,清朝采取了一系列的措施促使内部关系的同质化或权力集中趋势。""清王朝的统治越是稳定,社会制度和法律的同质化程度也就越高,而制度和法律的同质化程度越高,制度和法律中的那些多样性(包括特权、特殊保护等等)就越显示出一种内在的不协调和矛盾。"[②]这两段引文的中心意思是说同质化是一个政权稳定以后发展的一般性趋向,具有普适性。这是因为,在一个政权统辖之内,各地区之间的差异随着彼此的接触而相互影响,在选择中就会出现趋同。接触越多,选择中的趋同的强度也就越大。与清朝相比,唐朝统一政权范围内的各族群的差异,也会随着各族群交往的增多而减少,与此同时其同质化也越趋明显。如果我们采用历史进化论的观点去解释中国前后两个王朝的递进现象,那么在同质化的进展中,清朝显然是超出唐朝的,一个明显的事实是,在满族贵族确立统辖全国的局面后直至西方势力到来之前,清朝对全国的控制基本上没有遭到致命性的挑战。与此对应,唐朝确立北方突厥系属羁縻府州的制度之时,正好处在唐太宗时期最为强势的阶段,高宗以后东突厥有能力复兴,除了其自身的条件外,根本的还是唐朝控制力不足造成的。东突厥复兴之前后,正是吐蕃崛起并迅速东向扩展之时,唐朝承受不住南北夹击,才给东突厥以复国的机会。这正可说明同质化努力的前提在唐朝并没有很好地确立起来,被后世盛赞的唐太宗只开创了强盛的基业,其基业的发展并没有持续下去。在基础尚未稳定的情况下,同质化的努力就不能提上日程,保持各族原有风俗习性和生活方式,也就成为自然或被迫的选择。这就是我所理解的唐朝因俗而治或宽厚特性的民族政策背后隐藏的逻辑思路。倘若唐朝统治的稳固进入模式化之后,羁縻、宽松的"开放式"的政策被同一性的手段所替代,相信是常规的举措。

三

朱书的优长与特色当然不止这些,譬如作者为研究特定的专题而对学术界已有研究成果内容的精准把握,在具体研究中尤其是发展自己新意之处对前辈学人成果的吸收,是该书各篇文章成功的一个关键,在这一方面,作者遵守学术规范良好的品性得以全面地展现。此外,该书各篇文字的技术性处理,如注释规则、参考书目等,均符合规范且少有疏忽。值得指出的是,表格的制作和图示的配置是该书的另一大特色。如《隋炀帝储位问题研究》中的附表《隋帝室家族成员》(该书第43页),《"唐高祖称臣于突厥事"的再检讨》附表一《隋末唐初称臣东突厥各政权集团表》、附表二《隋末唐初称臣东突厥各政权集团对东突厥态度及发展关系表》、附表三《隋朝时期"启"字之使用对象表》(该书第83—96页),《唐太宗"渭水事件"论析》附图《武德九年八月东突厥南侵示意图》(该书第 139 页),《论贞观十三年(639)"九成宫事件"及其影响》附图一《九成宫遗址图》、附图二《唐置突厥部落分布图》、附图三《九成宫地理位置图》(该书第 180—182 页),《唐代"皇帝·天可汗"释义》附表一《唐太宗尊为"天可汗"时间一览表》、附表二《唐朝皇帝称为"天可汗"一览表》(该书第 207—208 页),《"桃花石"与"天可汗"》附表《"桃花石"各家解释一览表》(该书第 243 页),《唐代羁縻府州研究》附表一《西汉时期西域地区属国置官一览表》、附表二《〈新唐书·地理志〉所列羁縻府州》、附表三《唐代羁縻府州一览表》、附图《唐代瓜、沙、伊、西、安西、北庭交通图》(该书第 281—285 页),《隋唐辍朝制度研究》附表一《隋代辍朝表》、附表二《唐代辍朝表》、附表三《唐对外族国君辍朝表》(该书第 309—326 页),《隋朝中央涉外机构及其与朝鲜三国使节往来之研究》附表一《隋朝派遣朝鲜三国使节表》、附表二《朝鲜三国派遣入隋使节表》(该书第 360—366 页),《东突厥启民可汗阿史那染干出身小考》附表一《东突厥土门至染干家族关系简图》、附表二《隋朝时期(581—618)东突厥大可汗继承关系》、附表三《土门建国至他钵可汗期间东突厥大、小可汗制度》(该书第 375—376 页)等,这些图表对理解正文的叙述,提供了比较周详的参照,特别是通过爬梳文献,将重要的信息整理出来,具有十分醒目的作用。此外,文章注释里亦根据情况而随时设计表格,也是朱文中一个突出的特点。①

四

该书对唐朝各种政治势力的描写,除了采用文献传世的一般性用法如突厥、回鹘等名称外,也采用了大陆"少数民族"通常性的称呼。有关这个问题,我曾经专门发表文章谈论我的意见,即"少数民族"有其特定的含义,通常指1949 年以后在中国范围内享有公民权、政治经济思想文化上与汉族平等、隶属国家主权之内的人数少于汉族的那些非汉民族,他们属于特指的民族群体,而历史上曾经或延续到今日的各个民族,因其与此有别,在我们的学术研究中

---

① 这些图表除个别系出自他人研究的成果外(此亦注明来源),大都是作者自己整理出来的。

最佳的称呼应取过去习惯性的、中性的词语描述比较妥当,比如涉及唐朝诸族可以直接用突厥、回鹘、吐蕃、吐谷浑等称号。① 该书在叙述具体问题涉及的民族或族属时,大体上采取的是具体名称的径直说法,唯有一般性的叙述有采用"少数民族"的称号,我感觉作者这里取用的是通常的方法,没有更多的含义。在我看来,"少数民族"这个词汇的采用,最好应当有所鉴别。如果我们承认这个词汇有其特定内涵、外延的话,我们就要对历史上那些汉人族群以外的民族、族群的称呼作出解释,不论在正文还是注释里,这样做的结果是使我们讨论问题的概念更加明确一些。我说这些仅表示我对此问题的看法而已。

该书亦有若干需要订正的地方,这里一并指出,待再版时修订参考。第39页正文第3行"一股作气"应作"一鼓作气"。第45—95页奇数页面上的眉题"再检讨"后均多出一"题"字。第60页正文第11、12行"来的密切"应以"来得密切"为好。第63页关于马匹的作用,陈寅恪先生的论述似不应忽略(此条仅是建议,不属于作者失误)。第69页正文第1行"批露"应作"披露"。第156页注文倒数第3行艾冲论文后"第17卷第1辑",查书后"征引书目(四、中文论文)"中"艾冲,《论唐代前期"河曲"地域的都督府政区》"之后缺"《中国历史地理论丛》"诸字(见第393页倒数第10行)。第169页正文第10行多一"结社率"。第224页正文第18行"济木萨尔"应作"吉木萨尔"。第257页正文倒数第1行"(640)"应为"(639)"。第258页正文第7行"麹文泰以死"应作"麹文泰已死"。第261页正文第7、8行"此于唐代都护……大祇相同"应作"此与……大抵相同"。第308页正文第3行"文宗和元改革后"似应为"文宗大和改革后"。第337页正文倒数第4行"隋朝三十八年"应以第328页正文第4行"隋朝三十七年"记载为确。

① 参见李鸿宾:《"胡人"抑或"少数民族"?——用于唐朝时期的两个概念的解说》,载樊英峰主编:《乾陵文化研究》(四),三秦出版社2008年版,第10—28页;又收录李鸿宾:《唐朝的北方边地与民族》,宁夏人民出版社2011年版,第73—99页。

断裂中的延续:中古王朝嬗替之间的"文"道[*]

——陆扬《清流文化与唐帝国》书后

由上下两篇9文构成的《清流文化与唐帝国》一书(北京大学出版社2016年版),是陆扬教授在其论文基础上形成的新推出的学术专著。这里边浸透的中心主题,就是唐后期尤其是晚唐五代军人弄权干政的"雄武"之风气弥漫朝廷上下(乃至全社会)时,以文人、文官为表征的"文"的气象,始终在那个纷争复杂的政治争衡中占据位置。它的意义就体现在尽管在唐朝后期至北宋建国的王朝演变过程中,是军将通过武力决定朝廷的政治走向,但文官——特别是他们代表的"文气",仍然保持其气蕴并最终衍化成"文治"昌盛的宋代景象。[①] 那么,这部作品里边具体都谈了什么问题呢?

一

第一篇《西川和浙西事件与元和政治格局的形成》一文,是陆氏企图揭示与前期政治严整规范但却单一呆板迥然有别的充满变数、令人遐想无垠的后期政治运作的特征和趋向所作的尝试。他以西川刘辟和浙西李锜两个节度使

---

[*] 本文曾以《陆扬〈清流文化与唐帝国〉》为题刊载于包伟民、刘后滨主编:《唐宋历史评论》第三辑,社会科学文献出版社2017年版,第323—333页。此次刊载改为论文撰写时的原标题,又对文中若干地方进行了校订。

[①] 有关唐宋演替之中表现出的"文""武"风气的转变,或者说北宋重文轻武风气的兴盛,早已为学术界所共识,但多数的研究关注宋朝自身,唐朝(尤其后期)的变化只是作为宋朝研究的衬托和参考。将唐宋作为前后演变的整体性观察,据我所知并不多见。新近出版的方震华:《权力结构与文化认同:唐宋之际的文武关系(875~1063)》(社会科学文献出版社2019年版)讨论的主旨与此相近,可参阅。该书系作者博士学位论文(Fang Cheng-hua, *Power Structures and Cultural Identities in Imperial China:Civil and Military Power from Late Tang to Early Song Dynasties* [*A.D. 875–1063*], A Dissertation Providence, Rhode Island, May, 2001)修订增改而成。

的叛乱为案例,重点剖析宪宗朝廷的政治特点。前者表现的是剑南西川节度使韦皋死后,围绕节度副使刘辟自署节镇而引起的朝廷派兵征讨的事件。作者从文人受韦皋的重视以及刘本人之文采、才干的兼具引生双方长期合作形成的密切关系入手,论证了刘之接替韦系属后者生前之意愿的诸多隐而不彰的因缘,借以推测刘自属行为产生的"合理性"。但随后刘意在强化自身威势而对东川的出兵,却加剧了他与朝廷的矛盾。他的这一举动虽属后期节度使自相擅权的惯性行为,但他却误判了形势:新皇帝宪宗并非德宗那样姑息藩镇,相反,他要重新建立朝廷政治的新规范,即节度使的任命权完全归于朝廷的掌控!当刘意识到这一点之后,双方的冲突已不可避免,结局如人所知:叛乱被官军所翦平。

浙西李锜与朝廷的对抗事件尾随西川之后,展现的同是宪宗为施行其新政规范而采取的雷厉风行的措置。如同韦皋长期经营剑南一样,李盘踞浙西亦历久弥长,该地所处的经济优势为他的盘踞提供了条件,但却削弱了朝廷财政命脉的维系。宪宗新政的出现对这种局面形成的空前压力,迫使李采取措施予以应对。然而致使事态的不可收拾,则是他在入朝参拜的问题上表现出的三心两意,这触动了朝廷的底线,李随之就擒于朝廷军队的征服之中。①

对这两桩引起学术界重视的节镇抗命的事件,以往的研究多将它们置放在藩镇叛乱中央的套路之中,渗透的是二者对立的思考逻辑。但在陆氏看来,这种思路使后期社会那种特定空间和时间中出现的中央与藩镇之间复杂多变的关系被单一而静止的线性框架所羁限,丧失了隐含其中的具体而个性化的要素。他撰写此文的目的就是要突破这样的框架,揭示两次事件对元和政治产生的影响与后期唐廷、藩镇之间不断变化的复杂关系的诸多面相。他认为,两次事件昭示的宪宗所要完成的政治任务,除了军力压制这一手段之外,更重要的则是确立藩镇效忠于朝廷的标准,即在藩镇内部更替之时是否无条件接受朝廷指定的人选成为首要条件,而其他的种种标准和规范则被剔除掉了。

第二篇《从新出墓志再论 9 世纪初剑南西川刘辟事件》,是时隔十余年之后陆氏对刘辟事件的再次思考。引起思考的动力源自与此关联密切的墓志资

---

① 李锜的轻易失败与其主掌军队关系的疏离有直接关联。相关的论述可参阅李碧妍:《危机与重构:唐帝国及其地方诸侯》,北京师范大学出版社 2015 年版,第 505—522 页。

料的出现。如果说上文是通过剖析宪宗朝廷解决刘辟事件以打破学术界有关唐后期藩镇与中央关系的刻板认识,重新阐释元和新格局的出现及宪宗确立新权威的话,这一增补论文的价值则体现在其采用《薛丹墓志》《李饶墓志》(薛、李二人系夫妇)和《韦羽墓志》《张氏墓志》等新公布的资料就朝廷征服刘辟过程中若干晦暗不明的细节进行的辩证。譬如薛丹夫妇二人的志文与西川事件有关的情节,即薛丹从徐州幕府辞职后代表朝廷转向西川、充任高崇文幕僚长的过程,旨在揭示二人在对付叛乱时薛的"文"与高的"武"之颉颃实乃八九世纪交替之时朝廷文武风气隔阂的映现。《韦羽墓志》反映的是基层官员奔波于京畿和地方藩府,又在刘辟叛乱爆发之后因焦虑而自杀的悲凉世相。《张氏墓志》的主人系宦官之养女,其子宋重晏作为宦官俱文珍的副手前往蜀地处置刘辟叛乱后发挥了关键性作用等,进而证实陆氏前文的诸多推测,这无疑既丰富了事件背后隐藏的社会现象,又扩展了历史的想象。

第三篇《9世纪唐朝政治中的宦官领袖——以梁守谦和刘弘规为例》,陆氏选择宪宗当政时的两位宦官梁守谦和刘弘规为例,从墓志与传世文献结合的角度考察二人在9世纪初叶参与朝廷政治活动的具体细节,试图揭示作为服侍宫闱内务的宦官参与朝政的合法性依据。陆氏认为,此时的宦官机构虽经历了一个日益庞杂似无规则的阶段,但实际上所走的却是遵循某种规则的官僚化道路,这使他们具备了接近外朝官的特征。这一时期宦官的体制化无疑是唐朝整体政治文化转型的反映,如果没有翰林学士到宰相升迁模式的定型化或中枢决策新程序的出现,很难想象梁守谦、刘弘规的职务与政治活动会受如此的瞩目并呈现出支配朝廷动向的制度化趋势。梁、刘主政的意义就在于,他们的活动并不因皇帝个人的偏好而受影响,代表的是体制化的皇权运作形式,其利益也与体制化的皇权、制度化的内廷权力联系在一起,并内化于唐廷中枢体制结构性的转型之中。①

陆氏如此论述的目的,亦在回应他撰写博士学位论文时的思考。那个时候他就意识到,作为个人的皇帝与制度(或职位)的皇帝之间的差别应当辨

---

① 陆氏又专门以吐突承璀为例,将他与梁、刘分别视作"家奴"与"国家大臣"的两种类型,证明后者运作的制度性特征,从而与以往视宦官专权出于皇帝个人之私意而导致"干权弄政"的乱局作了明确的区别,对他们代表的宦官从政的合法性与学术界以往普遍接受的宦官专权的讨论进行了澄清。陆扬:《清流文化与唐帝国》,北京大学出版社2016年版,第148—157页。

明。正是面对来自各方的挑战和重重危机，以唐德宗和唐宪宗为代表的君主认识到单凭中央既有的权威已不再产生足有影响力的效果，需要建立一种新型的权威体制予以弥补，这就是制度化皇权的新政治，它以内廷的权力与外朝官僚之间的平行运作并由皇帝维系为标志。内廷的权力机构无论是内诸司使还是学士院，它们代表的是制度化皇权而非皇帝的私人意志，德宗顺着此路改制，宪宗多有纠正，内外廷的权势趋于均衡，于是，一种新型的君主独裁和伴随其体制出现的制度化的宦官权威便出现了。制度化的宦官系统亦引致两个结果：一是避免了因皇帝个人宠信而骤然掌控朝野大权的权阉干政，二是作为皇帝权威体现的宦官机构具有了政治正当性及其强烈的群体意识。

第四篇《论冯道的生涯——兼谈中古晚期政治文化中的边缘与核心》一文，是从河北尤其幽州中唐以后的环境与士人的形态入手，考察 8 世纪后期至 10 世纪初叶该地区的文士与唐朝主流文化之间的关系，进而揭示后期主流文化中核心与边缘的交集所在。该文的价值体现在作为某种结局的五代对了解此前（唐后期）历史的重要意义，即一种历史事务的潜在力量通常是历经一个剧变的时代才得以爆发出来，包括清流文化在内的晚唐社会诸多现象到了五代才能让人看到它深刻的影响。这个时代不仅上承晚唐、下连北宋，更将唐代文化整合重组并建立了新的范式，冯道就是时代的产物。

他出仕任职的背后，展现的是与长安朝廷桀骜不驯的河北主流文化之要素，这表明它与朝廷的隔阂冲突与其说是文武价值观的对立，不如说是长安的清流文化与幽州传统和风俗习性的冲突。冯道以词章才能出仕，在因应词科进士崛起的文学官僚世家主流文化的同时，代表的是那些家世并非显赫的本地文儒群体占据朝廷权位的发展趋向。如果说晚唐的主流政治文化尚且保有排他性的话，那么五代则更多展现出其包容和灵活的一面，冯道个案的价值就在于这位幽州边缘的文辞儒吏以词章才干被吸纳进入朝廷中枢、步入主流文化阵营，彰显的是中央的清流与地方的文儒两种文化的交接。

第五篇是《唐代的清流文化——一个现象的概述》。陆氏采用文献的细腻解读和复杂脉络宏观把握的手法，对唐后期至五代十国的清流文化及其政治影响做了透彻的解释。所谓"清流文化"是指被"清流"这个特殊群体所认同的一种政治文化价值系统和实践活动。它形成于 8 世纪中叶，9 世纪中叶以后发展成为唐代政治文化的主流，影响了社会上层的心态和价值观，左右了朝廷政治集团的用人抉择。清流群体不是单纯的政治集团,也不只是社会或文化群体,而是以某些方式融合在一起形成的群体。这促使陆氏以此为核心,从社会史、政治史与唐代社会特定的政治文化的想象入手,去考察中晚唐政治和社会变迁的历史相貌。陆氏认为,以文学官僚家族为特征的清流群体之所以出现在中晚唐,是多种条件交织发酵的结果。"清"的标准在南北朝晚期开始逐渐从门第转为文学才能,"文"因此被提升至崇高的地位,而唐采纳政治地位决定身份的标准亦导致当官成为精英奋斗的目标,"文"遂与皇权政治结合,清流成员之地位遽尔上升。在这种情况下,以进士词科为代表的科举亦从单纯的人才选拔衍变为对既有社会精英身份的认可,清流家族之出现和延续,遂为常态。

与唐廷对全国控制力缩减形成鲜明对照的是,后期大明宫的政治文化却超越了宫廷范围影响到了全国;清流群体的成员在世变中保持其地位的同时,通过朝廷委派文官的方式亦发挥了支配藩镇的作用。该群体的成员多来自科举仕宦成功的文学宦族,亦构成了朝廷词臣清官职位的主流。如此看来,唐后期至五代的清流世风对当时政治和社会产生的影响实在超出人们的预想。以武力支撑的霸权博弈之所以凸显于那个时段,应当是北宋有关前朝历史文本的书写对那一复杂局面多样化特性而作的刻意选择和价值观上远离五代政治的主观性定夺。陆氏认为,五代的士人受到的待遇虽不如晚唐承平之世,但清流文化的势力并未有实质性减弱,相反,其价值系统及依托的制度、人员、社会想象都沉稳而有序地在五代十国的政权中成长,并确保了社会上层文、武两种力量的均衡,这为北宋初年政治文化格局的形成奠定了基础。

第六篇《上官婉儿和她的制作者》一文,陆氏利用新出的墓志结合文献对武后、中宗时期宫廷政治中的女性上官婉儿的事迹及其反映的政治特点进行剖析,旨在解释唐前期政治和文化理念与实践的特点,把握它在唐代历史中的地位和意义。该文具体回应以下两个问题:上官婉儿代表的究竟是何种意义上的文治传统?她的这种代表性是如何获得的?

陆氏认为,以昭容之地位和名声而论,上官婉儿墓志的文笔撰述过于平庸,且无撰者名号,显非出自名士之手。但墓志低调而稳妥的叙述,将她描述为一个有先见之明却又被动接受政治命运的无辜者形象,则与那个时代的政治伦理颇为合拍,这种"政治正确"的手法既能博取朝野的同情,又能将她从女性参政的恶名中剥离出来,这应当是墓志描述的初衷。然而随后张说撰写的《昭容上官氏(神道)碑铭》和《中宗上官昭容集序》则开启了对她高调的褒扬,其目的则是通过她而宣扬以"文"为核心的新统治理念并对这种理念未来的发展寄托希望。正是在这个层面上,上官婉儿墓志的出土为人们更精确地考察唐朝以"文"为中心的政治文化提供了一个参考。墓志的刻写、张说对她的评论,均表明在构建唐朝政治"斯文"传统的过程中曾经历过那么一段"上官婉儿的时刻"①。这个时刻是武则天政治开启以后,伴随太平公主、李隆基等人的政治斗争中而体现出来的。这是一种以宫廷为核心的文化政治模式,上官婉儿是武后以"文"为核心的政治文化的实践者和兑现者,这种文治模式到了开元时期以更为制度化的方式得以积淀并转型,从而产生出了依赖于皇权又相对独立的政治文化精英群体。上官婉儿就是这个群体的一个构成,张说的序文对她地位的确立起到了如作者称谓的"醍醐灌顶"的作用。②

第七篇《论唐五代社会与政治中的词臣与词臣家族——以新出石刻资料为例》是作者阅读正史、壁记与唐人诗文等资料并结合墓志进行研究的另一成果。该文选取 6 方墓志(含括孙行、徐齐聃、韦承庆、窦华、杨收、卢文度)作案例,具体讨论词臣家族及其文化在晚唐五代语境中的呈现和对政治文化产生的影响。作者之所以选择词臣,是将他们看作那个时代政治文化的代表与核心价值的体现。他分三个时段对后期词臣呈现的政治文化新气象作了分析,指出徐氏和韦氏家族反映的只是当时的个性化倾向,他们的成功尚未得到社会舆论和人们心态以及与之对应的政治结构的充分支持;而后一阶段的杨收、卢文度则是"文"作为精英普遍追求时代的受益者,他们的事迹展现出后期清流家庭不断涌现的一般性特征。

第八篇《从墓志的史料分析走向墓志的史学分析》一文,是对罗新、叶炜所著《新出魏晋南北朝墓志疏证》一书的评论,进而论述墓志作为资料的史学价值和意义。鉴于以往利用墓志的多数研究聚焦于文献记载的拾遗补阙——

---

① 陆扬:《清流文化与唐帝国》,北京大学出版社 2016 年版,第 282 页。

② 陆扬:《清流文化与唐帝国》,北京大学出版社 2016 年版,第 280 页。

诸如人物的生平形迹、行政制度、历史事件的年代、地点等史实的考订,陆氏对《新出魏晋南北朝墓志疏证》承续其传统的同时将史料考辨提升至史学层面作全方位分析的态度表示认可,强调这种方法重在墓志书写背后含义的揭示,即"透过文字去探寻在历史记录中消失的那些片段往往更富有挑战性。也就是说,墓志的研究者更应该注重了解哪些方面是墓志没有直接告诉我们,但我们却可以通过某种线索去追寻"的东西。① 这意味着,对墓志的考察不能仅仅满足于历史信息的追寻之上,重要的是将它看作一个整体,从中捕捉墓志书写人究竟要传递什么信息,他要表达什么意图。要做到这些,对文献史籍精确地理解和把握是其基础,在此之上亦需要发挥研究者的想象力。陆氏在书中不止一处提及"想象力",意在指出研究者超脱现世环境的窠臼步入当时的状态和场景中与研究对象互动,更有"切身的体会",这与陈寅恪"了解之同情"有异曲同工之妙。②

二

9 文中最后一篇《西方唐史研究概观》,是对以英语为主的西方二战后有关唐史研究状况的介绍,与全文的主旨路径不一,此处省略。通过前述 8 文,我对陆扬治学的特点之认识有如下几个层面:

第一,如上所述,该书是以论文的形式展现作者研究的内容,说是一部论文集并非虚言。在国内学术界目前的场景下,人们过分地追求整体形式的"著作"而轻视论文集,迫使作者原本论文的"合辑"被迫镶嵌在著作的"窠臼"之内。如此的选择烘托出了"形式"压过"内容"的强制,但就如何对文本背后藏匿的历史"真相"予以具体而清晰的揭示并阐释的手段而言,我更欣赏以论文为形式展开的专题性研究成果。揆诸国内外同道,由论文始,至著作终,正体现出作者研讨问题思路的递进与深化:由具体到一般、由个案到结局,

① 陆扬:《清流文化与唐帝国》,北京大学出版社 2016 年版,第 313 页。
② 参见陈寅恪:《冯友兰中国哲学史上册审查报告》,载《金明馆丛稿二编》,上海古籍出版社 1980 年版,第 247 页。有关"了解之同情"的新近解释,可参阅陈怀宇:《在西方发现陈寅恪:中国近代人文学的东方学与西学背景》,北京师范大学出版社 2013 年版,第 325—342 页。

这是学术研究进路内涵逻辑的呈现。①

　　第二，更重要的则是单篇论文的背后隐藏着陆氏对唐朝后期整体认识的思路，如他在序论中所说，他关注的是两个相互依托的问题：一是皇帝权威的特殊性对唐代政治秩序产生的影响；二是唐五代新政治文化精英的构成。前者反映的是作为朝廷权力的主宰者一职在后期政治纵横中的变化，特别是担任皇帝职位之个人特性、能力与这个职位之间的关系。后者则是构成唐至五代演替中新兴的政治文化精英群体及其在变化过程中发挥的作用。一句话，陆氏着重的两个层面均系主宰王朝国家运作的政治核心或统治精英集团：皇帝与官员。在一个由皇帝统治的王朝国家的框架内，这个集团代表着那个时代王朝运作的核心，作者之关注不但契合了学术界有关中国传统王朝研究的重心，也从另一个面向进一步强化了王朝本质的特点所在。这两个问题又依托于作者倾注心力讨论的两条线索：一条是 8—10 世纪王朝权力结构发生的变化；另一条则是南北朝至五代时期的"文"的要素与政治之间的关联。

　　前一条线索研究的内容，集中反映在宪宗朝廷对待西川、浙西事件处理上强化中央权威的两篇论文中。以宪宗为核心的唐后期政治史的解释，是陆氏关注的焦点，这与他博士学位论文的思考关系密切。当初他之所以选择宪宗时代的政治文化作观察，就在于唐前期的历史记述被官方严格控制，呈现出来的面貌单一而刻板，留给人们理解的空间亦荡然无存；而后期的资料虽凌乱不整，但它的多样和丰富却为后人的研究提供了思考场所，"后期的特殊情况使人物与事件的复杂性能在各种书写中得到更多的呈现，也更能使人看到历史的种种潜流如何在回环激荡中冲出峡口，酿成巨浪"②。另一个引起他兴趣的

---

　　①　在魏晋南北朝隋唐五代史这一领域，我仅举中英文研究的两个学者为例。唐长孺一生撰述的学术作品，基本限于论文，然后结集出版即所谓论文集（按最新出版统计，计有《魏晋南北朝史论丛》《魏晋南北朝史论丛续编》《魏晋南北朝史论拾遗》《山居存稿》《山居存稿续编》《山居存稿三编》等，均由中华书局 2011 年出版），晚年则在助手协助下以《魏晋南北朝隋唐史三论——中国封建社会的形成和前期的变化》（中华书局 2011 年版）专著做结。以唐史研究著称旋后专攻中古（汉语）语言学的［加］蒲立本 Edwin G. Pulleyblank 一生的论述除了博士学位论文（*The Background of the Rebellion of An Lu-shan*，London：Oxford University Press，1955.《安禄山叛乱的背景》，丁俊译，中西书局 2018 年版）之外，亦多系论文，其汇编见 *Essays on Tang and pre-Tang China*，Aldershot，UK and Burlington，VT，USA：Ashgate，2001；*Central Asia and Non-Chinese Peoples of Ancient China*，Aldershot，UK and Burlington，VT，USA：Ashgate，2002。

　　②　陆扬：《清流文化与唐帝国》，北京大学出版社 2016 年版，"序论"第 3 页。

因素是后期的朝廷政治生命力之强超出预料,他也难以接受以往的论述。在那些论述中,后期的朝廷似乎总是奔命于杂乱无章地处理它与藩镇之间的关系而不能自拔;朝廷的被动、无奈乃至无能,成为人们解释后期政治一种惯常的话语。然而文字书写背后隐藏的宪宗时期的那种政治演变与发展的具体历程所呈现出来的情境,却使他意识到:如果采用政治史、制度史的既有理路去探寻元和时代朝廷到地方的官制、军事和财政等方面变化的脉络,尤其是朝廷的政治、中央与藩镇的关系等,仅仅停留在对书写的辨析和现象的简单实证,不但不能揭示历史的丰富图景,也难以获得深度的认知,甚至会陷入理解的偏差。为避免这种倾向,作者在对书写文献中相关史实严格考辨的同时,尤其注意潜藏在书写中的修辞和话外之音、书写者与书写之间的关系,并对其作系统而批判性的解读,即透过书写去体悟背后隐藏的全局性相貌。如上所述,他对这期间朝廷与西川、浙西双方关系的史事进行的考索和辩证,的确充实和弥补了诸多细节,但他追求的则是这些问题和事件背后隐藏的宪宗政治在后期发展与演变整体过程中的特性,意在说明宪宗试图改变朝廷受制于藩镇掣肘的萎靡局面所作出的改弦更张为那个时代朝廷的走向开启了新方向。换言之,他的研究是建立在对唐后期至五代整体阶段把握的基础上,着眼的问题具有贯通性和长时段理解的特点,牵一发而动全身。

第三,与皇帝权威特殊性对唐代政治秩序产生的影响及其王朝权力结构发生的变化这一思索相并行的,是以唐五代新政治文化精英构成为中心所形塑的中古时代"文"的因素与政治之间的关联,这是作者关注的另一条思考线索。这条线索从书名撷取"清流"的选择,可知它在作者思考唐五代政治与社会转型过程中所具有的价值和意义何其重要!

为什么这样说呢?

如果该书涉及的"文""清流"从篇幅上构成了多数的话,那么更核心的则是其研究背后呈现的这一主旨思想同样贯穿全书内外。作者在这些篇幅里对晚唐五代的政治文化进行梳理和阐释,旨在表明后期的"清流文化"在那个藩镇武力横行的年代里非但没有遭受破坏,反而从长安兴起波及全国。这种文化是在此前士族势力衰竭之后复出的以科举词章的世家清流为特征,映现的是唐后期至五代十国的历史发展的趋势。与清流文化相映衬的还有来自边缘崇尚武力地带(譬如幽州)擅长文词书写的儒吏群体,它同样构成了五代中枢政治的基本特征。冯道个案的意义就在于这位出身幽州边缘的文词儒吏以词章才干被吸纳进入朝廷中枢、步入主流文化阵营的方式，将中央的清流与地方的文儒两种文化交接起来。

揆诸后期的历史走向，我们不能不看到，安史之乱后武人势力的上升，尤其是晚唐黄巢起兵之后节度使力量的崛起，唐廷主宰的范围被迫缩减至长安四周，最终结束唐朝合法统治所衍生的军人干政的局面，通过朱温"篡权"建立后梁而体现出来的王朝更替，表现更多的是历史的"断裂"①。这种场景人所皆知，亦成为后人了解这段历史的常识性认知。然而陆扬关注的问题更倾向于这"断裂"背后的延续。如果说"唐宋变革论"聚焦于王朝更替中"断裂"的一面，那么"清流文化""文"的特性则关注在断裂背后展现的承继性之上。话语至此，这使我想起了余英时研究中国政治文化的基本理路，那就是在王朝彼此嬗替的过程中其精神内涵的文化要素（尤其政治文化）如何透过激荡遽变的政局得以沿承与阐扬。他所关注的同样是断裂中的延续。② 正是在这种断裂、延续的交织中，中国文化从古至今、从前至后得以发展和进化，形成了与世界相颉颃的东方文化的整体和脉络。与此相应的另一个案例是包弼德（Peter K. Bol）对有关唐宋思想转型的研究，他关注的同样是朝代变迁所呈现的社会与政治变化中士人之思想、观念和意识通过何种方式继承前贤而又改弦更张的图景。③

不论是余英时还是包弼德，他们研讨的断裂与延续的思路历程，其承载者均系王朝时代的士人或士大夫群体。正是这个群体特殊的职业——以思想、文化钻研为要务——赋予了他们王朝意识形态承载人的身份，并依此与主宰朝政和王朝运作的政治交织在一起，成为配合君主、协助皇权的掌舵人。尽管唐后期以节度使为代表的军事势力成为地方事务的主宰，尤其晚唐军人干政气焰的浓烈，然而文人政治、与"浊流"对应的"清流文化"却从长安伸向全国，成为朝廷嬗替前后政治文化延续的"中流砥柱"。这一文一武激荡的前后舞

---

① 参见李鸿宾：《内源型变迁的王朝权力结构——王赓武〈五代时期北方中国的权力结构〉书后》，待刊稿。

② 参见余英时：《我对中国文化与历史的探索——克鲁格奖获奖致辞》，《史学研究经验谈》，上海文艺出版社 2010 年版，第 76—83 页。

③ 具体反映在［美］包弼德：《斯文：唐宋思想的转型》（刘宁译，江苏人民出版社 2001 年版）及其姊妹篇《历史上的理学》（［新加坡］王昌伟译，浙江大学出版社 2010 年版）两部著作里。

台表现出来的多重剧目,反映的是一个尚未高度统合、杂存异质文化的王朝,其内部诸多势力通过权力的行使以主宰或支配整个社会的企图。在这一过程中,最能展现实力并影响社会的,无疑就是其中的支配性力量,即所谓"精英"阶层。① 皇帝、文官、武将均属其内,但却代表了不同的利益取向:后期节度使的武人势力,很大程度上表现出来的是从朝廷夺权以巩固自身和地方的利益诉求;德宗、宪宗新政模式的确立则重新强化了朝廷对社会控制的权威;配合新政的文人政治及其意识,乃至宦官制度化的推展,无疑促进了新政的实施和兑现。正是从这个角度考察,"清流文化""文"的特质扮演的是唐宋朝代转迁断裂中政治文化的维系和再造的角色,或者说,后期武人势力擢升表象背后隐匿的"清流文化"抟成至宋代文人政治发展局面之变迁中的支撑性力量,就在于这种思想文化。这是我们据以理解该书作者重视"清流文化"的要义所在。②

<hr/>

① 参见[英]约翰·麦克里兰(John S. McClelland):《西方政治思想史》(下),彭淮栋译,中信出版社 2014 年版,第 672—673 页。

② 这种重视不仅体现在上面的多篇论文之中,即使他对墓志资料的关怀,除了声称能够匹配于史学分析的功能之外,墓志记载的那些社会不同层面的精英群体,他们的社会意识、文化心态和自我期许与那个时代的中心价值及主旋律抟为一致,即成为理解那个时代的"风向标",所以这个群体昭示和揭橥的均系所处时代的核心问题。这应当是作者重视墓志资料的另一个因缘。陆扬:《清流文化与唐帝国》,北京大学出版社 2016 年版,第 327 页。

民族关系思想认识的一种思路[*]

——读《隋唐民族关系思想史》有感

一

崔明德教授与马晓丽合著之新作《隋唐民族关系思想史》(人民出版社2010年版)是他研究隋唐五代时期有关民族问题向学术界奉献的又一部作品。[①] 他以关注中国上古、中古时期民族关系问题而见长,曾经出版过《汉唐和亲研究》(青岛海洋大学出版社1990年版)、《汉唐和亲史稿》(青岛海洋大学出版社1992年版)、《隋唐民族关系探索》(青岛海洋大学出版社1994年版)、《中国古代和亲史》(人民出版社2005年版)、《中国古代和亲通史》(人民出版社2007年版)、《两汉民族关系思想史》(人民出版社2007年版)和《中国民族思想的学科建设与创新》(齐鲁书社2007年版,与马晓丽、曹鲁超合著)等著作。从这些作品中可以看出,崔教授对中国古代(特别是中古时期)的民族关系(和亲是其中的一项重要内容)有比较深入的研究。民族关系背后隐含的思想和意识,则是他着力的又一个研究层次。此层次与外在化的"关系"呈表里、内外之畛域分别,构成了他研究民族关系的整体思路。外在化的问题容易引起人们关注和兴趣,原因是它比较直观、显而易见;外在背后的东西则不易察觉,但对揭示外在的行为、举措,则是不可缺少的探索因缘,尤

---

* 本文原载杨建新主编:《中国民族学》第八辑,甘肃民族出版社2012年版,第10—14页;此次刊载对文中个别词句作了校订。

① 民族共同体是人群因存在着精神和物质层面的诸多差异而作的界定,决定这种"界定"的基础是彼此之间的"差异",这亦构成了民族问题的实质。今天人们通常采用"民族"这一词汇描写自我与他者,但包括唐朝在内的中古时代,"胡汉"及"胡汉关系"更成为人们习惯的书写用语。今日学术界采用什么词汇去描述那个时代的人群及其关系,学者们虽有不同的选择,然而如何更恰切地表达以贴近那个时代,应当是共同追寻的。

其作为学术研究,内在隐含的思想、理路、意识这类非物化的东西,可谓"来无影去无踪",不那么容易把握,但其重要性则是不能忽略的。

具体到民族关系层面而言,决定这种关系如何定位、怎么走向,固然受制于"关系"所牵涉的各方具体的政治、经济、军事种种的行为,但这些行为的产生与出现,都要落实到具体的人。而人的行为则是由其思想和意识支配,于是,民族关系背后隐含的什么样的思想、意图等,就值得我们去追溯、刻写与描述。该书之撰述,我想,作者的宗旨也就在这里。从这个角度说,作者选取的这个研究方向,作为专门性、有针对性的探索,应该是比较前沿的。研究民族关系背后思想性的文章和著作可谓不少,但与此书作者的意识性比较,我认为该书的撰写宗旨,用"专门化的、有意识的"行为描写,应该是不算过分的。

二

在我看来,该书撰述的特点有如下两处:

第一,该书撰写的范围比较周详,至少汉人政权(具体说隋唐两朝的统治集团)有关的民族关系思想基本胪列殆尽,以作者分析的层面而论,自隋朝开国的隋文帝始,包括长孙晟、梁睿、薛道衡、隋炀帝、裴矩、段文振等(这些属隋朝内容);唐朝则自唐太宗开始,包括褚遂良、唐高宗、武则天、狄仁杰、薛登、郭元振、唐玄宗、苏颋、王晙、刘贶、唐德宗、李泌、陆贽、韦皋、杜佑、刘禹锡、唐宪宗、李绛、王涯、白居易、韩愈、唐文宗、袁不约、李德裕、牛僧如、杜牧、唐宣宗、程宴、牛丛、唐僖宗等,直至唐末。这构成了全书的核心。与此相应,有关突厥、吐蕃、回纥、南诏以及西域诸国(高昌、粟特九姓等)政权统治集团首领处理他们与唐朝或彼此之间关系的思想理路,也成为该书撰述的一个组成部分。按照宋人欧阳修的统计,上述政权恰恰是唐朝时期周边最有影响力的政治体,①该书的收罗以此为主,应当说涵盖了唐朝周边主要政权的民族关系思想的内容,这较单纯叙述中原政权更加丰富,也更加充实。

第二,与范围周详同步,该书涉及的民族思想的内容也比较全面。研究唐

① 《新唐书》卷215上《突厥上》说:"夷狄为中国患,尚矣。在前世者,史家类能言之。唐兴,蛮夷更盛衰,尝与中国亢衡者有四:突厥、吐蕃、回鹘、云南是也。"中华书局1975年版,第6023页。

朝民族关系的论文或著作(涉及此内容的)并不少见,①谈论民族关系的亦多涉及思想和认识,虽然文献留存至今的比较少,但其思想性要素也时有展现,该书优长之处就是分析思想的部分要超出以往的论著。以唐太宗征服东突厥之后安置他们而举行的朝廷议论为例。此前相关的研究,岑仲勉的《突厥集史》、薛宗正辑注的《突厥稀见史料辑成——正史外突厥文献集萃》、吴玉贵的《突厥第二汗国汉文史料编年辑考》都是史料收集和整理的作品,尤以吴玉贵整理的为佳。② 相关的研究也以吴玉贵的《突厥汗国与隋唐关系史研究》为代表,③可以说相当完整地解释了这个问题,但其着眼点则限定在贞观四年(630年)唐廷征服东突厥后那次朝廷的议论及随后唐太宗采纳温彦博“全其部落,顺其土俗,以实空虚之地,使为中国扞蔽”的建议。④ 该书则将唐廷安置突厥降户的视野扩展到贞观后期,作者就朝廷对突厥降户的措置有三次规模较大的争议展开论述:一次即人们熟知的征服之后的君臣议论,结果是将突厥的上层全都安置在京城,一般的降户分别安排在灵州(治回乐,今宁夏吴忠西)至幽州(治蓟县,今北京城西南)的长城沿线。第二次讨论发生在贞观十三年(639年)。原因是突厥突利可汗的弟弟阿史那结社率等人发动了谋袭唐太宗于九成宫的未遂事件。此次事件增加了朝廷大臣对突厥降户的疑虑,遂改变原来的安置办法,将突厥降户迁往(河套)黄河北岸。然而唐廷的这一举措,又引起北岸地区另一支游牧势力薛延陀的不满,他们随即向这些北迁的突厥进逼,迫使北上的突厥首领阿史那思摩回撤到黄河南岸。朝廷就此又展开了第三次争议。

作者通过这三次迁徙突厥降户出现的争论,考察了唐太宗和大臣对突厥代表的游牧势力政策背后的思想。用作者的概括,主要体现在“化胡为汉”

① 20世纪的主要研究成果可参阅王小甫撰写的《民族政策与民族关系》(载胡戟等主编:《二十世纪唐研究》,中国社会科学出版社2002年版,第216—222页);最近十余年的研究则分散在学术刊物和著作中,我尚未看到有具体的综述或总结。

② 参见岑仲勉:《突厥集史》,中华书局1958年版,第197—204、218—222、233—236页;薛宗正辑注:《突厥稀见史料辑成——正史外突厥文献集萃》,新疆人民出版社2005年版,第144—157、170—173、197—200页;吴玉贵:《突厥第二汗国汉文史料编年辑考》上册,中华书局2009年版,第20—37、118—131、179—186页。

③ 参见吴玉贵:《突厥汗国与隋唐关系史研究》,中国社会科学出版社1998年版,第227—243页。我本人的《唐朝朔方军研究——兼论唐廷与西北诸族的关系及其演变》也有所讨论,吉林人民出版社2000年版,第14—20页。

④ 《资治通鉴》卷193“唐太宗贞观四年(630年)四月”条,中华书局1956年版,第6076页。

"畏威怀德""逼近中华,久必为患""使其权弱势分""欲绥远者,必先安近"等意识层面。在作者看来,唐朝君臣对东突厥降户如何安置的问题多次讨论和争议,在具体的办法中出现种种的差别或彼此采择,这些行为的背后,都隐藏着唐朝这一方处置突厥那一方的本位立场,这是讨论的前提和出发点。至于具体问题的差异,则受制于不同的境况限定:有的熟悉突厥情况,了解北方游牧势力的特点,提出比较适宜的政策对待;有的长期活动在儒家文化的氛围里,缺少对周围世界(特别是北方游牧社会)的认知,认为突厥降户会对中原文化产生破坏作用,或放归原处任其滋生,但却危害国防的安全,等等。这些针锋相对的意见背后,都是关乎唐朝的安危这一本位主义立场。这样的讨论历史上不乏其例,因为中国历史的发展路径本身就是由中原政权与周边政权的互动而形成,因而汉人的政治体与非汉人的政治体之间的关系向来就很密切,只不过中原对此认同的层次有所差别而已。但话说回来,像这种连续性、牵涉君臣大规模的讨论,在历史上也不多见,对唐而言,无疑为以后的发展定下了基调。其意义之重大,毋庸赘言。

三

上面两点,是我读书之后感觉比较直接的印象。一部好的作品,读者可以根据自己的阅读有不同的感受,特别是书中的某些情节会与读者自身的兴趣、感知产生某种联系。我这里提出的两点是我诸多印记中比较重要的部分。这两个印象是我阅读该书后产生的直接对应。下文我以该书为契机,就该书书写的思路做一阐发。与上文不同,我这里不是对该书的内容进行回应,而属于自己的发挥。

第一,为什么对该书书写的套路产生兴趣呢?这是与我近期阅读其他学者的作品联系起来考虑的。

说该书重在唐朝君臣的民族关系的思想,这就涉及人们熟悉的思想史话题。在学术分域的当今时代,思想史往往与哲学学科纠缠在一起而不被传统的治史者所关注。以实证为方法的历史学家的研究,基本上集中在历史自身事实的澄清与复原的问题上,举凡政治事件、诸项制度、各类人物、土地分配与管理、税收劳役、法条令文、军事冲突或交锋、贸易交往与联系等,学者关注的主旨都是具体指实、看得见摸得着的"形而下"的"器";而思想、意识、观念这些"形而上"的、摸不着又有感觉的东西,则向来为哲学家们所关注,所以思想的叙述往往不在"实证"史学家观察的视野。在这种逻辑支配下,研究思想史的学者,关注的东西更集中于思想和思潮本身,对思想内容的解释或阐发,几乎成为他们"唯一"的途径。其特点是对思想、思潮和学说的澄清具有实证性研究所不具备的长处,此以侯外庐等人著述的《中国思想通史》为表征。① 这部作品关注的就是中国历朝历代的思想起源、发展与衍化、变迁的过程等,是一部思想的历史。在中国历史学家撰写的历史著作中,这部作品无疑是思想史撰述的典范。无独有偶,20 世纪 90 年代又出现了葛兆光的《中国思想史》一书。② 该书撰述的思路与前人有较大的差别。在作者看来,以前研究中国的思想史,作者们关注的都是社会上的知识分子或掌握知识权力的精英人物的思想,这些思想固然重要,但缺少社会一般性的或曰基层的思考内容,终究不能完全明晰中国思想史的全部,而社会基层的思想更具有大众化和普遍性,至少从支配或影响社会大多数民众的角度讲,是精英的思考所不能替代的。

但不论是精英上层的思想史,还是大众化的基层思想史,它们关注的还是在"思想"的精神层面上,③余英时先生撰写的论著,特别是以《朱熹的历史世界:宋代士大夫政治文化的研究》一书为代表,④他所观察的重点则是政治运行中的思想意识。换句话说,他研究的核心是士大夫和政治人物内在的思考,这些思想意识如何、怎样支配他们的政治活动。他着眼的不是士大夫和政治家具体的活动,也不关注制度对他们的约束或他们反过来改变制度的行为,而集中在他们活动背后的政治思想。说白了,就是决定他们活动的意识。他研究的是政治人物的"心境",关心的仍旧是非物质的心理,但他又不具体描述士大夫的思想本身,是思想与政治活动的衔接:前者怎么支配后者,后者如何反映并贯彻前者而成为行动。

① 参见侯外庐等:《中国思想通史》(全五卷共六册),人民出版社 1962 年版。
② 参见葛兆光:《中国思想史》第一卷《七世纪前中国的知识、思想与信仰世界》、第二卷《七世纪至十九世纪中国的知识、思想与信仰》,复旦大学出版社 1998、2000 年版。
③ 葛著关注的范围较之权力、知识阶层关心的领域显然大大扩展了,但毕竟尚属"形而上"的层面,仍旧没有脱离"思想"的层次。
④ 参见余英时:《朱熹的历史世界:宋代士大夫政治文化的研究》(上下册),生活·读书·新知三联书店 2004 年版。

余英时先生的分析理路,显然既有别于上文提及的思想史,也有别于实证性的具体考察。这种分析让我们联想起西方研究中国史的思路。以当今的美国为代表,他们关注中国历史的层面,向来侧重宗教、思想、观念和意识,但又不是就思想而谈思想、就宗教而论宗教,他们将这种精神层面的探索放置在具体的场景中,最终的关怀还是社会和社会的集团、群体、政治这些具有人文属性的"活动",只不过他们更关注是什么支配这些人的活动。这个层面就是思想和意识的,它与具体的政治、人群甚至个人是紧密联系在一起的。余英时先生的作品,给我的印象主要就在这个方面。这种研究的思路,对大陆学术界产生了不小的影响,特别是年青一代(包括博士、硕士学位论文),有不少人通过尝试这样的思路去关照自己研究的领域。

从上面阅读的参照,再来看崔明德教授的这部作品,我们似乎也能感觉到,该书对将书写方式和书写对象上升为一个特定的研究领域,具有相当明确的认知和诉求的目标,这就是作者力图构建的"民族思想"的学科系统。作者在另外一部作品里曾经涉及他创设这门学科的意义:一是从知行关系的角度讲,先有思想后有实践,研究历史上涉及民族关系的事件,离不开历史人物对民族问题的思考。二是研究民族思想有助于解决中国民族史、民族关系史中的理论问题。① 该书重点强调的隋唐时期民族关系的思想,则是上述构建框架的一个组成部分,它具有的功能更直接体悟在"思想"自身的层面,其重要意义是毋庸置疑的。

第二,崔明德教授将该书讨论的内容置于其"民族思想"学科构拟的框架内,就目前讲,应当是一种尝试。至于尝试的本身,非本文所可议论,但他通过对民族关系思想的上下考虑,最终与他的"民族思想"学科联系起来,除了有上文述及的作者执着的诉求理念外,更与作者长期研究历史上的民族问题这一领域的特性有关。众所周知,今日中国人口组成的一个显著特点,就是人口中的民族成分复杂多样化,这种情形直接由历史本身发展和演变而来。因此,对中国历史上的民族、民族群体的探寻,就成为历史研究中一项重要的内容,而历史过程与作为结果的今日,有其承续,又多分别。这个过程既属动态,又

---

① 参见崔明德、马晓丽、曹鲁超:《中国民族思想的学科建设与创新》,齐鲁书社 2007 年版,第 1—2 页。

呈现多种面相,非单一性所能遮蔽。在多民族、多面相的发展历程中,民族关系样态的展现最终为民族群体思想和意识所左右,这也是作者在他的著作里强调的特性所在。那么,该书在叙述隋唐民族关系思想背后所隐藏的意义或价值又体现在什么地方呢? 这还要从民族多样性的角度说起。

对今日中国民族群体的历时性研究,至少有三种叙述的模式值得我们思索。一是中国传统王朝的叙述模式;二是以日本、韩国为代表的中国周边国家的东亚叙述模式;三是欧亚大陆南北互动的欧美叙述模式。

所谓中国传统王朝的叙述模式,是指以黄河、长江流域的农业生产方式为典型特征、以儒家伦理学说支配社会意识的文明形态为要旨构建的话语体系。这个模式以向周边开拓文化的方式而形成了滚雪球状态的文明体。它对世界的诠释,是建立在中原王朝的立场、以汉人为主导,将周围视作边缘和尚待开化的世界而形成的一整套观念的基础上。在古典王朝时代,与它所对应的周边,最具有影响力的是北方草原的游牧世界,中原王朝将游牧世界看作自身文明核心的对应物,随着中原影响力的加强,南北两个部分亦呈现日益密切的联系,最终走向一体化。

以日本、韩国为代表的东亚诸国,则将古代东亚世界的发展,放置在以儒家文明为核心而凝聚的文化圈内。这个文化圈视中国为中心,日本、朝鲜半岛诸国则在这个中心的周边,共同形成东亚封贡体系。这个观察的视野超出了"单一性"的中国王朝,将东亚视作一个整体,中国与东亚诸国的联系、交往等均是这个体系的组成部分。

欧美(亦包括日本)对东亚的理解,则是将北方草原的游牧世界视作欧亚大陆一个广阔的空间来展开的,黄河、长江流域的广义中原与中亚的绿洲等南部耕作王朝政权与之对应,构成了南北两个不同生计并受此制约的游牧帝国、农业王朝交往互动的模式。

就学术层面而言,这是不同学者看待不同事物的自然选择。而且历史本身就是由多角度、多侧面所构建,观察的视野自应有诸多差异。学术研究的真谛是求真,求真的过程则是彼此借鉴和吸收,达到共同分享而促进学术增进的目标。倘若这样的分类不失为一个办法,那么崔著所要表达的话语,显然是典型的中国中心式的表述。其本质是从中原的文化传统看待中国的历时进程、讲究主次分明的民族势力(尤其是建立政权的民族势力)的互动与博弈。在强调正统精神的基础上、明确法统的前提下,将中原王朝视作中国文明的传承者,他所刻画的民族关系就呈现出明显的主次有别的状态。正如作者一再强调的那样,因为思想决定行动,那么,民族关系活动背后的思想意识的主次有别,也同样是作者该书构建的一个主导趋向,这种主导趋向,反映了中国史学有关民族关系史的主流性叙述。这是我阅读该书之后的一个强烈印象。

参考文献

一、**文献史籍**（按书名汉语音序排列）：

《安禄山事迹》，(唐)姚汝能撰，曾贻芬校点，上海古籍出版社 1983 年版。

《北史》，(唐)李延寿撰，中华书局 1974 年版。

《北周地理志》，王仲荦著，中华书局 1980 年版。

《北周六典》，王仲荦著，中华书局 1979 年版。

《册府元龟》，(宋)王钦若等编，中华书局 1960 年版。

《册府元龟》，（宋）王钦若等编纂，周勋初等校订，凤凰出版社 2006 年版。

《读史方舆纪要》，(清)顾祖禹撰，贺次君、施和金点校，中华书局 2005 年版。

《读史漫录》，(明)于慎行撰，(清)黄恩彤参订，李念孔等点校，齐鲁书社 1996 年版。

《读通鉴论》，(清)王夫之撰，舒士彦点校，中华书局 1975 年版。

《古今姓氏书辩证》，(宋)邓名世撰，王力平点校，江西人民出版社 2006 年版。

《汉书》，(汉)班固撰，(唐)颜师古注，中华书局 1962 年版。

《河洛墓刻拾零》上册，赵君平、赵文成编，北京图书馆出版社 2007 年版。

《会昌一品集》，(唐)李德裕撰，上海古籍出版社 1994 年版。

《晋书》，(唐)房玄龄等撰，中华书局 1974 年版。

《旧唐书》，(后晋)刘昫等撰，中华书局 1975 年版。

《旧五代史》，(宋)薛居正等撰，中华书局 1976 年版。

《辽史》，(元)脱脱等撰，中华书局 1974 年版。

《廿二史札记》，(清)赵翼撰，中华书局 1963 年版。

《欧阳文忠公文集》,(宋)欧阳修撰,《文津阁四库全书》第 368 册《集部·别集类》,商务印书馆 2005 年版。

《全唐文补遗》第 8 辑,吴钢主编,三秦出版社 2005 年版。

《全唐文新编》总第 5 册,周绍良主编,吉林文史出版社 2000 年版。

《容斋随笔》,(宋)洪迈撰,孔凡礼点校,中华书局 2005 年版。

《十七史商榷》,(清)王鸣盛撰,黄曙辉点校,上海书店出版社 2005 年版。

《史记》,(汉)司马迁撰,中华书局 1959 年版。

《司马文正公传家集》,(宋)司马光撰,万有文库第一二集简编,商务印书馆 1937 年版。

《宋本册府元龟》,(宋)王钦若等编,中华书局 1989 年版。

《宋史》,(元)脱脱等撰,中华书局 1977 年版。

《隋书》,(唐)魏徵等撰,中华书局 1973 年版。

《太平广记会校》,(宋)李昉等编,张国风会校,北京燕山出版社 2008 年版。

《唐大诏令集》,(宋)宋敏求编,商务印书馆 1959 年版。

《唐大诏令集》,(宋)宋敏求编,洪丕谟等点校,学林出版社 1992 年版。

《唐代墓志汇编》,周绍良主编,上海古籍出版社 1992 年版。

《唐代墓志汇编续集》,周绍良、赵超主编,上海古籍出版社 2001 年版。

《唐会要》,(宋)王溥撰,中华书局 1955 年版。

《唐六典》,(唐)李林甫等撰,陈仲夫点校,中华书局 1992 年版。

《唐律疏议》,(唐)长孙无忌等撰,刘俊文点校,中华书局 1983 年版。

《唐摭言》,(五代)王定保撰,黄寿成点校,三秦出版社 2011 年版。

《通典》,(唐)杜佑撰,王文锦等点校,中华书局 1988 年版。

《通志》,(宋)郑樵撰,中华书局 1987 年版。

《魏书》,(北齐)魏收撰,中华书局 1974 年版。

《文献通考》,(元)马端临撰,中华书局 1986 年版。

《文苑英华》,(宋)李昉等编,中华书局 1966 年版。

《新唐书》,(宋)欧阳修、宋祁等撰,中华书局 1975 年版。

《元和郡县图志》,(唐)李吉甫撰,贺次君点校,中华书局 1983 年版。

《元和姓纂》(附四校记),(唐)林宝撰,岑仲勉校记,中华书局 1994 年版。

《贞观政要集校》,(唐)吴兢撰,谢保成集校,中华书局 2003 年版。

《周书》,(唐)令狐德棻等撰,中华书局 1971 年版。

《朱子语类》,(宋)黎靖德编,王星贤点校,中华书局 1986 年版。

《资治通鉴》,(宋)司马光编著,(元)胡三省音注,中华书局 1956 年版。

二、今人专著(按作者汉语音序排列,同一作者作品则按出版先后排列):

岑仲勉:《突厥集史》(上下册),中华书局 1958 年版。

陈国灿:《论吐鲁番学》,上海古籍出版社 2010 年版。

陈怀宇:《在西方发现陈寅恪:中国近代人文学的东方学与西学背景》,北京师范大学出版社 2013 年版。

陈君静:《大洋彼岸的回声:美国中国史研究历史考察》,中国社会科学出版社 2003 年版。

陈爽:《世家大族与北朝政治》,中国社会科学出版社 1998 年版。

陈苏镇:《汉代政治与〈春秋〉学》,中国广播电视出版社 2001 年版。

陈寅恪:《隋唐制度渊源略论稿》,中华书局 1963 年版。

陈寅恪:《寒柳堂集》,上海古籍出版社 1980 年版。

陈寅恪:《金明馆丛稿初编》,上海古籍出版社 1980 年版。

陈寅恪:《金明馆丛稿二编》,上海古籍出版社 1980 年版。

陈寅恪:《唐代政治史述论稿》,上海古籍出版社 1982 年版。

程存洁:《唐代城市史研究初篇》,中华书局 2002 年版。

崔明德、马晓丽、曹鲁超:《中国民族思想的学科建设与创新》,齐鲁书社 2007 年版。

冻国栋著,葛剑雄主编:《中国人口史》第二卷《隋唐五代时期》,复旦大学出版社 2002 年版。

杜正胜:《古代社会与国家》,台北允晨文化实业股份有限公司 1992 年版。

樊文礼:《李克用评传》,山东大学出版社 2005 年版。

方建新:《二十世纪宋史研究论著目录》,北京图书馆出版社 2006 年版。

冯金忠:《唐代河北藩镇研究》,科学出版社 2012 年版。

复旦大学文史研究院编:《从周边看中国》,中华书局 2009 年版。

傅乐成:《中国通史》,中信出版社 2014 年版。

高明士:《天下秩序与文化圈的探索——以东亚古代的政治与教育为中心》,上海古籍出版社 2008 年版。

高明士:《战后日本的中国史研究》,中西书局 2019 年版。

葛剑雄著,葛剑雄主编:《中国移民史》第一卷,福建人民出版社 1997 年版。

葛兆光:《中国思想史》第 1 卷《七世纪前中国的知识、思想与信仰世界》,复旦大学出版社 1998 年版。

葛兆光:《中国思想史》第 2 卷《七世纪至十九世纪中国的知识、思想与信仰》,复旦大学出版社 2000 年版。

葛兆光:《宅兹中国:重建有关"中国"的历史论述》,中华书局 2011 年版。

耿世民:《古代突厥文碑铭研究》,中央民族大学出版社 2005 年版。

侯外庐等:《中国思想通史》(全六册),人民出版社 1956—1960 年版。

胡宝国:《汉唐间史学的发展》,商务印书馆 2003 年版。

胡戟等主编:《二十世纪唐研究》,中国社会科学出版社 2002 年版。

胡志宏:《西方中国古代史研究导论》,大象出版社 2002 年版。

黄建淳:《砂拉越华人史研究》,台北东大图书公司 1999 年版。

黄永年:《唐史史料学》,上海书店出版社 2002 年版。

黄永年:《六至九世纪中国政治史》,上海书店出版社 2004 年版。

黄正建主编:《中晚唐社会与政治研究》,中国社会科学出版社 2006 年版。

黄宗智主编:《中国研究的范式问题讨论》,社会科学文献出版社 2003 年版。

冀朝鼎:《中国历史上的基本经济区与水利事业的发展》,朱诗鳌译,中国社会科学出版社 1981 年版。

金发根:《永嘉乱后北方的豪族》,台北学术著作奖助委员会 1964 年版。

李碧妍:《危机与重构:唐帝国及其地方诸侯》,北京师范大学出版社 2015 年版。

李大龙:《汉唐藩属体制研究》,中国社会科学出版社 2006 年版。

李鸿宾:《唐朝朔方军研究——兼论唐廷与西北诸族的关系及其演变》,

吉林人民出版社 2000 年版。

李鸿宾:《唐朝中央集权与民族关系——以北方区域为线索》,民族出版社 2003 年版。

李鸿宾:《隋唐五代诸问题研究》,中央民族大学出版社 2006 年版。

李孝聪:《中国区域历史地理》,北京大学出版社 2004 年版。

李学勤主编:《中国古代文明与国家形成研究》,云南人民出版社 1997 年版。

李义虎:《地缘政治学:二分论及其超越——兼论地缘整合中的中国选择》,北京大学出版社 2007 年版。

林冠群:《唐代吐蕃史研究》,台北联经出版事业股份有限公司 2011 年版。

刘禾:《帝国的话语政治:从近代中西冲突看现代世界秩序的形成》,杨立华等译,生活·读书·新知三联书店 2009 年版。

刘家和:《古代中国与世界—— 一个古史研究者的思考》,武汉出版社 1995 年版。

刘美崧:《两唐书回纥传回鹘传疏证》,中央民族学院出版社 1988 年版。

刘浦江编:《二十世纪辽金史论著目录》,上海辞书出版社 2003 年版。

刘统:《唐代羁縻府州研究》,西北大学出版社 1998 年版。

刘学铫:《北亚游牧民族双轨政制》,台北南天书局 1999 年版。

刘学铫:《五胡史论》,台北南天书局有限公司 2001 年版。

刘泽华:《中国的王权主义——传统社会与思想特点考察》,上海人民出版社 2000 年版。

刘正:《京都学派》,中华书局 2009 年版。

刘子健:《中国转向内在——两宋之际的文化内向》,赵冬梅译,江苏人民出版社 2002 年版。

鲁西奇:《中国历史的空间结构》,广西师范大学出版社 2014 年版。

陆俊元:《地缘政治的本质与规律》,时事出版社 2005 年版。

陆扬:《清流文化与唐帝国》,北京大学出版社 2016 年版。

吕春盛:《关陇集团的权力结构演变——西魏北周政治史研究》,台北稻乡出版社 2002 年版。

毛汉光:《中国中古社会史论》,上海书店出版社 2002 年版。

毛汉光:《中国中古政治史论》,上海书店出版社 2002 年版。

穆渭生:《唐代关内道军事地理研究》,陕西人民出版社 2008 年版。

宁骚:《民族与国家——民族关系与民族政策的国际比较》,北京大学出版社 1995 年版。

朴真奭等:《朝鲜简史》,延边大学出版社 1998 年版。

钱婉约:《从汉学到中国学——近代日本的中国研究》,中华书局 2007 年版。

饶宗颐:《中国史学上之正统论》,上海远东出版社 1996 年版。

荣新江:《敦煌学十八讲》,北京大学出版社 2001 年版。

荣新江:《中古中国与外来文明》,生活·读书·新知三联书店 2001 年版。

石云涛:《唐代幕府制度研究》,中国社会科学出版社 2003 年版。

史念海:《唐代历史地理研究》,中国社会科学出版社 1998 年版。

宋德熹:《陈寅恪中古史学探研——以〈隋唐制度渊源略论稿〉为例》,台北稻乡出版社 1999 年版。

宋杰:《两魏周齐战争中的河东》,中国社会科学出版社 2006 年版。

谭其骧主编:《中国历史地图集》第五册《隋·唐·五代十国时期》,地图出版社 1982 年版。

唐晓峰:《人文地理随笔》,生活·读书·新知三联书店 2005 年版。

唐长孺:《魏晋南北朝史论丛》,生活·读书·新知三联书店 1955 年版。

唐长孺:《魏晋南北朝史论丛续编》,生活·读书·新知三联书店 1959 年版。

唐长孺:《唐书兵志笺正》,中华书局 1962 年版。

唐长孺:《魏晋南北朝史论拾遗》,中华书局 1983 年版。

唐长孺:《山居存稿》,中华书局 2011 年版。

唐长孺:《山居存稿续编》,中华书局 2011 年版。

唐长孺:《山居存稿三编》,中华书局 2011 年版。

唐长孺:《魏晋南北朝隋唐史三论:中国封建社会的形成和前期的变化》,中华书局 2011 年版。

田继周等:《中国历代民族政策研究》,青海人民出版社 1993 年版。

万绳楠整理:《陈寅恪魏晋南北朝史讲演录》,黄山书社 1987 年版。

汪晖:《现代中国思想的兴起》上卷第二部《帝国与国家》,生活·读书·新知三联书店 2008 年版。

汪篯:《汪篯汉唐史论稿》,北京大学出版社 2017 年版。

王爱和:《中国古代宇宙观与政治文化》,[美]金蕾、徐峰译,上海古籍出版社 2011 年版。

王明珂:《华夏边缘:历史记忆与族群认同》,社会科学文献出版社 2006 年版。

王明珂:《游牧者的抉择:面对汉帝国的北亚游牧部族》,广西师范大学出版社 2008 年版。

王明珂:《反思史学与史学反思》,上海人民出版社 2016 年版。

王寿南:《唐代藩镇与中央关系之研究》,台北大化书局 1978 年版。

王学典:《二十世纪后半期中国史学主潮》,山东大学出版社 1996 年版。

王小甫:《唐、吐蕃、大食政治关系史》,北京大学出版社 1992 年版。

王小甫:《唐朝对突厥的战争》,华夏出版社 2000 年版。

王亚南:《中国官僚政治研究》,中国社会科学出版社 1981 年版。

王永平:《从"天下"到"世界":汉唐时期的中国与世界》,中国社会科学出版社 2015 年版。

王永兴:《唐代前期西北军事研究》,中国社会科学出版社 1994 年版。

王永兴:《陈寅恪先生史学述略稿》,北京大学出版社 1998 年版。

王永兴:《唐代后期军事史略论稿》,北京大学出版社 2006 年版。

王育民:《中国人口史》,江苏人民出版社 1995 年版。

王贞平:《唐代宾礼研究:亚洲视域中的外交信息传递》,中西书局 2017 年版。

王震邦:《独立与自由:陈寅恪论学》,台北联经出版事业股份有限公司 2011 年版。

魏存成:《高句丽考古》,吉林大学出版社 1994 年版。

巫鸿:《全球景观中的中国古代艺术》,生活·读书·新知三联书店 2017 年版。

吴稼祥:《公天下:多中心治理与双主体法权》,广西师范大学出版社 2013 年版。

吴松弟著,葛剑雄主编:《中国移民史》第三卷《隋唐五代时期》,福建人民出版社 1997 年版。

吴松弟编著:《两唐书地理志汇释》,安徽教育出版社 2002 年版。

吴玉贵:《突厥汗国与隋唐关系史研究》,中国社会科学出版社 1998 年版。

吴玉贵:《突厥第二汗国汉文史料编年辑考》(全三册),中华书局 2009 年版。

吴宗国:《唐代科举制度研究》,辽宁大学出版社 1992 年版。

谢保成:《隋唐五代史学》,厦门大学出版社 1995 年版。

徐杰舜主编:《雪球——汉民族的人类学分析》,上海人民出版社 1999 年版。

许倬云:《我者与他者:中国历史上的内外分际》,生活·读书·新知三联书店 2010 年版。

许倬云:《华夏论述:一个复杂共同体的变化》,台北远见天下文化出版股份有限公司 2015 年版。

薛宗正:《突厥史》,中国社会科学出版社 1992 年版。

薛宗正:《吐蕃王国的兴衰》,民族出版社 1997 年版。

薛宗正辑注:《突厥稀见史料辑成——正史外突厥文献集萃》,新疆人民出版社 2005 年版。

阎步克编著:《波峰与波谷:秦汉魏晋南北朝的政治文明》(第二版),北京大学出版社 2017 年版。

严绍璗:《日本中国学史稿》,学苑出版社 2009 年版。

杨联陞:《国史探微》,新星出版社 2005 年版。

杨圣敏校注:《〈资治通鉴〉突厥回纥史料校注》,天津古籍出版社 1992 年版。

叶自成主编:《地缘政治与中国外交》,北京出版社 1998 年版。

尤炜祥:《两唐书疑义考释·旧唐书卷》,西泠印社出版社 2012 年版。

余英时:《朱熹的历史世界:宋代士大夫政治文化的研究》(上下册),生活·读书·新知三联书店 2004 年版。

余英时:《汉代贸易与扩张——汉胡经济关系结构研究》,邬文玲等译,上海古籍出版社 2005 年版。

札奇斯钦:《北亚游牧民族与中原农业民族间的和平战争与贸易之关系》,台北正中书局 1973 年版。

张达志:《唐代后期藩镇与州之关系研究》,中国社会科学出版社 2011 年版。

张国刚:《唐代政治制度研究论集》,台北文津出版社 1994 年版。

张国刚:《唐代藩镇研究》(增订版),中国人民大学出版社 2010 年版。

张耐冬:《太原功臣与唐初政治》,中国社会科学出版社 2018 年版。

张沛编著:《昭陵碑石》,三秦出版社 1993 年版。

张伟国:《关陇武将与周隋政权》,中山大学出版社 1993 年版。

张泽咸:《唐代阶级结构研究》,中州古籍出版社 1996 年版。

赵鼎新:《国家、战争与历史发展:前现代中西模式的比较》,浙江大学出版社 2015 年版。

赵文林、谢淑君:《中国人口史》,人民出版社 1988 年版。

中国长城学会编:《长城百科全书》,吉林人民出版社 1994 年版。

中国长城学会编:《长城国际学术研讨会论文集》,吉林人民出版社 1995 年版。

周宁:《天朝遥远——西方的中国形象研究》,北京大学出版社 2006 年版。

周伟洲:《吐谷浑史》,广西师范大学出版社 2006 年版。

周振鹤:《体国经野之道——中国行政区划沿革》,上海书店出版社 2009 年版。

周振鹤:《中国历史政治地理十六讲》,中华书局 2013 年版。

朱大渭:《六朝史论》,中华书局 1998 年版。

朱振宏:《大唐世界与"皇帝·天可汗"之研究》,台北花木兰文化出版社 2009 年版。

朱振宏:《隋唐政治、制度与对外关系》,台北文津出版社有限公司 2010 年版。

朱政惠:《美国中国学史研究——海外中国学探索的理论与实践》,上海古籍出版社 2004 年版。

三、外文专著汉译(按作者汉语音序排列,同一作者作品则按出版先后排列):

[德]傅海波、[英]崔瑞德编:《剑桥中国辽西夏金元史(907—1368 年)》,史卫民等译,中国社会科学出版社 1998 年版。

[德]卡尔·雅斯贝斯:《历史的起源与目标》,魏楚雄、俞新天译,华夏出版社 1989 年版。

[德]马克斯·韦伯:《儒教与道教》,洪天富译,江苏人民出版社 1993 年版。

[德]于尔根·奥斯特哈默:《世界的演变:19 世纪史》(全 3 册),强朝晖、刘风译,社会科学文献出版社 2016 年版。

[俄]B. A. 李特文斯基主编:《中亚文明史》第 3 卷《文明的交会:公元 250 年至 750 年》,马小鹤译,中国对外翻译出版公司 2003 年版。

[法]费尔南·布罗代尔:《菲利普二世时代的地中海和地中海世界》(2 卷),唐家龙等译,商务印书馆 1996 年版。

[法]费尔南·布罗代尔:《十五至十八世纪的物质文明、经济和资本主义》,顾良、施康强译,商务印书馆 2017 年版。

[法]勒内·格鲁塞:《草原帝国》,魏英邦译,青海人民出版社 1991 年版。

[韩]朴炳奭:《中国古代朝代更迭——易姓革命的思想、正当化以及正当性研究》,同济大学出版社 2011 年版。

[美]阿瑟·沃尔德隆:《长城:从历史到神话》,石云龙、金鑫荣译,江苏教育出版社 2008 年版。

[美]爱德华·W.萨义德:《东方学》,王宇根译,生活·读书·新知三联书店 1999 年版。

[美]巴菲尔德:《危险的边疆:游牧帝国与中国》,袁剑译,江苏人民出版社 2011 年版。

[美]白桂思:《吐蕃在中亚:中古早期吐蕃、突厥、大食、唐朝争夺史》,付建河译,新疆人民出版社 2012 年版。

［美］包弼德:《斯文:唐宋思想的转型》,刘宁译,江苏人民出版社 2001 年版。

［美］包弼德:《历史上的理学》,［新加坡］王昌伟译,浙江大学出版社 2010 年版。

［美］查尔斯·巴克斯:《南诏国与唐代的西南边疆》,林超民译,云南人民出版社 1988 年版。

［美］查尔斯·蒂利:《强制、资本和欧洲国家(公元 990—1992 年)》,魏洪钟译,上海人民出版社 2007 年版。

［美］丹尼斯·塞诺:《丹尼斯·塞诺内亚研究文选》,北京大学历史系民族史教研室译,中华书局 2006 年版。

［美］狄宇宙:《古代中国与其强邻:东亚历史上游牧力量的兴起》,贺严、高书文译,中国社会科学出版社 2010 年版。

［美］费正清编:《中国的世界秩序:传统中国的对外关系》,杜继东译,中国社会科学出版社 2010 年版。

［美］弗朗西斯·福山:《政治秩序的起源:从前人类时代到法国大革命》,毛俊杰译,广西师范大学出版社 2012 年版。

［美］华勒斯坦等:《开放社会科学》,刘锋译,生活·读书·新知三联书店 1997 年版。

［美］姜士彬:《中古中国的寡头政治》,范兆飞、秦伊译,中西书局 2016 年版。

［美］卡尔·A. 魏特夫:《东方专制主义:对于极权力量的比较研究》,徐式谷等译,中国社会科学出版社 1989 年版。

［美］柯文:《在中国发现历史——中国中心观在美国的兴起》,林同奇译,中华书局 1989 年版。

［美］拉铁摩尔:《中国的亚洲内陆边疆》,唐晓峰译,江苏人民出版社 2010 年版。

［美］路康乐:《满与汉:清末民初的族群关系与政治权力(1861—1928)》,王琴、刘润堂译,中国人民大学出版社 2010 年版。

［美］马丁·W. 刘易士、卡伦·E. 魏根:《大陆的神话:元地理学批判》,杨瑾等译,上海人民出版社 2011 年版。

［美］梅天穆:《世界历史上的蒙古征服》,马晓林、求芝蓉译,民主与建设出版社 2017 年版。

［美］尼古拉斯·斯皮克曼:《和平地理学:边缘地带的战略》,俞海杰译,上海人民出版社 2016 年版。

［美］斯塔夫里阿诺斯:《全球通史:从史前史到 21 世纪》上下册,吴象婴等译,北京大学出版社 2005 年版。

［美］托马斯·库恩:《科学革命的结构》,金吾伦、胡新和译,北京大学出版社 2003 年版。

［美］威廉·麦克尼尔:《西方的兴起:人类共同体史》上下册,孙岳等译,中信出版社 2015 年版。

［美］谢弗:《唐代的外来文明》,吴玉贵译,中国社会科学出版社 1995 年版。

［美］许田波:《战争与国家形成:春秋战国与近代早期欧洲之比较》,徐进译,上海人民出版社 2018 年版。

［美］伊曼纽尔·沃勒斯坦:《现代世界体系》(全三卷),罗荣渠等译,高等教育出版社 1998 年、2000 年版。

［日］川本芳昭:《中华的崩溃与扩大:魏晋南北朝》,余晓潮译,广西师范大学出版社 2014 年版。

［日］渡边信一郎:《中国古代的王权与天下秩序:从日中比较史的视角出发》,徐冲译,中华书局 2008 年版。

［日］冈田英弘:《世界史的诞生:蒙古帝国的文明意义》,陈心慧译,北京出版社 2016 年版。

［日］谷川道雄:《隋唐帝国形成史论》,李济沧译,上海古籍出版社 2004 年版。

［日］谷川道雄主编:《魏晋南北朝隋唐史学的基本问题》,李凭等译,中华书局 2010 年版。

［日］江上波夫:《骑马民族国家》,张承志译,光明日报出版社 1988 年版。

［日］堀敏一:《隋唐帝国与东亚》,韩昇、刘建英译,云南人民出版社 2002 年版。

［日］氣賀澤保規編:《新版唐代墓誌所在總合目録》(增訂版),東京汲古

書院 2009 年版。（日文原著）

［日］森安孝夫：《丝路、游牧民与唐帝国：从中央欧亚出发，骑马游牧民眼中的拓跋国家》，张雅婷译，新北八旗文化/远足文化事业股份有限公司 2018 年版。

［日］杉山正明：《忽必烈的挑战——蒙古帝国与世界历史的大转向》，周俊宇译，社会科学文献出版社 2013 年版。

［日］杉山正明：《疾驰的草原征服者：辽·西夏·金·元》，乌兰、乌日娜译，广西师范大学出版社 2014 年版。

［日］杉山正明：《游牧民的世界史》，黄美蓉译，中华工商联合出版社 2014 年版。

［日］杉山正明：《蒙古帝国的兴亡》上下册，孙越译，社会科学文献出版社 2015 年版。

［日］杉山正明：《蒙古颠覆世界史》，周俊宇译，生活·读书·新知三联书店 2016 年版。

［苏］苏联科学院主编：《世界通史》（汉译本共计 13 卷），多人翻译，第 1—8 卷，生活·读书·新知三联书店 1959—1976 年版；第 9、10 卷，吉林人民出版社 1975 年、1978 年版；第 11 卷，生活·读书·新知三联书店 1984 年版；第 12、13 卷，东方出版社 1987 年、1990 年版。

王赓武：《五代时期北方中国的权力结构》，胡耀飞、尹承译，中西书局 2014 年版。

［以色列］S. N. 艾森斯塔得：《帝国的政治体系》，阎步克译，贵州人民出版社 1992 年版。

［英］阿诺德·汤因比：《历史研究》，郭小凌、王皖强等译，上海人民出版社 2010 年版。

［英］安东尼·吉登斯：《民族—国家与暴力》，胡宗泽、赵力涛译，生活·读书·新知三联书店 1998 年版。

［英］崔瑞德编：《剑桥中国隋唐史（589—906 年）》，中国社会科学院历史研究所西方汉学研究课题组译，中国社会科学出版社 1990 年版。

［英］杜希德：《唐代官修史籍考》，黄宝华译，上海古籍出版社 2010 年版。

［英］哈·麦金德：《历史的地理枢纽》，林尔蔚、陈江译，商务印书馆 1985

年版。

[英]S.A.M.艾兹赫德:《世界历史中的中国》,姜智芹译,上海人民出版社2009年版。

[英]塞缪尔・E. 芬纳:《统治史:古代的王权和帝国——从苏美尔到罗马》卷1,王震、马百亮译,华东师范大学出版社2014年版。

[英]塞缪尔・E. 芬纳:《统治史:中世纪的帝国统治和代议制的兴起——从拜占庭到威尼斯》卷2,王震译,华东师范大学出版社2014年版。

[英]塞缪尔・E. 芬纳:《统治史:早期现代政府和西方的突破——从民族国家到工业革命》卷3,马百亮译,华东师范大学出版社2014年版。

[英]约翰・麦克里兰:《西方政治思想史》,彭淮栋译,中信出版社2014年版。

四、英文专著:

Adshead, S. A. M., *The Modernization of the Chinese Salt Administration*, *1900—1920*, Cambridge, M.A.: Harvard University Press, 1970.

Adshead, S. A. M., *Central Asia in World History*, New York: St. Martin Press, 1993.

Adshead, S.A.M., *Material Culture in Europe and China*, *1400—1800*: *The Rise of Consumerism*, London: Palgrave Macmillan, 1997.

Adshead, S.A.M., *T'ang China*: *The Rise of the East in World History*, New York: Palgrave Macmillan, 2004.

Amitai, Reuven and Biran, Michal (eds.), *Mongols, Turks, and Others*: *Eurasian Nomads and the Sedentary World*, Leiden・Boston: Brill, 2005.

Barfield, Thomas J., *The Nomadic Alternative*, New Jersey: Prentice Hall, 1993.

Chen, Sanping, *Multicultural China in the Early Middle Ages*, Philadelphia: University of Pennsylvania Press, 2012.

Drompp, Michael R., *Tang China and the Collapse of the Uighur Empire*: *A Documentary History*, Leiden・Boston: Brill, 2005.

Elliott, Mark C., *The Manchu Way*: *The Eight Banners and Ethnic Identity in*

Late Imperial China, Stanford: Standford University Press, 2001.

Fang, Zheng-hua, *Power Structures and Cultural Identities in Imperial China: Civil and Military Power from Late Tang to Early Song Dynasties (A. D. 875 - 1063)*, Ph. D. diss., Rhode Island: Brown University, 2001. 中译本方震华:《权力结构与文化认同——唐宋之际的文武关系(875—1063)》,社会科学文献出版社 2019 年版。

Frank, Andre Gunder, *Reorient: Global Economy in the Asian Age*, Berkeley: University of California Press, 1998. 中译本[德]贡德·弗兰克:《白银资本:重视经济全球化中的东方》,刘北成译,中央编译出版社 2000 年版。

Graff, David A., *Medieval Chinese Warfare, 300—900*, London and New York: Routledge, 2002.

Hucker, Charles, *China's Imperial Past: An Introduction to Chinese History and Culture*, Stanford: Stanford University Press, 1975.

Jagchid, Sechin and Symons, Van Jay, *Peace, War, and Trade along the Great Wall: Nomadic-Chinese Interaction through Two Millennia*, Bloomington and Indianapolis: Indiana University Press, 1989.

Khazanov, A. M., *Nomads and the Outside World*, translated by Julia Crookenden, Cambridge, New York: Cambridge University Press, 1984.

Pan, Yihong, *Son of heaven and Heavenly Qaghan: Sui-Tang China and Its Neighbors*, Bellingham, Washington: Western Washington University, 1997.

Pulleyblank, Edwin G., *The Background of the Rebellion of An Lu-shan*, London: Oxford University Press, 1955. 中译本[加]蒲立本:《安禄山叛乱的背景》,丁俊译,中西书局 2018 年版。

Pulleyblank, Edwin G., *Essays on Tang and pre-Tang China*, Aldershot, UK, and Burlington, VT, USA: Ashgate, 2001.

Pulleyblank, Edwin G., *Central Asia and Non-Chinese Peoples of Ancient China*, Aldershot, UK and Burlington, VT, USA: Ashgate, 2002.

Rajkai, Zsombor and Beller-Hann, Ildiko (eds.), *Frontiers and Boundaries: Encounters on China's Margins*, Wiesbaden: Harrassowitz Verlag, 2012.

Sinor, Denis, *The Cambridge History of Early Inner Asia*, New York:

Cambridge University Press, 1990.

Skaff, Jonathan Karam, *Sui-Tang China and Its Turko-Mongol Neighbors*: *Culture, Power, and Connections, 580-800*, New York: Oxford University Press, 2012.

Standen, Naomi, *Unbounded Loyalty*: *Frontier Crossing in Liao China*, Honolulu: University of Hawai'i Press, 2007. 中译本[英]史怀梅:《忠贞不贰? ——辽代的越境之举》,曹流译,江苏人民出版社 2015 年版。

Tackett, Nicolas, *The Destruction of the Medieval Chinese Aristocracy*, Cambridge (Massachusetts) and London: Harvard University Press, 2014. 中译本[美]谭凯:《中古中国门阀大族的消亡》,胡耀飞、谢宇荣译,社会科学文献出版社 2017 年版。

Tackett, Nicolas, *The Origins of the Chinese Nation*: *Song China and the Forging of an East Asian World Order*, Cambridge: Cambridge University Press, 2017.

Wang, Zhenping, *Tang China in Multi-Polar Asia*: *A History of Diplomacy and War*, Honolulu: University of Hawai'i Press, 2013.

Zhao, Dingxin, *The Confucian-Legalist State*: *A New Theory of Chinese History*, Oxford: Oxford University Press, 2015.

五、今人论文(按作者汉语音序排列,同一作者作品则按出版先后排列):

艾冲:《北朝诸国长城再探索——兼与朱大渭先生商榷》,《烟台大学学报(哲学社会科学版)》2007 年第 4 期。

陈侃理:《中古碑志研究的新视野——"北朝隋唐碑志与社会文化"学术研讨会纪要》,载荣新江主编:《唐研究》第 17 卷,北京大学出版社 2011 年版。

陈连开:《华夷五方格局与东夷、南蛮、西戎、北狄》,载《中华民族研究初探》,知识出版社 1994 年版。

陈楠:《公元七世纪中后期唐、蕃对吐谷浑的争夺》,载《藏史丛考》,民族出版社 1998 年版。

陈楠:《吐蕃对河西地区的占领与管辖》,载《藏史丛考》,民族出版社 1998 年版。

成一农:《唐代的地缘政治结构》,载李孝聪主编:《唐代地域结构与运作空间》,上海辞书出版社 2003 年版。

邓小南:《论五代宋初"胡/汉"语境的消解》,《文史哲》2005 年第 5 期。

定宜庄、[美]欧立德:《21 世纪如何书写中国历史:"新清史"研究的影响与回应》,载彭卫主编:《历史学评论》(创刊号),社会科学文献出版社 2013 年版。

樊文礼:《试论唐河朔三镇内外矛盾的发展演变》,《内蒙古大学学报(哲学社会科学版)》1983 年第 4 期。

方积六:《论唐代河朔三镇的长期割据》,《中国史研究》1984 年第 1 期。

方铁:《南北方古代民族的融合途径及融合方式之比较》,《烟台大学学报(哲学社会科学版)》2006 年第 1 期。

冯筱才:《政治运动的基层逻辑及日常化:一个"汉奸"的发现与审查》,《二十一世纪》2012 年 12 月号。

傅乐成:《唐代夷夏观念之演变》,原载《大陆杂志》25 卷 8 期,1962 年;又载《汉唐史论集》,台北联经出版事业公司 1995 年版。

傅乐成:《唐型文化与宋型文化》,原载《"国立"编译馆馆刊》1 卷 4 期,1972 年;又载《汉唐史论集》,台北联经出版事业公司 1995 年版。

甘怀真:《隋文帝时代军权与"关陇集团"之关系——以总管为例》,载《唐代文化研讨会论文集》,台北文史哲出版社 1991 年版。

葛兆光:《古代中国人的天下观念》,载《九州》第 4 辑(中国地理学专号),商务印书馆 2007 年版。

谷霁光:《泛论唐末五代的私兵和亲军、义儿》,《历史研究》1984 年第 2 期。

韩昇:《唐平百济前后的东亚国际形势》,载荣新江主编:《唐研究》第 1 卷,北京大学出版社 1995 年版。

何芳川:《"华夷秩序"论》,《北京大学学报(哲学社会科学版)》1998 年第 6 期。

侯甬坚:《区域历史地理申论——构建中国历史地理学科体系的重要环节》,载《历史地理学探索》,中国社会科学出版社 2004 年版。

胡鸿:《秦汉帝国扩张的制约因素及突破口》,《中国社会科学》2014 年第 11 期。

季剑青:《民族主义能否成为我们的思想资源?——汪晖〈东西之间的

"西藏问题"〉读后》,《文化纵横》2012 年第 1 期。

康乐:《唐代前期的边防》,台湾大学硕士学位论文,1976 年。

蓝田:《一个无专著的教授的学术观——访姚大力》,《中华读书报》2012 年 4 月 25 日。

雷家骥:《从汉匈关系的演变略论刘渊屠各集团复国的问题——兼论其一国两制的构想》,《东吴文史学报》第 8 号,1990 年 3 月。

雷家骥:《从战略发展看唐朝节度体制的创建》,初刊《简牍学报》第 8 期,1979 年 11 月,又载唐代学会编:《唐代研究论集》第 4 辑,台北新文丰出版股份有限公司 1992 年版。

李鸿宾:《唐玄宗择相与开元天宝年间中枢政局》,《文献》1995 年第 3 期。

李鸿宾:《东突厥的复兴与唐朝朔方军的设置——兼论唐朝控制北部边地的方式及其转化》,《民族史研究》第 1 辑,民族出版社 1999 年版。

李鸿宾:《隋初王朝统辖之下的河北》,载李鸿宾编:《史事探微——陈连开教授从教五十周年纪念文集》,中国财政经济出版社 2003 年版。

李鸿宾:《尉迟迥事变及其结局——新旧时代转变的表征》,《西北民族大学学报》2004 年第 2 期,又载《隋唐五代诸问题研究》,中央民族大学出版社 2006 年版。

李鸿宾:《中国传统王朝国家(观念)在近代社会的变化》,《民族史研究》第 6 辑,民族出版社 2005 年版。

李鸿宾:《隋朝的北部防务与长城问题》,《中国边疆史地研究》2006 年第 4 期。

李鸿宾:《传统与近代的对接——从地域和民族角度论述中国传统王朝的近代境域》,载耿昇等主编:《多元视野中的中外关系史研究:中国中外关系史学会第六届会员代表大会论文集》,延边大学出版社 2007 年版。

李鸿宾:《中原与北部地区的共生关系——从长城谈起》,《民族史研究》第 7 辑,民族出版社 2007 年版。

李鸿宾:《长城区域在唐史研究中的位置——从历史学与民族学结合的角度观察》,载瞿林东主编:《中国少数民族史学研究》,北京图书馆出版社 2008 年版。

李鸿宾:《"二元制构造"下的唐朝华夷观及其变化》,载陈尚胜主编:《儒家文明与中国传统对外关系》,山东大学出版社 2008 年版。

李鸿宾:《"胡人"抑或"少数民族"? ——用于唐朝时期的两个概念的解说》,载樊英峰主编:《乾陵文化研究》(四),三秦出版社 2008 年版;又载《唐朝的北方边地与民族》,宁夏人民出版社 2011 年版。

李鸿宾:《再论长城区域在唐史研究中的位置》,载严耀中主编:《唐代国家与地域社会研究:中国唐史学会第十届年会论文集》,上海古籍出版社 2008 年版。

李鸿宾:《王朝国家体系的构建与变更——以隋唐为例》,载孙家洲、刘后滨主编:《汉唐盛世的历史解读——汉唐盛世学术研讨会论文集》,中国人民大学出版社 2009 年版。

李鸿宾:《唐幽州雄武军(城)位置再考》,载《唐研究》第 16 卷,北京大学出版社 2010 年版。

李鸿宾:《北方边地在唐朝的战略地位及其变化》,载刘庆主编:《孙子兵法论丛》第 1 辑,解放军出版社 2011 年版。

李鸿宾:《唐朝的地缘政治与族群关系》,《人文杂志》2011 年第 2 期。

李鸿宾:《唐朝朔方军治所灵州凸显的战略地位及其变化》,载《唐朝的北方边地与民族》,宁夏人民出版社 2011 年版。

李鸿宾:《唐贺拔亮家族汉化取径之研究——〈唐贺拔亮墓志〉诸问题》,《唐研究》第 17 卷,北京大学出版社 2011 年版。

李鸿宾:《交叉区民众心态之研讨——以唐朝长城区域为例》,载邢广程主编:《中国边疆学》第 2 辑,社会科学文献出版社 2014 年版。

李鸿宾:《唐朝北部疆域的变迁——兼论疆域问题的本质与属性》,《中国边疆史地研究》2014 年第 2 期。

李鸿宾:《墓志铭映印下的唐朝河北粟特人"地著化"问题——以米文辩墓志为核心》,载纪宗安、马建春主编:《暨南史学》第 10 辑,广西师范大学出版社 2015 年版。

李鸿宾:《唐初弃修长城之检讨》,《民族研究》2015 年第 3 期。

李鸿宾:《粟特及后裔墓志铭文书写的程式意涵——以三方墓志为样例》,载荣新江、罗丰主编:《粟特人在中国:考古发现与出土文献的新印证》,

科学出版社 2016 年版。

李鸿宾:《唐朝前期的南北兼跨及其限域》,《中国边疆史地研究》2016 年第 2 期。

李鸿宾:《有关唐朝疆域问题的若干思考》,《中央民族大学学报(哲学社会科学版)》2017 年第 1 期。

李鸿宾:《中华正朔与内亚边疆——兼论唐朝北部长城地带的意涵》,《学术月刊》2017 年第 2 期。

李鸿宾:《从全球史语境看唐史研究新范式出现的可能性》,《陕西师范大学学报(哲学社会科学版)》2018 年第 3 期。

李鸿宾:《全球视野中的唐朝崛起 ——S.A.M.艾兹赫德〈唐朝中国:世界历史中的东方崛起〉伸议》,载余太山、李锦绣主编:《欧亚学刊》新 7 辑,商务印书馆 2018 年版。

李鸿宾:《河套区域在唐朝前后期的战略地位及其转变》,《山西大学学报(哲学社会科学版)》2019 年第 4 期。

李鸿宾:《墓志书写的模式:唐朝国家权力的支配性作用》,载《纪念胡如雷先生诞辰九十周年学术研讨会论文集》,中国社会科学出版社即出。

李鸿宾:《内源型变迁的王朝权力结构——王赓武〈五代时期北方中国的权力结构〉书后》,待刊稿。

李锦绣:《方阵、精骑与陌刀——隋唐与突厥战术研究》,《晋阳学刊》2013 年第 4 期。

李树桐:《唐代妇女的婚姻》,载《唐史索隐》,台湾商务印书馆 1988 年版。

李树桐:《唐人的婚姻》,载《唐史索隐》,台湾商务印书馆 1988 年版。

李松涛:《唐前期华北社会文化趋势研究——兼论安史之乱的历史文化背景》,北京大学博士学位论文,2004 年。

李文才:《"安史之乱"以后唐代驱使官之分类及时代分布》,《陕西历史博物馆馆刊》第 23 辑,三秦出版社 2016 年版。

李文才、曹万青:《唐代驱使官渊源考论——兼论汉魏南北朝"干"的起源与性质》,《扬州大学学报(人文社会科学版)》2017 年第 2 期。

李志生:《唐人婚龄探析》,载北京大学历史系编:《北大史学》第 8 辑,北京大学出版社 2001 年版。

林冠群:《论唐代吐蕃之对外扩张》,载《唐代吐蕃史论集》,中国藏学出版社 2006 年版。

林冠群:《唐代前期唐蕃竞逐青海地区之研究》,载《唐代吐蕃史论集》,中国藏学出版社 2006 年版。

林静薇:《关陇集团的初次质变》,《中国中古史研究》第 8 期,嘉义中正大学历史研究所 2008 年版。

刘复生:《宋朝"火运"论略——兼谈"五德转移"政治学说的终结》,《历史研究》1997 年第 3 期。

刘浦江:《正统论下的五代史观》,载《唐研究》第 11 卷,北京大学出版社 2005 年版。

刘浦江:《"五德终始"说之终结——兼论宋代以降传统政治文化的嬗变》,《中国社会科学》2006 年第 2 期。

刘新成:《发刊词》,载刘新成主编:《全球史评论》第 1 辑,商务印书馆 2008 年版。

刘新成:《"全球史观"与近代早期世界史编纂》,载刘新成主编:《全球史评论》第 1 辑,商务印书馆 2008 年版。

鲁西奇:《中国历史上的"核心区":概念与分析理路》,《厦门大学学报(哲学社会科学版)》2010 年第 1 期。

鲁西奇:《多元、统一的中华帝国是如何可能的?》,《人文国际》第 2 辑,厦门大学出版社 2010 年版。

罗新:《内亚传统的连续性与中国历史的内亚性》,载《黑毡上的北魏皇帝》,海豚出版社 2014 年版。

毛汉光:《论安史之乱后河北地区之社会与文化——举在籍士族为例》,载淡江大学中文系主编:《晚唐的社会与文化》,台北学生书局 1990 年版。

毛汉光:《唐代统治阶层父子间职业类别之变动》,《中正大学学报》第 4 卷第 1 期,1993 年。

毛汉光:《唐代统治阶层下降变动之研究》,《人文及社会科学》第 3 卷第 1 期,1993 年。

孟彦弘:《唐前期的兵制与边防》,载荣新江主编:《唐研究》第 1 卷,北京大学出版社 1995 年版。

孟彦弘:《论唐代军队的地方化》,载中国社会科学院历史研究所学刊编委会编:《中国社会科学院历史研究所学刊》第 1 集,社会科学文献出版社 2001 年版。

潘蛟:《"民族"的舶来及相关的争论》,中央民族大学博士学位论文,2000 年。

任爱君:《唐末五代的"山后八州"与"银鞍契丹直"》,《北方文物》2008 年第 2 期。

陕西省考古研究院:《西安南郊隋李裕墓发掘简报》,《文物》2009 年第 7 期。

史念海:《我国古代都城建立的地理因素》,《南京史志》1985 年第 3 期。

史念海:《中国古都形成的因素》,载《中国古都研究:中国古都学会第四届年会论文集》第 4 辑,浙江人民出版社 1986 年版。

史念海:《最早建置都城的构思及其影响》,《中国历史地理论丛》1997 年第 4 期。

史念海:《隋唐时期农牧地区的变迁及其对王朝盛衰的影响》,载《唐代历史地理研究》,中国社会科学出版社 1998 年版。

宋德熹:《"关陇集团"中的代北外戚家族研究——以独孤氏及窦氏为例》,台湾大学博士学位论文,1991 年。

宋德熹:《陈寅恪"关陇集团"学说的新诠释——"西魏北周系"说》,载严耕望先生纪念集编辑委员会编:《严耕望先生纪念论文集》,台北稻乡出版社 1998 年版。

宋德熹:《试论唐代前期的代北外戚家族——以独孤氏、窦氏及长孙氏为例》,载《唐史识小——社会与文化的探索》,台北稻乡出版社 2009 年版。

宿白:《宣化考古三题——宣化古建筑·宣化城沿革·下八里辽墓群》,《文物》1998 年第 1 期。

孙国栋:《唐宋之际社会门第之消融——唐宋之际社会转变研究之一》,载《唐宋史论丛》,上海古籍出版社 2010 年版。

谭其骧:《唐北陲二都护府建置沿革与治所迁移——编绘〈中国历史地图集〉札记》,载《长水集》(下),人民出版社 1987 年版。

谭其骧:《唐代羁縻州述论》,载《长水集续编》,人民出版社 1994 年版。

王安泰:《皇帝的天下与单于的天下——十六国时期天下体系的构筑》,载童岭主编:《皇帝·单于·士人——中古中国与周边世界》,中西书局 2014 年版。

王德权:《"核心集团与核心区"理论的检讨——关于古代中国国家权力形成的一点思考》,《政治大学历史学报》第 25 期,2006 年。

王国维:《西胡考下》,载《观堂集林》,中华书局 1959 年版。

王柯:《"汉奸":想象中的单一民族国家话语》,《二十一世纪》2009 年 3 月号。

王永平:《面对全球史的中国史研究》,《历史研究》2013 年第 1 期。

王锺翰:《清世宗夺嫡考实》,载《清史杂考》,中华书局 1963 年版。

王仲荦:《〈唐贞观八年条举氏族事件〉残卷考释》,载《𪩘华山馆丛稿》,中华书局 1987 年版。

吴光华:《唐代幽州地域主义的形成》,载淡江大学中文系主编:《晚唐的社会与文化》,台北学生书局 1990 年版。

萧启庆:《北亚游牧民族南侵各种原因的检讨》,原载《食货月刊》复刊第 1 卷第 12 期,1972 年 3 月,又载《元代史新探》,台北新文丰出版公司 1983 年版。

肖之兴:《隋唐两朝对北方少数民族的政策》,载田继周等:《中国历代民族政策研究》,青海人民出版社 1993 年版。

邢义田:《天下一家——中国人的天下观》,载《永恒的巨流——中国文化新论·根源篇》,台北联经出版事业公司 1981 年版。

许倬云:《传统中国社会经济史的若干特性·代序》,载《求古编》,新星出版社 2006 年版。

严耕望:《唐代方镇使府僚佐考》,载《唐史研究丛稿》,香港新亚研究所 1969 年版。

严耕望:《唐代府州僚佐考》,载《唐史研究丛稿》,香港新亚研究所 1969 年版。

严耕望:《唐代安北单于两都护府考》,载《唐代交通图考》第 1 卷《京都关内区》,台北"中央研究院"历史语言研究所专刊之八十三,1985 年版。

严耕望:《唐代河套地区军事防御系统》,载《唐代交通图考》第 1 卷《京都关内区》,台北"中央研究院"历史语言研究所专刊之八十三,1985 年版。

严耕望:《唐通回纥三道》,载《唐代交通图考》第 2 卷《河陇碛西区》,台北"中央研究院"历史语言研究所专刊之八十三,1985 年版。

严耕望:《佛藏所见之稽胡地理分布区》,《大陆杂志》第 72 卷第 4 期,1986 年 4 月。

严耕望:《太原北塞交通诸道》,载《唐代交通图考》第 5 卷《河东河北区》,"中央研究院"历史语言研究所专刊之八十三,1986 年版。

严耕望:《幽州东北塞诸道三——历代卢龙塞道》,载《唐代交通图考》第 5 卷《河东河北区》,台北"中央研究院"历史语言研究所专刊之八十三,1986 年版。

杨奎松:《近代以来中国民族主义问题》,《社会科学论坛》2005 年第 9 期。

杨宇勋:《从自杀殉国来看各族官员对金朝的认同感》,载汪荣祖、林冠群主编:《民族认同与文化融合》,嘉义中正大学南台湾人文研究中心 2006 年版。

杨宇勋:《千古未有之变局:南宋覆亡前自杀殉国者》,《中国中古史研究》第 10 期,台北兰台出版社 2010 年版。

杨志玖:《关于元朝统治下"经济的破坏"问题》,载《元史三论》,人民出版社 1985 年版。

姚大力:《塞北游牧社会走向文明的历程》,载《北方民族史十论》,广西师范大学出版社 2007 年版。

姚大力:《不再说"汉化"的旧故事——可以从"新清史"学习什么》,《东方早报·上海书评》2015 年 4 月 12 日。

姚大力:《中国历史上的族群和国家观念》,《文汇报》2015 年 10 月 9 日。

姚大力:《怎样看待蒙古帝国与元代中国的关系》,载张志强主编:《重新讲述蒙元史》,生活·读书·新知三联书店 2016 年版。

姚念慈:《评"自古得天下之正莫如我朝"——〈面谕〉与皇太子的立废及玄烨的内心世界》,载侯仁之主编:《燕京学报》新 26 期,北京大学出版社 2009 年版。

姚念慈:《再评"自古得天下之正莫如我朝"——〈面谕〉、历代帝王庙与玄烨的道学心诀》,载中国社会科学院历史研究所清史研究室编:《清史论丛》2009 年号,中国广播电视出版社 2009 年版。

姚念慈:《"康乾盛世"与历史意义的采择》,转引自"中国人民大学清史研究所"网站之"清代政治史研究",2010 年 8 月 5 日。

于逢春:《论中国疆域最终奠定的时空坐标》,《中国边疆史地研究》2006 年第 1 期。

余英时:《我对中国文化与历史的探索——克鲁格奖获奖致辞》,《史学研究经验谈》,上海文艺出版社 2010 年版。

袁剑:《近代西方"边疆"概念及其阐释路径——以拉策尔、寇松为例》,《北方民族大学学报(哲学社会科学版)》2015 年第 2 期。

札奇斯钦:《游牧民族军事行动的动机》,《政治大学边政研究所年报》1974 年第 5 期。

张凤阳:《西方民族——国家成长的历史与逻辑》,《中国社会科学》2015 年第 6 期。

张广达:《唐灭高昌国后的西州形势》,载《文书、典籍与西域史地》,广西师范大学出版社 2008 年版。

张国刚、蒋爱花:《唐代男女婚嫁年龄考略》,《中国史研究》2004 年第 2 期。

张建设:《唐代雄武军考》,载中国地理学会历史地理专业委员会《历史地理》编委会编:《历史地理》第 12 辑,上海人民出版社 1995 年版。

章开沅:《"排满"与民族运动》,《近代史研究》1981 年第 3 期。

周振鹤:《汉武帝朝鲜四郡考》,载中国地理学会历史地理专业委员会《历史地理》编委会编:《历史地理》第 4 辑,上海人民出版社 1986 年版。

朱大渭:《北朝历代建置长城及其军事战略地位》,《中国史研究》2006 年第 2 期。

朱振宏:《隋唐与东突厥互动关系之研究(581—630)》,中正大学博士学位论文,2005 年。

邹逸麟:《明清时期北部农牧过渡地带的推移和气候寒暖变化》,《复旦学报(社会科学版)》1995 年第 1 期。

邹逸麟:《中国多民族统一国家形成的历史背景和地域特征》,《历史教学问题》2000年第1期。

六、外文译文（按作者汉语音序排列，同一作者作品则按出版先后排列）：

［德］弗里德里希·拉策尔：《作为边缘机体的边疆》，袁剑译，张世明校改，载张世明等主编：《空间、法律与学术话语：西方边疆理论经典文献》，黑龙江教育出版社2014年版。

［韩］朴汉济：《为魏晋南北朝隋唐史研究而提出的一个方法》，载武汉大学中国三至九世纪研究所编：《中国前近代史理论国际学术研讨会论文集》，湖北人民出版社1997年版。

［韩］郑炳俊：《唐代藩镇州县官的任用》，载《东洋史学研究》第54辑，1996年版。

［美］巴菲尔德：《草原游牧世界》，袁剑译，载张世明等主编：《空间、法律与学术话语：西方边疆理论经典文献》，黑龙江教育出版社2014年版。

［美］布鲁斯·马兹利什：《世界史、全球史和新全球史》，赵婧译，载刘新成主编：《全球史评论》第二辑，中国社会科学出版社2009年版。

［美］弗雷德里克·杰克逊·特纳：《边疆在美国历史上的重要性》，李明译，载张世明等主编：《空间、法律与学术话语：西方边疆理论经典文献》，黑龙江教育出版社2014年版。

［美］何炳棣：《捍卫汉化——驳罗友枝〈再观清代〉》，张勉励译，载刘凤云、刘文鹏编：《清朝的国家认同——"新清史"研究与争鸣》，中国人民大学出版社2010年版。

［美］拉铁摩尔：《历史的疆域》，牛昢昢译，张世明等主编：《空间、法律与学术话语：西方边疆理论经典文献》，黑龙江教育出版社2014年版。

［美］拉铁摩尔：《亚洲内陆边疆：防御帝国与征服帝国》，牛昢昢译，张世明等主编：《空间、法律与学术话语：西方边疆理论经典文献》，黑龙江教育出版社2014年版。

［美］拉铁摩尔：《针对中国历史地理问题的一个亚洲内陆研究法》，牛昢昢译，张世明校改，载张世明等主编：《空间、法律与学术话语：西方边疆理论经典文献》，黑龙江教育出版社2014年版。

［美］罗友枝：《再观清代——论清代在中国历史上的意义》，张婷译，载刘

凤云、刘文鹏编:《清朝的国家认同——"新清史"研究与争鸣》,中国人民大学出版社 2010 年版。

[美]裴士凯、司白乐、伊沛霞:《〈文化与权力:魏晋南北朝时期华夏世界的瓦解与重建〉序》,吴捷译,载单国钺主编:《当代西方汉学研究集萃·中古史卷》,上海古籍出版社 2012 年版。

[美]魏特夫:《中国社会史——辽(907—1125):总论》,唐统天等译,载王承礼主编:《辽金契丹女真史译文集》,吉林文史出版社 1990 年版。

[美]周锡瑞:《大清如何变成中国》,贾建飞译,《民族社会学研究通讯》第 121 期,2012 年 10 月 15 日。

[日]谷川道雄:《魏晋南北朝隋唐史的基本问题总论》,李凭译,载谷川道雄主编:《魏晋南北朝隋唐史学的基本问题》,中华书局 2010 年版。

[日]堀敏一:《藩镇亲卫军的权力构造》,索介然译,载刘俊文主编:《日本学者研究中国史论著选译》第 4 卷《六朝隋唐》,中华书局 1992 年版。

[日]内藤湖南:《概括的唐宋时代观》,黄约瑟译,载刘俊文主编:《日本学者研究中国史论著选译》第 1 卷《通论》,中华书局 1992 年版。

[日]日野开三郎:《五代镇将考》,索介然译,载刘俊文主编:《日本学者研究中国史论著选译》第 5 卷《五代宋元》,中华书局 1993 年版。

[日]田村实造:《关于中国征服王朝》,袁韶莹译,载王承礼主编:《辽金契丹女真史译文集》,吉林文史出版社 1990 年版。

[日]西岛定生:《东亚世界的形成》,高明士译,载刘俊文主编:《日本学者研究中国史论著选译》第 2 卷《专论》,中华书局 1993 年版。

[英]崔瑞德:《唐代藩镇势力的各种类型》,张荣芳译,《大陆杂志》第 66 卷第 1 期,1983 年。

七、英文论文:

Bacon, E., "Types of Pastoral Nomadism in Central and Western Asia", *Southwestern Journal of Anthropology*, 10, 1954.

Barfield, Thomas J., "Inner Asia and Cycles of Power in China's Imperial Dynastic History", in *Rulers From the Steppe: State Formation on the Eurasian Periphery*, Gary Seaman and Daniel Marks(eds.), Los Angeles: Ethnographics Press, the University of Southern California, 1991.

Di Cosmo, Nicola, "Ancient Inner Asian Nomads: Their Economic Basis and Its Significance in Chinese History", *Journal of Asian Studies*, 53.4, 1994.

Fletcher, Joseph, "Bloody Tanistry: Authority and Succession in the Ottoman, Indian (,) Muslim and Later Chinese Dynasties", conference paper to *Conference on the Theory of Democracy and Popular Participation*, Italy: Bellagio, 1978.

Franke, Herbert, "From Tribal Chieftain to Universal Emperor and God: the Legitimation of the Yuan Dynasty", *Sitzungsberichte der Bayerischen Akademie der Wissenschaften zu München*, *Philosophisch-Historische Klasse*, München: Verlag der Bayerischen Akademie der Wissenschaften (et al.) , Heft 2, 1978.

Holmgren, Jennifer, "Family, Marriage and Political Power in Sixth-Century China: A Study of the Kao Family of Northern Ch'I, c.520—550", *Journal of Asian History* 16. Wiesbaden: Otto Harrassowitz, 1982. *Marriage, Kinship and Power in Northern China*, Great Britain: Variorum, 1995.

Holmgren, Jennifer, "The Harem in Northern Wei Politics, 398–498 AD", *Journal of the Economic and Social History of the Orient* 26, Leiden: E. J. Brill, 1983. *Marriage, Kinship and Power in Northern China*, Great Britain: Variorum, 1995.

Holmgren, Jennifer, "The Making of an Elite: Local Politics and Social Relations in Northeastern China During the 5th Century AD", *Far Eastern History*, 30 (1984).

Ho, Ping-ti, "The Significance of the Ch'ing Period in Chinese History", *Journal of Asian Studies*, 26.2, (1967).

Jagchid, Sechin, "The Historical Interaction Between the Nomadic People in Mongolia and the Sedentary Chinese", in *Rulers From the Steppe: State Formation on the Eurasian Periphery*, Gary Seaman and Daniel Marks (eds.), Los Angeles: Ethnographics Press, the University of Southern California, 1991.

Khazanov, A. M., "Characteristic Features of Nomadic Communities in the Eurasian Steppes", in *The Nomadic Alternative*, Wolfgang Weissleder (ed.), The Hague: Mouton Publishers, 1978.

Kim, Jung-bae, "The Question of Horse-Riding People in Korea" (I), (II), *Korea Journal*, 18:9(September 1978), 18:11(November 1978).

Kradin, Nikolai N., "Nomadic Empires in Inner Asia", in *Complexity of Interaction along the Eurasian Steppe Zone in the First Millennium CE*, Jan Bemmann, Michael Schmauder(eds.), Bonn: Vfgarch.Press Uni-Bonn, 2015.

Lattimore, Owen, "Open Door or Great Wall", in *Studies in Frontier History: Collected Papers* 1928—1958, London: Oxford University Press, 1962.

Lin Hang, "Conquer and Govern: The Rise of the Jurchen and Their Jin Dynasty (1115-1234)", in *Political Strategies of Identity Building in Non-Han Empires in China*, Francesca Fiaschetti and Julia Schneider (eds.), Wiesbaden: Harrassowitz Verlag, (2014).

Moses, Larry W., "T'ang Tribute Relations with the Inner Asian Barbarian", in *Essays on T'ang Society: The Interplay of Social, Political and Economic Forces*, John Curtis Perry and Bardwell L.Smith(eds.), Leiden: E.J.Brill, 1976.

Pulleyblank, Edwin G., "The An Lu-shan Rebellion and the Origins of Chronic Militarism in Late T'ang China", in *Essays on T'ang Society: The Interplay of Social, Political and Economic Forces*, John Curtis Perry and Bardwell L.Smith (eds.), Leiden: E.J.Brill, 1976.

Tackett, Nicolas, *The Transformation of Medieval Chinese Elites* (850-1000 C. E.), Ph.D.diss, New York: Columbia University, 2006.

Tackett, Nicolas, "Great Clansmen, Bureaucrats, and Local Magnates: The Structure and Circulation of the Elites in Late-Tang China", *Asia Major*, 3rd ser. 21.2 (2008).

Twitchett, Denis C., "The Sui(589-618) and T'ang(618-907) Dynasties: An Introduction", in *Essays on T'ang Society: The Interplay of Social, Political and Economic Forces*, John Curtis Perry and Bardwell L.Smith (eds.), Leiden: E.J. Brill, 1976.

Wittfogel, Karl A.and Feng, Chia-sheng, "General Introduction", in *History of Chinese Society: Liao* (907—1125), New York: The Macmillan Company, 1949. 中译本[美]魏特夫:《中国社会史——辽（907—1125）·总论》, 唐统天等译, 载

王承礼主编:《辽金契丹女真史译文集》第一集,吉林文史出版社 1990 年版。

八、日文论文(按五十音排序):

内田吟風:《古代遊牧民族の農耕国家侵入の真因——特に匈奴史上より見たる》,《北アジア史研究·匈奴篇》,京都同朋舍 1975 年版。

谷川道雄:《武川鎮軍閥の形成》,《名古屋大學東洋史研究報告》8 號,1982 年。

礪波護:《唐代使院の僚佐と辟召制》,載《唐代政治社會史研究》,京都同朋舍 1986 年版。

松井秀一:《盧龍藩鎮攷》,《史學雜誌》第 68 編第 12 期,1959 年。

渡邊孝:《唐藩鎮十將攷》,《東方學》第 87 辑,1994 年。

后　记

　　这部文集系出中央民族大学历史文化学院彭勇教授之邀约,要我将自己以往发表之相关文论拟合一个确定的名称编辑成册,由此而生。

　　关于本集编订之相关原则与收编之要旨,"前言"已有说明,此处不赘。文集编订后我又整理一份"参考文献"以供参照,后经我指导的硕士研究生姜明圣同学细致审核一遍,查出问题若干,我依此做了更改,特此说明并感谢!

　　本集之出版,蒙历史文化学院之厚爱入编,人民出版社刘松弢编辑精心之审校等,于此特表达我的感谢之情!

李鸿宾谨识

2019 年 10 月 16 日

责任编辑:刘松弢

图书在版编目(CIP)数据

疆域·权力·人群:隋唐史诸题专论/李鸿宾 著. —北京:人民出版社,2020.1
ISBN 978 - 7 - 01 - 021680 - 5

Ⅰ.①疆… Ⅱ.①李… Ⅲ.①中国历史-隋唐时代-文集 Ⅳ.①K240.7-53

中国版本图书馆 CIP 数据核字(2020)第 003247 号

疆域·权力·人群
JIANGYU QUANLI RENQUN
——隋唐史诸题专论

李鸿宾 著

人民出版社 出版发行
(100706 北京市东城区隆福寺街 99 号)

中煤(北京)印务有限公司印刷 新华书店经销

2020 年 1 月第 1 版 2020 年 1 月北京第 1 次印刷
开本:710 毫米×1000 毫米 1/16 印张:17.75
字数:281 千字

ISBN 978 - 7 - 01 - 021680 - 5 定价:65.00 元

邮购地址 100706 北京市东城区隆福寺街 99 号
人民东方图书销售中心 电话 (010)65250042 65289539